国家社会科学基金2013年一般项目“《大清律例》英译比较研究”（项目号13BYY030）结项成果。

# 《大清律例》英译比较研究

A COMPARATIVE STUDY OF THE TWO ENGLISH VERSIONS OF THE PENAL CODE OF THE QING DYNASTY

国家社会科学基金项目资助

熊德米 著

西南政法大学外语学院
法律语言文化专著系列——总主编 付子堂
主 编 宋 雷

法律出版社
LAW PRESS · CHINA

# 西南政法大学外语学院法律语言文化专著系列丛书

## 编 委 会

# 总　序

2023年，西南政法大学外语学院将迎来三十周年院庆。1993—2023年的三十年，恰好是中国与世界更加融为一体的三十年，是世界范围内全球化程度日益加深的三十年，是人类命运共同体稳步推进的三十年。西南政法大学外语学院得风气之熏染，教书育人，联通中外，有自己的收获，也有自己对于国家和世界的绵薄贡献。风雨沧桑，峥嵘岁月，木已成林，春华秋实。

三十年中，莘莘学子在外语学院追求梦想，笔耕沃土；谆谆师者为了学院的发展献计献策，勠力同心。古人云“三十而立”，为了纪念这值得铭记的三十华诞，外语学院特组织本院教师编写了“西南政法大学外语学院法律语言文化专著系列”丛书。这不仅是西南政法大学外语学院近年来教学与科研成果的集中展示，更是对外语学院三十年来形成的厚实文化积淀、优秀科研传统及所秉承的西政精神的深度挖掘。

西南政法大学外语学院前身为西南政法大学外语系，成立于1993年，2003年成立外语学院，同年6月，经国务院学位委员会批准获得外国语言学及应用语言学硕士学位授权点，2004年开始招收外国语言学及应用语言学研究生，主攻英汉对比法律语言学和法律英语翻译理论与实践两个方向。2010年学院英语（法律经贸方向）专业获得重庆市高校特色专业建设点，同年，经国务院学位委员会批准获得翻译硕士专业学位授权点，2011年开始招收翻译硕士，主攻法律翻译、经贸翻译方向。2013年，学院英语（法律经贸方向）专业被确定为重庆市特色专业。2017年，学院申报的“政法类高校英语本科专业‘“231”一体双翼’人才培养模式改革与实践”教学成果获得重庆市教学成果奖。2019年6月，学院英语（法律经贸方向）专业入选“2019年重庆市本科高校一流专业立项建设”项目。鉴于外语学院在法律特色英语专业建设领域的经验，教育部英语专业教学指导委员会于2015年特委托外语学院起草了全国政法类高校英语专业人才培养国家标准。

西南政法大学外语学院是国内高校最早成立的、以法律语言为特色的外语院系之一，三十载以来已经形成了自己独特的优势。依托西南政法大学的优势学科，外语学院坚持走“外语+法律”特色发展之路，并将其贯穿整个人才培养过程。学院以科学的课程设置和高质量的教学水平使学生获得扎实的基本功和优秀的实务能力，为社会主义现代化建设培养了一大批精通英语，兼懂法律的高素质复合型人才。

外语学院这三十年所取得的办学成绩和育人成果值得我们肯定，而外语学院老师们的教学能力与科研水平的进步更值得我们骄傲。外语学院组建了自己的学科团队，下设法律语言学团队、法律语言文化和法律翻译教学与研究团队、外国文学（法治文学）团队、外语（法律语言）教育研究团队和国别与区域研究团队等方向。团队的负责人及成员在多个全国性学术团体中担任重要职务，并在语言学、翻译、文学、教育、国别与区域研究等领域有较深的造诣。近年来，学科团队成果颇丰，获得多个国家社会科学基金项目及教育部项目，并在权威期刊上发表了多篇原创性论文。西南政法大学在 2019 年度遴选了 12 项重大科研成果，外语学院占两项，且有一项荣居榜首。荣居榜首的《英汉法律用语大辞典》（第 2 版）是宋雷教授领衔的法律语言文化和法律翻译教学与研究团队历时数十年完成的目前国内规模最大、内容最完整的大型英汉法律用语学习型辞书。中外著名辞书总是历经千锤百炼，在历次版本完善中锻造杰作。《英汉法律用语大辞典》有此气象，当再接再厉。在学科团队的共同努力下，在学界广大同人的关心和帮助下，外语学院精心打造了该系列丛书，一起促进外语界同人的相互沟通与交流，其诞生是外语学院学科建设的成果体现，也必将进一步搭建西南政法大学外语学科优质学术成果交流平台。

外语学院一直恪守“博学、笃行、厚德、重法”的西政校训，心系天下，自强不息，在发扬西政精神的同时，一直奋力追寻学术的真谛。唐代医学家孙思邈在《论大医精诚》中写道：“世有愚者，读方三年，便谓天下无病可治；及治病三年，乃知天下无方可用。故学人必须博极医源，精勤不倦，不得道听途说，而言医道已了，深自误哉。”医者如此，一切学问和事业皆当如此。必精勤不倦，经“立”之坚，“守”之苦，方能有“得”之乐。本丛书的出版是对外语学院三十年创业与成长的铭记,也是对外语学院的学科建设和专业发展的激励,更是对我校转型升格、"双一流"建设的促进。衷心祝愿外语学院越办越好！外语学科越来越强！

是为序。

付子堂

2019 年 11 月

# 序　言

西南政法大学外语学院即将迎来三十周年(1993—2023年)办学之际,我作为学院英语专业的设计者、组织者和亲历者,能够为学院组织编写的“西南政法大学外语学院法律语言文化专著系列”丛书作序,倍感荣幸。

三十年来,我们历创业之维艰。在法科为主的大学能够办成以培养既精通英语又熟知法律的高素质复合型人才为目标的英语专业,并取得斐然成绩,实属不易;能开教育界试行“英语+法律”专业建设的先河,诸多不易之外,更是时代的造就。1993年、1994年专科开始,我们开展了“英语+法律”的教学初探,增加了本院教师对于国外学术界“法律乃词语之职业”(Law is a profession of words.)意识的认同和感悟。1995年英语专业四年制本科培养体制的转变加深了我们对于语言乃法律载体、法律思维工具以及法律文化精髓的认识,增进了教师积极向上、无愧时代的责任感。2003年,学院获得外国语言学及应用语言学硕士学位授权点,专注于培养英汉对比法律语言学和法律英语翻译理论与实践等方向研究生。2010年,学院获得翻译硕士专业学位授权点,培养以法律、法学、国际经贸翻译为主要研习方向的翻译硕士,同年,英语(法律经贸方向)专业获批重庆市高校特色专业建设点。2013年该专业被确定为重庆市特色专业,2019年6月入选“2019年重庆市本科高校一流专业立项建设”项目。

三十年来,我们自强不息。在加强专业建设的同时,更注重涵养学院的学术能力和修为,巩固和增强专业建设的生命力。建系建院以来,学院组织编写了《法律英语教程》《法学基础英语》《法学英语》《法律英语高级教程》《法律英语基础听说》等教材,出版了《英汉对比法律语言学》《法律英语同义、近义术语辨析和翻译指南》《英汉现行法律语言对比与翻译研究》《法律术语的认知与翻译研究》等专著。为了适应法律语言学习和法律翻译的实际需要,本人还组织编写了《英汉法律用语大辞典》、《英汉法律缩略语词典》、《简明英汉法律词典》、《常用汉英法律词典》以及《国际经济贸易法律文书格式》(中英文对照),并在古稀之年有幸获得中国翻译协会评选的“资深翻译家”称号。浓厚学术氛围中,老中青年结合且相互促进的教师队伍以及法律语言和法律翻译研究者各尽其能,贡献其力量,为培养时代之英才奠定了坚实基础。

三十年春华秋实,学院的莘莘学子已成为各行各业翘楚,他们在政治、经济、法律等领域发挥其聪明才智,在国际法律交流、法律语言教学以及涉外法律翻译等领域实现着自己的梦想,他们中很多人已经成为我国涉外法律服务队伍中的领军人才,见证了学院从蓝图初具的艰辛磨砺到壮大发展的璀璨光明。

外语学院组织编写的“西南政法大学外语学院法律语言文化专著系列”丛书,不仅集中展示了学院近年来的教学与科研成果,更深度挖掘了学院三十载沉淀的文化底蕴,势必激励学院年轻教师心无旁骛地培养适应时代需要的涉外法律服务人才,为国家和社会尽献绵薄力量。

是为序。

宋雷

2019年11月

# 前　言

《〈大清律例〉英译比较研究》以翻译学、对比语言学、法律语言学、比较法学及法史学等学科的多元理论为指导，聚焦中国古代最后一部“诸法合体”的法律典籍文本——《大清律例》全部律文及乔治·托马斯·斯当东（Sir George Thomas Staunton，世人常称“小斯当东”，以下亦用此称谓）和钟威廉（William C. Jones）两种英译本的比较研究，旨在深度探究古代法律汉语异语传通之优劣得失及基本规律，并有望以此为嚆矢，引领古代法律典籍外译的系统性批评研究，提高独具中国古代法制文化特色的法律典籍语言外译质量。

## 一、《大清律例》英译比较研究的动因

《大清律例》英译比较研究来自六种动因。

动因之一：前期相关研究的启发。早在 2005 年，笔者在开始撰写英汉现行法律语言比较研究博士论文的过程中就发现，所收集整理的包括《大清律例》在内的古代法律汉语部分语料库饱蘸着古今一脉相承且颇具汉民族法制文化特色的法言法语系统，是一座历史悠久且极为丰富的法律文化宝库。古代法律文化典籍所孕育的中华法系几千年法制文明及其法律语言符号，不仅是单语法律人和法史学者研究的话题，也是作为双语（或多语）语言人的翻译批评者研究的对象。毫无疑问，正是这些在其他法律语言系统里很难找到替代物或在其他法律语言里根本无法翻译移植的古代法律语言文化及其翻译现象，博得了典籍翻译研究界同行评审专家们的共鸣，并最终于 2013 年 6 月促成了国家社会科学基金项目“《大清律例》英译比较研究”（13BYY030）的诞生，本书正是该项目的最终成果。

动因之二：典籍翻译研究界同行的信任与鼓励。同行的信任与鼓励意味着一份沉甸甸的责任，更是对笔者砥砺前行的鞭策。历史发展证明，国之交往，律

俗为先,古今同然。但异域法律和法律典籍翻译这一素来涉及国计民生的话题,时至今日,翻译批评问津者却依然寥寥。调查发现,2002—2019 年在国内召开的 11 届中国典籍翻译学术研讨会上所收到的数百篇有关典籍翻译批评的文章中,涉及法律典籍翻译的不到 1%。20 世纪初以降的典籍翻译批评,所讨论的几乎都是古典文学和古代思想文化典籍的翻译,针对法律典籍翻译批评的著述却是凤毛麟角。课题立项之后,笔者继续着手仔细研读《大清律例》原文及小斯当东和钟威廉两种英译本,同时广泛参阅与清代法律翻译比较研究密切关联的中外学术文献资料,如古代律学、清代法制史、古代法制通史、古代法学史、历代刑法志、古代刑法史、古代商法史、古代法哲学史、西方法制史、西方法学史、比较法学、法理学、现代法学、法律文化学、汉语史、训诂学、普通语言学、比较语言学、文体学、语篇学、法律语言学、法律翻译学、近代翻译史、翻译批评等学科知识,力争交出一份满意的"答卷",不辜负同行的支持与鼓励。

动因之三:来自当代社会语境的召唤。最近 20 多年来,我国政治经济综合实力的突飞猛进使国家拥有了前所未有的国际话语权,国家号召让具有 5000 多年历史、辉煌而绵长不绝的中华文化"走出去",并使之成为提升国家文化软实力的战略举措。国家层面上向西方世界"讲好中国故事"的伟大举措,尤其是 1995 年的大型汉外工程——"大中华文库"的组织出版,2000 年 10 月党的十五届五中全会第一次明确提出的中国文化"走出去"战略以及近年来国内学者所创造的典籍翻译研究学术热潮所形成的当代社会语境,为笔者从法律典籍翻译批评的视角积极加入中国文化典籍翻译批评行列,注入了新的活力与动力。

动因之四:笔者 20 多年法学教育工作环境的影响。笔者及团队主要成员所工作的环境大多与法律和法律语言有关。作为语言人,笔者 20 多年从事法律语言文化教学、翻译、科研的经历,使自己切身体会到中外法学家们对法律与语言关系的真知灼见。正是法学家们对法律语言及其翻译的正确认知和高度重视,让许多在以法学教学与研究为主的环境下"求生存"的语言人深受启发,并从"只缘身在此山中"幡然醒悟,积极地适应法律的语言及其跨语言翻译研究转向,投身法律与语言关系的研究。古代法律汉语的外译研究是法律语言学的重要组成部分,本书有关清代法律汉语及其英文翻译比较批评只是广义上法律语言与翻译研究范畴的一个分支。

动因之五:典籍翻译批评研究领域创新发展的需要。虽然我国近代有不少专家学者对古代典籍翻译进行过批评研究,但这些典籍翻译批评并不成规模,没有固定的研究组织和研究团队,亦未见系统的典籍翻译批评专著,更没有国家层面的号召性指令。与以往不同的是,当代中国的古代典籍翻译批评研究有了固定的研究组织(或研究学会)和研究人员,以及定期出版的研究刊物(辑刊)等,尤为突出的是近年来各类学术刊物刊登了大量典籍翻译研究的学术文章,还有许多有关典籍翻译研究的学术专著频频面世。当代中国的古代典籍翻译研究,无论是研究规模还是研究质量都超过以往任何一个时期且还会不断往前推进。

笔者在肯定现行古代典籍翻译批评研究功勋卓著的同时,也发现一个令人不解的现象:或许是古代文学和思想文化典籍翻译的批评研究资料更为丰富或切入点更为灵活,近现代学者的古代典籍翻译批评研究几乎是对此“一边倒”的倾向,创新者绝少。换言之,从近代到当代的古代典籍翻译批评研究大都只关注古代文学或思想文化方面的典籍翻译,其他方面如法律、科技、医药等几乎一直是“待嫁闺秀”,问津者寥寥无几。为此,笔者选择了古代法律典籍《大清律例》及其英译比较研究这条“少有人走的路”(a road less travelled),旨在为中国古代文化典籍翻译批评开创一条新的研究路径。

动因之六:笔者的古代汉语基础和个人的翻译旨趣。笔者在攻读硕士和博士学位期间所学专业是翻译学,进入西南政法大学工作之前长期从事的是古代文学和法学以外社会科学方面的翻译教学和研究工作,积累了一些古代汉语对外翻译的知识。在西南政法大学工作的20多年里,为了适应法学工作环境,使自己学有所长,笔者系统学习了中外古代法制史、中外法学史、中外法哲学史和法学古文,阅读过中国古代法学文献,掌握了较多的中国古代法律文化专业知识。此外,笔者还翻译出版了10余部西方法学专业著作,也翻译出版过文学作品。更为重要的是,笔者自幼喜好古文,接受过较为系统的古代汉语知识教育,为之后的翻译专业学习和批评研究奠定了一定的国学基础。

### 二、《大清律例》英译比较研究彰显的文化自信

“自信”一词古已有之,基本含义沿用至今。《墨子·亲士》载:“虽杂庸

民，终无怨心，彼有自信者也。”明代文学家、思想家冯梦龙也告诫后人：“欲人勿恶，必先自美；欲人勿疑，必先自信。”强调中国文化的“自美”与“自信”是近年来国家整体发展战略的重要元素。为此，习近平总书记在2016年7月1日建党95周年的讲话中就专门强调了国力强盛的“四信”观，其中之一就是文化自信。如果笔者将文化自信中的“文化”理解为人文学科中的一个多元聚合体的修辞性术语，并使其所涵盖的“自信”意旨限定在古代传统文化典籍的范畴之内，文化自信就可以理解为比政治、军事、经济更为基础，更为广泛，更为深层的一种自信。其具体表现之一，就是包括法律文化典籍在内的表达民族自尊（national integrity）与国家自信（national self-confidence）底蕴的中国古代文化典籍多元系统。古代法律文化（及法学文化）只是该系统的一个分支，还可以根据法制年代、法律类型、法律体例等进一步划分为若干个子系统。另外，需注意的是，文化自信应该解读成拥有某种文化资源的“物权人”（holder of the right *in rem*）对自己元典文化的自信，以及向拥有其他文化的“物权人”进行跨文化翻译推介或对外宣传过程中，乐于对优秀译品“歌功颂德”并敢于对欠佳译品进行批评矫正，展现文化大国“自信中有自我批评，于自我批评中凸显自信”的风范。从这个意义上讲，无论是中国古代文学典籍、思想文化典籍翻译的批评研究还是法律文化典籍翻译批评研究，都是从中外法律文化交流或中国文化“走出去”的视角体现对本民族文化对外传播的一种自信。据此，笔者从卷帙浩繁的中国古代法律文化宝库里撷取《大清律例》作为对外翻译的典型案例，对小斯当东和钟威廉两种英译本进行了系统的比较研究并对比较研究过程中发现的问题进行了充分的解读论证，矫正了英文译者在理解与传达中国古代法律典籍语言文化过程中存在的误译和乱译问题。

### 三、《大清律例》英译比较研究的价值期许

笔者希望通过自己的开创性努力，实现以下五个方面的期许：

第一，让法律典籍翻译批评研究在凸显和提高国家文化软实力中发挥积极作用。2017年10月，习近平总书记在党的十九大报告中强调，要推进国际传播能力建设，讲好中国故事，展现真实、立体、全面的中国，提高国家文化软实力。中国文化典籍的对外翻译传播是向世界真实、立体、全面展示国家软实力

的一个重要方面,古代法律典籍外译是其中的有机组成部分。古代法律典籍翻译比较批评研究是目前对典籍翻译中“只管翻译,少有人评”以及翻译质量堪忧现象的一种有效补救措施。因此,从严格意义上讲,《大清律例》英译比较研究虽然只是在卷帙浩繁的古代法律文化典籍外译系统中撷取的个案研究,但有望以此为契机,激发更多有识之士加入法律典籍翻译批评研究行列,为高质量的法律典籍翻译走向世界发挥积极的推动作用。

第二,促使“讲好中国故事”的群体里涌现更多的法律典籍翻译批评研究。讲好中国故事,事实上包含了“讲好的中国故事”和“好好讲中国故事”两个主旨寓意,也揭示出两个相互关联又彼此区别的寓意性命题。换言之,笔者从古代文化典籍翻译和翻译批评的角度解读,所谓“讲好的中国故事”,就是采取包括跨语言翻译在内的各种措施和行之有效的方法,将能够体现中华文化底蕴的古代优秀文化经典保质保量地宣讲传播到世界各地,让其他民族的读者实实在在地分享中华民族智慧的结晶。所谓“好好讲中国故事”,就是以对古代原文作者和现代译作读者高度负责的态度,将体现中华民族文化基因传承和古代文化典籍内涵的“中国故事”实事求是地传播给其他国家民族,并使之在其他国家民族文化中生根开花。《大清律例》及其所蕴含的中国古代法律典籍文化和制度文化是“中国故事”的典型代表,翻译批评者对小斯当东和钟威廉两种版本译文的比较批评研究,尤其是比较研究两位译者付出艰辛劳动后的得与失,并作出客观公正的评价,是法律人和语言人一道“讲好的中国故事”与“好好讲中国故事”的具体表现。

第三,使法律典籍翻译批评研究激发更多“以我为主”的思想。从典籍翻译的角度看,这里的“我”不妨理解成中国译者或中国学者。史料证明,至少18世纪以降来华从事中国典籍英译的外国学者从未离开过中国学者或“华士”的辅助,否则难以真正意义上完成古代典籍的翻译。《大清律例》的两位译者小斯当东和钟威廉在各自的译者序言里都提到了中国学者为自己翻译该法律文本所提供的热情帮助和作出的无私奉献。党的十九大报告提出的“加强中外人文交流,以我为主、兼收并蓄”的指导思想,对古代文化典籍的对外译介及翻译批评研究具有十分重要的现实指导意义。由此观之,《大清律例》英译比较研究就是站在“以我为主”的方位所进行的汉英法律语言翻译比较,并以更为翔实的佐证材料比较论证两种译文与原文法律含义对接的最大忠诚度。

第四,希望示范于更多语言人与法律人进一步完善"法"与"言"的协作研究模式。民族法律是民族语言的衍生物,民族语言是民族法律的主要载体。从这个意义上讲,法律人和语言人有着同样的"基因链",是"孪生兄弟"。不同法律语言之间的翻译转换,某种程度上是不同法律体系或法律文化之间的交流。避免纯粹语言人翻译法律的"言大于法"或法律人翻译法律的"法大于言"最为有效的途径,是语言人和法律人彼此之间的通力合作,尤其是在既懂法律又懂法律翻译的双料人才极度匮乏的现实社会环境下,更应该加强语言人和法律人之间的通力配合,古代法律语言的翻译亦复如此。笔者希望,本书的法律人与语言人协作的研究模式能够发挥古代法律语言和现代法律语言翻译研究的引领作用。

第五,期待为现代法律语言文化翻译批评研究提供颇有价值的参考与借鉴。新加坡学者赖蕴慧(Karyn L. Lai)谈到西方汉学者平兹生(Burton Watson)将《墨子》中的"兼爱"翻译成"universal love"时认为,墨子所讲的"爱",远不止于英文"love"亲近爱怜的情感,而葛瑞汉(Angus Charles Graham)的"concern for everyone"更能表达原文不带感情的意向。[①] 平心而论,学界对包括法律典籍在内的中国古代文化典籍外译质量长期以来褒贬不一。仅就"贬"的方面而论,目前从事古代文化其他方向典籍翻译批评的队伍相对比较庞大,许多翻译事故正在得到矫正。与此相反,问津古代法律典籍外译的"好事者"群体过于微小,很多问题翻译迫切需要更多既懂法律又懂法律翻译的行家进行"拨乱反正"。笔者本着"不以厚吾之生者为荣,而以玉汝于成者为乐"的奉献精神,在法律典籍翻译批评几乎"前无古人"的现状下创榛辟莽,勇于创新,对《大清律例》及其两种英语译文进行比较研究,有望在对古代法律典籍语言进行正本清源的同时,亦古为今用,示范于现代法律语言文化的翻译批评研究,并为现代法律汉语的英译批评研究提供参考与借鉴。

---

① 参见[新加坡]赖蕴慧:《剑桥中国哲学导论》,刘梁剑译,世界图书出版公司 2013 年版,第 60 页。

# 目　录

# 第一章　中国古代法律典籍英译比较概述

东西方文化交流，最早可以追溯到古希腊罗马时代，甚至更远的新石器时代晚期。古希腊罗马时代的欧洲人士为最先记述中国者。[①] 国之交往，律俗为先，西方国家对同东方国家法律文化交流的表层关注，亦应始于此时。西汉末年，"丝绸之路"的开通增进了我国与西域诸国在政治、法律、经济贸易、文化等方面的交流，其中东西方法律文化交流便是一项重要内容。早期中西文化交流活动的实现，离不开当初来华的商人、旅行者、政客和外交使节等所作的重要贡献。

中西交往历史发展的悖论揭示了一个不争的事实——怀揣"拯救梦"的西方各界人士，尤其是早先来华的传教士们最初对中国这一古老而神秘的东方文明古国几乎都持有一种共同的认知，并一厢情愿地臆想着："中国作为西方世界想象中的对应物和救世主选中的拯救对象，在骚动的欧洲知识界，不时起着或永久或临时的振奋和拯救作用"。[②] 然而，时光的流转迫使他们对中国产生了崭新的观念：原来，中国——这个有着数千年古老文明、历史渊源的神秘东方国度——不仅是一个疆域辽阔、广袤无垠的伟大国度，而且孕育着一个文人荟萃的伟大民族，一个充满伟大智慧的民族，这便是法律和风俗习惯一脉相承及其所讲语言近4000年从未有过变化[③]的华夏民族。平心而论，中国古代法律文化在西方世界传播并影响至今，与西方传教士的"东来"有密不可分的联系。传教士们在中国古代法律文化和法学文化典籍翻译传播方面所做的工作，虽因文化与语言上的隔膜，使其口中或笔下的中国传统法律文化远非准确的表达而

---

① 参见莫东寅：《汉学发达史》，大象出版社2006年版，第1页。

② 参见张西平：《欧美汉学研究的历史与现状》，大象出版社2006年版，第108页。

③ 参见[法]谢和耐、戴密微等：《明清间耶稣会士入华与中西汇通》，耿昇译，东方出版社2011年版，第252~255页。

存在诸多问题,[①]但对中国法律文化的西传以及对西方政治法律文化的影响,意义尤其重大。[②]

## 第一节 中西法律文化交流的史籍追溯

中国特殊的地理位置和法制文明的发展历史决定了中国人在漫长的历史发展过程中创造了其特有的一套复杂、详备的法律体系。中国古代相因相袭的传统法律文化不仅是亚洲诸国法律文化的滥觞之所,也是亚洲以外法律文化历史发展长河的重要源泉。虽然"自清朝鸦片战争以来,英、法联军诸役而后,欧、美各国领事裁判权确立,中国法律之势力范围日蹙百里耳",[③]但中国法律文化的西方传播及其影响从未因此而有所消减。最近二三十年间,国内多家专业出版单位陆续组织翻译出版了一系列有关早期来华外国人谈论中国古代法律文化的著作,勾勒出西方人眼中有关中国法律文化的清晰轮廓。虽然如此,目前仍然没有出现严格意义上的关于中西法律文化交流史学的专门著作。笔者只能通过研读各种综合性中西文化交流的史料,获取有关中西法律文化交流的大量具体信息,并从纷繁复杂的东西方文化交流史籍中寻找并梳理出中西法律文化交流的历史发展轨迹。

### 一、中国古代对西方法律的认知

众所周知,不同国家和不同民族之间的各种往来自古以了解对象国的国俗礼仪、风土人情与政治法律制度为基本前提。当前,在中国倡导建设"丝绸之路经济带"和"21 世纪海上丝绸之路"的背景下,完善相关法律制度是区域经济合作发展的基础和保障,也是推动"一带一路"建设的国家重点工作之一。[④] 尤其是在遇到"一带一路"沿线"各国政治体制、法律制度、法律环境和法律文化

---

① 参见马小红、史彤彪主编:《输出与反应:中国传统法律文化的域外影响》,中国人民大学出版社 2012 年版,第 2 页。

② 参见史彤彪:《中国法律文化对西方的影响》,河北人民出版社 1999 年版,第 1 页。

③ 杨鸿烈:《中国法律对东亚诸国之影响》,中国政法大学出版社 1999 年版,第 12 页。

④ 参见翁里、夏巧雅:《论"一带一路"建设的法律问题及对策》,载《四川行政学院学报》2016 年第 3 期。

之间冲突"[①]的具体情况下，做到中外法律与政策上的知己知彼，实现习近平总书记提出的"以我为主，兼收并蓄""讲好中国故事，展现真实、立体、全面的中国，提高国家文化软实力"[②]的对外传播理论指导方针，"不但理应成为政治话语翻译的题中之义，更有利于笔者坚持文化自信和文化自觉，打破19世纪以来西方文化的话语霸权，彻底走出西方中心主义"。[③] 可以说，广义上的古代中外法律文化交流也是从这个意义上开始的，只是交往初期的法律文化相对比较粗浅。为此，马祖毅先生在《中国翻译史》中，就给笔者提供了两汉时期中外法律交流与翻译的历史佐证。譬如，《宋书·蛮夷传》就较为详细地描述了"外番"对"中国"法律的理解与遵从："诸国来集，共遵道法。不犯道禁……此之境土，便是王国。今以此国群臣吏民，山川珍宝，一切归属，五体归诚大王足下……王法清整，无相侵夺。"[④]虽然这为笔者提供了早期"中国"与他国交往过程中涉及的许多法律文化交流和法律文化翻译的史料，但大多仅限于当时"中国"同"亚细亚"其他国家的法律文化往来，近似于现代意义上的法律文化交流。

中国是人类文明的四大发源地之一，也是人类法制文明和法律文化的发轫之地，其独具特色的中华法系对亚洲各国乃至欧美的法制进程均产生过极其重大的影响。千百年来，中华传统法制文明与其他法制文明，尤其是与欧洲国家法制文明之间保持着延绵不断的交往，且有悠久的法律文化传通历史。有学者认为，中国文化与欧洲文化交流史如果以公元前7世纪欧洲文献中最早出现有关中国的朦胧记录为开端，至今有2600多年的历史。[⑤] 英国科学史学者李约瑟将东西方文化交流的历史向前推得更远："三千多年来，旧世界的西方东方文化一直在进行着对话，彼此给予很大的影响，其中理所当然包括东西法律文

---

① 李玉璧、王兰：《"一带一路"建设中的法律风险识别及应对策略》，载《国家行政学院学报》2017年第2期。

② 参见习近平：《决胜全面建成小康社会　夺取新时代中国特色社会主义伟大胜利——在中国共产党第十九次全国代表大会上的报告》，人民出版社2017年版，第4页。

③ 王银泉：《做好政治话语翻译　提升国际话语权》，载《学习时报》2017年11月27日，第A4版。

④ 参见马祖毅：《中国翻译史》（上卷），湖北教育出版社1999年版，第13～14页。

⑤ 参见李爽学、郑海娟主编：《古新圣经残稿》（第1册），中华书局2014年版，第1页。

化之间的对话与交流。”[①]从《礼记》《左传》《史记》《魏书》《晋书》《后汉书》《旧唐书》《册府元龟》等古代典籍以及明清史籍等古代文献中都能找到中外法律文化交流的文字记录。

《魏书》、《后汉书》、《隋书》、《旧唐书》和《新唐书》是我国最早一批记载古代中国对西方国家进行法律交往与认知的典籍。魏朝京兆人鱼豢所撰写的《魏略·西戎传》记载了中国使臣对大秦(罗马帝国及近东地区)法律制度的了解。“按照其法律制度,公私宫室为重屋。”[②]“王三年一出观风化。人有冤枉诣王诉讼者,当方之臣,小则让责,大则黜退,另举贤人代之。”[③]《后汉书·西域传》记述了“大秦”一词的来源:“其人民皆长大平正,有类中国,故曰大秦。”[④]同时,还有一段关于“大秦法律制度风物”的叙述:“其王日游一宫,听事五日而后遍。常使一人持囊随王车,人有言事者,即以书投囊中,王室宫发省,理其枉直。各有官曹文书。置三十六将,皆会议国事。其王无有常人,皆简立贤者。国中灾异及风雨不时,辄废而更立,受放者甘黜不怨。”[⑤]文中所说的“听事”“发省”“理其枉直”“会议国事”等正是对大秦法律制度、官宦制度和日常社会生活的真实描述。三国时期,东吴孙权询问来华使者有关大秦的方土风情,“论具以事对”。这里的“方土”和“风情”本质上就是指对外国人的行为举止、风俗礼仪及其他行为规范的描述,之后引申为具有广泛约束力的约定俗成的不成文社会礼仪规制和成文法性质的法律制度规范。根据《隋书》的记载,隋炀帝要求来张掖地区进行“交市”的外国商人一律向中国政府官员“言其本国俗事理,山川大事”。“本国俗事理”指的就是长期形成的礼节、礼仪、习惯、社会秩序规则等,即所谓“以土地之风习言,则有其系统”。[⑥] 如果有人违反这种风俗习惯,就要受到法律制裁和处罚。[⑦] 此处所说的法律社会制度应当被视为与中国传统

---

① [英]李约瑟:《四海之内:东方和西方的对话》,劳陇译,生活·读书·新知三联书店1987年版,第1页。

② 张星烺编注:《中西交通史料汇编》(第1册),中华书局1977年版,第39页。

③ 张星烺编注:《中西交通史料汇编》(第1册),中华书局1977年版,第49页。

④ 方豪:《方豪六十自定稿》(上册),台北,燕京印书馆1969年版,第33页。

⑤ 朱学勤、王丽娜:《中国与欧洲文化交流志》,上海人民出版社1998年版,第4页。

⑥ 杨鸿烈:《中国法律对东亚诸国之影响》,中国政法大学出版社1999年版,第1页。

⑦ 参见杨国章:《原始文化与语言》,北京语言学院出版社1992年版,第165页。

法制“礼—刑—法—律”的法律发展逻辑要素之嚆矢有一定的吻合度。也有学者认为,“入国而问俗”与“国俗事理”显然主要指外国的政治制度与法律规范,与中国传统的德、理、礼、法、制等相吻合。[①]《旧唐书》和《新唐书》记载了拂菻国(罗马帝国的另一种称谓)的法律规定——其国家机构由法定“贵臣十二人组成,共治国政。其王无常人,简贤者而立之”,[②]并以法律的形式对男女的发型和女人服饰作出了明确规定。唐朝史学家杜佑在其所著的《通典》中,就详细记述了拂菻国有关家事的法律规定:“其大食法者,以弟子亲戚而作判典。纵有微过,不至相累。”[③]宋朝虽然由于种种原因,与西方国家法律交往的频率相对较低,但笔者也能了解到其对外国法律的关注。宋理宗时期就有关于拂菻国司法程序中对犯人处罚的记述:“刑罚罪轻者杖数十,重者至二百。大罪则盛以毛囊,投诸海。”(《宋史·拂菻国传》)明朝实施“海禁”,虽然从法律上禁止中国人赴海外往来以及外国人到中国从事各种活动,但事实上中外法律文化之间的交流并没有因此而中断。

晚清王朝所处的19世纪中后期,是中国历史上认识和了解西方法律最为重要的时期,也是中西法律文化交流史上空前频繁的时期。被誉为“睁眼看世界第一人”的林则徐因寻找虎门禁烟法据而率先接触到了西方部分法律,尤其是通过其所主持翻译的瑞士法学家瓦特尔(Emerich de Vattel,旧译“滑达尔”)的《各国律例》(*Le Droit des Gens*, *The Law of Nations*,后来被译为《国际法》),了解了“高于一国之法”对“诸国行为之管控”的“万国公法”。19世纪后期到20世纪初期的中国处于一个全面学习外国法律的时代,也是一个从1000多年前对外国法律只言片语的零星关注到清政府号召“遍译各国律例”,最终实现了近代法制转型的空前时代。在这一时期,整个晚清社会进入一个关注、译介和学习借鉴外国法律的重要阶段。也正是在这一时期,被誉为“中国法律近代化第一人”和“中国法律现代化之父”的“法制冰人”沈家本受命修订被称为“几千年祖宗之法不可更改”的传统法律——《大清律例》。沈家本在着手修律过程中所采取的重要措施之一就是“参考古今,博稽中外”,目的在于实现法

---

① 参见(清)沈家本:《历代刑法考》,中华书局1985年版,第2243页。

② 张星烺编注:《中西交通史料汇编》(第1册),中华书局1977年版,第98页。

③ 张星烺编注:《中西交通史料汇编》(第1册),中华书局1977年版,第110页。

律文化交流上的会通中西。沈家本认为,翻译和借鉴国外的法律制度是破解“祖宗之法不可更改”的冥顽观念,以设立新法的必要步骤,“欲明西法之宗旨,必研究西人之学,尤必编译西人之书”。[①]

按照沈家本的观点,要拯救危若累卵的清政府就必须摒弃“祖宗之法不可更改”的旧观念,坚持“政法者,立国之本”的基本原则,组织中外法律翻译者,遍寻国外的“国律、民律、商律、刑律等书,而广译之”。[②] 因此,在之后的几十年中,他组织来华传教士和国内学者,系统翻译了《德意志刑法》、《德意志裁判法》、《俄罗斯刑法》、《法兰西刑法》、《荷兰刑法》、《意大利刑法》、《法兰西印刷律》(又名《法兰西印件律》)、《德国民事诉讼法》、《普鲁士司法制度》、《德意志民法》、《德意志旧民事诉讼法》、《比利时刑法》、《比利时监狱则》、《比利时刑事诉讼法》、《美国刑法》、《美国刑事诉讼法》、《瑞士刑法》、《芬兰刑法》、《刑法之私法观》、《法典论》、《监狱学》、《狱事谭》等。据初步统计,19 世纪末清朝翻译外国的各种法学书籍总数在 500 部以上,[③]这些法律翻译著作成为清代末年修律改制的重要依据。当时为中国翻译引进西方法律的主要是外国传教士,其中贡献较大的有丁韪良(William Alexander Parsons Martin)、李提摩太(Timothy Richard)、林乐知(Young J. Allen)、傅兰雅(John Fryer)等人。虽然他们当中也有人认为,“要改造一个业已存在四千年的法律制度,以适应有四亿人民的国家的需要,并非易事”,[④]但事实上,正是因为外国传教士及其他来华人士的法律翻译在引进和移植他国法律上所付出的努力才为清代末期及其以降社会的法制改革打下了良好的基础。当今社会法学界行业内人士的共识是,清代以来的法律翻译具有重要价值。他们认为,从彼时伊始直到当今中国的法律语境成为一个充满了外来语的世界。

概言之,法律翻译从清军入关直到现代社会一直充当每一个时期社会变革的重要角色,尤其是近代以来的法律翻译改变了中国几千年的封建法制传

① (清)沈家本:《历代刑法考》,中华书局 1985 年版,第 2242 页。

② 李贵连:《二十世纪初期的中国法学》,载《中外法学》1997 年第 2 期。

③ 参见田涛、李祝环:《清末翻译外国法学书籍评述》,载《中外法学》2000 年第 3 期。

④ 王健编:《西法东渐——外国人与中国法的近代变革》,中国政法大学出版社 2001 年版,第 12 页。

统，使中国法学成为一个充满了外来语的世界，[①]外来语构成了中国法学的主要常用术语。的确，打开任何一个现代法律文本或任何一部法学著述，尤其是宪法、民法、刑法、商法、合同法、经济法、国际法及相关研究著作细细品读可知，几乎没有哪个部门法学者完全不受外国的影响，尤其让人"强烈地感受到德国、日本、英美、罗马法的影响"。[②]

## 二、西方国家对中国古代法律的早期接触

据史料记载，早在古希腊罗马时代西方人就对中国古代的法律有过一些零星关注。公元前 4 世纪，希腊人克泰夏斯（Ctesias）在《旅行记》中就记载了最早和中国交往的史实，其中包括西方人对中国风俗礼仪和法律制度的了解。东汉时期来华的叙利亚学者巴尔特萨纳对中国法律的描述是："在产丝之国（中国），法律禁止谋杀、卖淫、盗窃和偶像崇拜。"[③]公元 2 世纪末，罗马著名学者梅拉（Mela）在《伪克来门顿的认识》一书中所描述的中国法律比巴尔特萨纳更为详细："居住在地球另一端的中国人所奉行的法律禁止他们杀人、通奸、卖淫、盗窃和敬拜神像……没有盗贼被审判，没有某人被谋杀的记录。"[④]13 世纪以降来华的西方人有的因故深陷囹圄，往往还以涉法当事人和司法体验者的身份加深并逐渐扩大了对中国法律的认知范畴。意大利传教士孟高维诺（J. de Monte Corvino）讲述了其在中国被诬陷为"侦探匪首"，因"伪造证据"而接受中国的司法审判，最后无罪释放的经历。他曾写道："余尝法庭传审，几受死刑。最后，大汗……知余实冤枉无罪。告者诬妄。将诬告者妻妾儿女，悉逐放之。"[⑤]与孟高维诺同时代出版的《马可・波罗行纪》就有关于中国立法规制和司法条规的详细记录："当一个人犯了盗窃罪，不当处死时，即受一定数目的杖责。随

---

① 参见熊德米：《晚清法律翻译的"普罗米修斯"及特殊贡献》，载《外语教学》2010 年第 5 期。

② 苏力：《也许正在发生——转型中国的法学》，法律出版社 2004 年版，第 97 页。

③ ［英］李约瑟：《中国科学技术史》（第 1 卷），《中国科学技术史》翻译小组译，科学出版社 1975 年版，第 338~339 页。

④ ［英］李约瑟：《中国科学技术史》（第 1 卷），《中国科学技术史》翻译小组译，科学出版社 1975 年版，第 339 页。

⑤ 张星烺编注：《中西交通史料汇编》（第 1 册），中华书局 1977 年版，第 219 页。

着所盗窃情形而异,有许多人死在惩罚之下。"①

15—16世纪的"地理大发现"(Age of Discovery)之前,欧洲国家对中国法律的认知基本上都是通过其先辈们的一些游记作品中对中国法律的零星记载而获得的。西方人对中国法律较为系统的理解始于16世纪早期与中叶以降逐渐兴起的欧洲汉学(European Sinology)研究者中传教士们对中国法律的关注,其中葡萄牙人、意大利人、法国人和西班牙人最早向西方世界讲述中国的法律,并将对中国法律和刑罚的观察第一次系统和完整地介绍给了欧洲。② 16世纪初期,一批来华的葡萄牙人开始向西方世界较为系统地描述中国的法律,有的甚至以法律体验者的身份记述了当时中国的司法状况,由此开启了与中国传统法律的正面接触。1513年,葡萄牙派出了"欧洲史上第一位赴华大使"托梅·皮雷斯(Tomé Pires)及7名随行人员从澳门等地进入中国,后来因故入狱,使团中幸存的两位成员在狱中写下了详细讲述中国司法程序的《广州葡囚书简》。41年后,葡萄牙神父班尔西奥(P. Belchior)在其所撰写的《中国风俗与法律》中,首次以"中国法律"为其作品命名,并详细介绍了中国当时的军事、法制、历法、城市建筑等,其中对中国法律的描述占据了相当规模的篇幅。③ 意大利最早来华的传教士利玛窦不仅对中国的法律有较为系统的了解,还将中国的法律和《十二铜表法》《凯撒法典》作了简单的比较。利玛窦对东西方法律文化进行比较后认为,罗马法虽然是人类智慧的结晶,但也可能会产生一些自相矛盾的不公平判决,而中国的法典绝不会造成这种情况。④ 对此,李约瑟专门写道,16世纪在中国的早期葡萄牙旅行家有机会从底层人民的角度观察司法执行的情况,他们差不多异口同声,一致高度赞扬中国官吏执法的严明与公正,深信中国的司法制度比西方优越得多,并不像西方那样地草菅人命。⑤ 16

---

① [意]马可·波罗:《马可·波罗行纪》,冯承钧译,上海古籍出版社2014年版,第96页。

② 参见田涛、李祝环:《接触与碰撞:16世纪以来西方人眼中的中国法律》,北京大学出版社2007年版,第18页。

③ 参见张西平主编:《西方汉学十六讲》,外语教学与研究出版社2011年版,第56页。

④ 参见田涛:《西方人眼中的中国法律——传教士携福音东渡,中国法枷号施西人》,载《法制日报》2007年3月25日,第13版。

⑤ 参见[英]李约瑟:《四海之内:东方和西方的对话》,劳陇译,生活·读书·新知三联书店1987年版,第12页。

世纪末，西班牙历史学家门多萨（Juan Gonsales de Mendoza）通过对大量欧洲汉学史料的研究，创作出第一部由欧洲人编写的有关中国的大百科全书——《中华大帝国史》（*Dell' Historia della China*），书中专门讲述了中国的法律、税收、政府运作机制和官吏任免的法律程序等，其中重点介绍了中国的法律体系和监狱管理等问题。[①] 法国传教士李明（Louis Le Comte）在其给国内要人写的通信汇编《中国近事报道》中详细描述了清朝的政治法律准则和复杂的法律形态。李明眼中的清政府在对违法犯罪的法律治理措施上，不仅是各种各样的犯罪都有相应的惩处办法，还有一系列形形色色的死刑措施。李明对清朝法律中凌迟处死的行刑过程进行了详细的描述："刽子手将罪犯绑在木桩上之后，就从头盖骨周围剥下头皮，用力撕扯直至盖住眼睛，以免让他看见自己受刑时的惨状。随后，刽子手就东一刀、西一刀地乱捅。厌烦了这种野蛮行为时，还可以叫上地痞流氓或者罪犯的仇人冤家来越俎代庖。"[②]这种法律形态和司法状况在19世纪末期来华的传教士林乐知眼里依然如此："法庭之上，正常行刑之外，别作非法刑具，甚至草菅人命。"[③]

由前述可知，中西法律文化的巨大差异，遥远地理距离的长期隔绝与阻挠，使一些本身就满怀好奇与狐疑之心来到中国的"国外好事者"和传教士对中国本土礼俗文化、法律文化和其他制度文化更多了一份复杂而颇具敬畏的情愫。他们真真切切地仔细打量并思考着构成中国法律体系的各种元素，尤其是那些中国人早已习以为常的德行规则、法律制度和风俗习惯完全统一的现象让传教士和其他来华的西方人感觉如此难以想象。因此，传教士们对中西法律之间的差异也会特别敏感，对中国法律的观察也显得格外深入细致，反应也特别强烈，其中一些"较有心计者"将他们所观察到的一些法律现象记录了下来并向本国人宣传，为后期来华的西方人和中国人研究彼时的法律留下了许多极为珍贵的中外法律交流资料。

17世纪后期到18世纪初，中外文化交流出现了一个新的黄金时代。[④] 这

---

① 参见何寅、许光华主编：《国外汉学史》，上海外语教育出版社2002年版，第52页。

② ［法］李明：《中国近事报道》，郭强、龙云、李伟译，大象出版社2004年版，第241~243页。

③ 熊月之：《西学东渐与晚清社会》（修订版），中国人民大学出版社2011年版，第499页。

④ 参见何寅、许光华主编：《国外汉学史》，上海外语教育出版社2002年版，第66页。

一时期，中国人原来的政治、法律、文化、思想和信仰“天经地义”的真理性被重新审视。[①] 孟德斯鸠不像其他西方人那样赞赏中国的法律和道德制度，他认为对于中国人的贪利之心，法律语言中所使用的词语和句法含混不清，法律根本没有想去加以限制。他还认为，在中国人心目中，习惯、风俗、法律和宗教本身就是同一个东西。中国的立法有两个目的，它们要老百姓服从安静，又要老百姓勤劳刻苦。[②] 所有这些并非十分理性且不系统的早期西方的中国法律和社会观成为后来的西方传教士们向本土介绍包括法律体系在内的中国文化、历史和现状之外，输入的另一项重要内容，[③]同时也是晚清西方来华人员出于保护其自身利益的需要，向西方人详细译介中国法律及其他制度性规则的直接动因。

近现代法学史研究表明，中国古代行政制度文化和法律文化对西方国家机关的建构及西方国家能人志士的思想启蒙都曾产生过极其深远的影响，“英美国家的文官制度，都是以中国的科举制度为渊源”。[④] 莱布尼茨、伏尔泰、卢梭、黑格尔以及近代以降的马克斯·韦伯（Max Weber）、威格摩尔（John H. Wigmore）、勒内·达维德（Rene David）、康拉德·茨威格特（Konrad Zweigert）、大木雅夫等学者对中国古代的政治制度和传统法律的优秀之处都发表过“令国人感动”的观点。伏尔泰称赞中国是道德、政治、法律三位一体，共同构成的公正与仁爱的典范，认为中国人最深刻了解、最精心培育、最致力完善的东西是道德和法律。当各国法律只限于惩罚罪行时，中国却是唯一设置奖金表彰德行的国家。[⑤] 德国著名经济学家、法律社会学家马克斯·韦伯对中国传统政治和法律文化更是赞赏有加，力主敦促西方人学习中国的政治和法律道德，以免落后于做人，主张西方要派遣传教士赴华交流，认为中国法律文化与西方法律文化具有互补作用。[⑥] 美国当代学者史景迁（Jonathan D. Spence）

---

① 参见葛兆光：《中国思想史》（第2卷），复旦大学出版社2001年版，第360页。

② 参见［法］孟德斯鸠：《论法的精神》（上册），张雁深译，商务印书馆1963年版，第316页。

③ 参见熊月之：《西学东渐与晚清社会》（修订版），中国人民大学出版社2011年版，第72页。

④ 马小红、史彤彪主编：《输出与反应：中国传统法律文化的域外影响》，中国人民大学出版社2012年版，第2页。

⑤ 参见史彤彪：《欧洲思想家对中国法律文化的认识》，载《中国人民大学学报》2002年第4期。

⑥ 参见马小红、史彤彪主编：《输出与反应：中国传统法律文化的域外影响》，中国人民大学出版社2012年版，第327页。

比较研究中西法律文化的异同后认为，虽然中国古代的法律制度较为粗略，但中国与欧洲有着完全不同的法律观，其法律程序的原则足以与欧洲或美国当时的法律制度相提并论。①

由前述对东西方法律文化交流史实的简单回顾可鉴，早期中西法律文化的交流为晚清来华的大批外国学者或汉学家们（sinologists）研究中国古代法律发展历史，并向西方国家系统传译中国传统法学和法律文化积累了丰富的研究经验，亦为小斯当东、华莱士·约翰逊（Wallace Johnson）、钟威廉等人向西方人系统地翻译中国古代法律文本——《唐律疏议》《大明律》《大清律例》等古代法律典籍奠定了坚实的古代汉语法律典籍文化和古代法律语言文化基础。

## 第二节　《大清律例》及其翻译概况

《大清律例》是我国最后一部封建法典。清承明制，清律的名称、体例和律文基本上都是明律的翻版。也有学者经过对比研究之后发现，《大清律例》中30%～40%的条文完全取自《唐律疏议》，并没有变化。② 清军入关以后，先后颁布了三部以"清律"命名的清代法典——顺治三年（1646年）的《大清律集解附例》（共30卷，458条）、雍正五年（1727年）的《大清律集解》（共30卷，436条）和乾隆五年（1740年）的《大清律例》（共47卷，436条）。虽然前述三部法律都具有律例合编的性质，但目前笔者所说的《大清律例》却是专指乾隆时期所刊布生效的法典。

从法律体系建设整体看，清代的基本法律制度虽然总体上继承了历代封建法律体系的传统性法制理念，但也有其自身的独特之处，如在立法观念上总是在法、理、情间寻求缓冲与和平，③用中国传统的政治话语来说，清代的民法比刑法更强调道德化的"人治"而非严苛的"法治"。从整体法律精神观念上

① 参见［美］史景迁：《追寻现代中国》，温恰溢译，台北，台湾时报文化出版社2001年版，第179～184页。

② 参见［美］德克·布迪、克拉伦斯·莫里斯：《中华帝国的法律》，朱勇译，江苏人民出版社2008年版，第45页。

③ 参见宋北平：《秋审条款及其语言研究》，法律出版社2011年版，第4页。

看,清代法律所关心的是刑事和行政事务而非民事。① 清王朝处于封建专制时代末端,其刑法性质的法律及罪刑关系带有许多"末世"的特点。② 清朝法律制度体系的构建虽然总体上承续了几千年中国封建立法思想体系的重要元素,但清朝因"人民既众"而因时制宜,根据"院内诸臣校订妥确",增损剂量,制定出了适合当朝政府操作的法律文本。由此可知,清代法律尤其是《大清律例》集中体现了中国封建社会早期到晚期法制建设历史的整体脉络,更是中国古代法制史的一个总结性篇章。③

## 一、《大清律例》的基本结构

《大清律例》,简称《大清律》或《清律》,是经过顺治、康熙、雍正、乾隆四朝编纂与完善,历时近百年的"详悉参定",最后重加编辑并"颁布宇内,用昭画一之守"的法典。《大清律例》也是中国2000多年封建专制社会最后一部与古代传统法制一脉相承的诸法合体法典(participle code)。自清军入关到取得全国政权,由于法制建设处于起步阶段,清朝一方面使用努尔哈赤的"口宜"家法,另一方面也采用明代的《大明会典》。顺治二年(1645年),清朝立法者在"详译明律,参以国制,增损剂量,期于平允"的立法思想指导下,开始制定清代的法典。顺治三年(1646年),以《大明律》文本体系为模本的清代第一部法典——《大清律集解附例》面世。由于该法典与清代社会的实际情况并不完全相符,清政府遂将新制定的一些条例汇编为《刑部现行则例》(以下简称《现行则例》),与《大清律集解附例》律本具有同等法律效力。康熙二十八年(1689年),《现行则例》载入大清律。雍正皇帝继位以后,考虑到"是书民命攸关",又对清律一字一句"亲加省览",并将其中的一些条款应增减之处详加分析,"作速修订"之后,定名为《大清律集解》,共有法律条文436条,也就是后来再次修订后,乾隆时期的法律文本436条定本。

① 参见黄宗智:《清代的法律、社会与文化:民法的表达与实践》,上海书店出版社2007年版,第2页。

② 参见赵晓耕主编:《罪与罚:中国传统刑事法律形态》,中国人民大学出版社2012年版,第202页。

③ 参见范忠信、陈景良主编:《中国法制史》(第2版),北京大学出版社2010年版,第359页。

乾隆元年(1736年),清高宗命大学士三泰对前述法律文本进行了逐条考证,重加编辑,最后亲自厘定,于乾隆五年(1740年)修订完成,正式定名为《大清律例》,刊行颁布施行全国。《大清律例》虽在条例"五年一小修,十年一大修"的修律原则下历经修订,但只是因时制宜地增减修改了法律条文后面的附例,或增加律文中的小字注释,原来的法律条文则整体上基本保持不变。至此,以《大明律》为蓝本的中国历史上最后一部封建成文法典经过近百年的修订终于完成。《大清律例》继承了中国几千年的法律传统,有自己的创新和发展,最终成为有别于中国历代封建法律典籍的集大成者。可以说,不仅汉、唐以来确立的封建法律传统基本精神及主要制度都在《大清律例》中得到了充分体现,而且清朝针对新的国内外形势进行了"增减损益",彰显了当朝统治者的"法治"意识。

《大清律例》共有47卷,由两部分组成。

第一部分是由8个图表组成的"律图",即"六赃""纳赎诸例""徒限内老疾收赎""诬轻为重收赎""过失杀伤收赎""五刑""狱具""丧服",且各图表后面均附有相应的"司法解释",规定了具体量刑尺度。

第二部分是由7个篇目组成的436条全部法律条款,且每一个篇目均有律文题标名称。如首篇是"名例律",共有律文46条,内容主要涉及"五刑""十恶""八议"等重要法律制度和对"作奸犯科者"所规定的具体罪名,以及其定罪量刑的7个基本类型犯罪的处罚与免予处罚的各项法律规定。具体如下:

①公罪与私罪。如官吏犯罪就分为公罪和私罪两种,前者处罚较轻,后者处罚较重。

②故犯与过犯。即故意犯罪和过失犯罪,前者重罚,后者轻罚。

③首犯与从犯。共犯有首从之分,首犯重罚,从犯轻罚。

④数罪并罚。一般只罚重罪,轻罪免予处罚。

⑤累犯加重。

⑥犯罪减免处罚。自首和老幼废疾等人犯罪可以减免处罚。

⑦相隐不为罪。即"亲亲相隐"或"同居相隐"不为罪以及类推的法律原则等。

具体法律条文的编排上,按具体条文的题标,依次由名例律、吏律、户律、礼律、兵律、刑律、工律作为篇名排列编排，包括“职制”“公式”“户役”“田宅”“婚姻”“仓库”“课程”“钱债”“市廛”“祭祀”“仪制”“宫卫”“军政”“关津”“厩牧”“邮驿”“贼盗”“人命”“斗殴”“骂詈”“诉讼”“受赃”“诈伪”“犯奸”“杂犯”“捕亡”“断狱”“营造”“河防”各门，共计436条法律规定以及“因时以制宜”与律文具有相同法律效力的1456条例文。

## 二、《大清律例》的主要特征

《大清律例》和其他历朝历代的法律一样，是统治者在取得胜利、掌握国家政权后阶级意志的集中表现。《大清律例》的形式和内容均必然反映清代法律制定者的意识形态和“政治”与“法治”二元统一的惯性法律逻辑思维。因此，清代法律制定的必然结果是集中反映清朝统治阶级或统治者的诉求，无论是原始部落习俗规范还是国家形态中的系统法制，概莫能外，《大清律例》形式特征亦复如此。换言之，清军入关以来，由马上民族粗浅的法律形式的初步形成到转化成较为完备的法律体系，最后到20世纪初在西方法律的影响下，各种部门法律文件制定的日臻完善，其法制文本形式及内容特点无不“顽强”地反映清政府统治集团的意识形态。因此，以下两个方面的特点或许能够勾勒出《大清律例》的主要特征：

第一，“律”和“例”的有机结合。《大清律例》的律例合体虽然并非清代立法者的独创，但“故律一定而不易，例则世轻世重，随时酌中之道焉”，“律为一代之章程，例为应时之断制”，同样体现了我国封建法典的一大特点。或者说，“凡律所不备，必藉有例，以权其大小轻重之衡，使之纤悉比附归于至当”，其稳定性与灵活性相结合的法律特性被西方的中国古代法学研究者称为中华帝国法律体制的顶峰。[①]《大清律例》是一个多部门法、多层面的混合体，其律436条，实际上是法制道德化和立法理想化凝固不变的模式，而例却是随着时代的变迁而不断增加的，从顺治三年（1646年）《大清律集解附例》的400多条，到雍正五年（1727年）《大清律集解》的824条，乾隆五年（1740年）

---

① 参见［英］S. 斯普林克尔：《清代法制导论——从社会学角度加以分析》，张守东译，中国政法大学出版社2000年版，第3页。

的《大清律例》为 1049 条，乾隆三十三年（1768 年）为 1456 条，道光五年（1825 年）为 1766 条，同治九年（1870 年）增加到 1892 条。针对清代法律例文累年增加的现象，法史学的专家们的解释是，例的迅速增加反映了统治者为防止法外遗奸、情罪不当，而不得不求助于新增例。[①] 因例的形式比较灵活且便于随时将统治者的意志上升为法律，实际上最后形成"既有定例，则用例不用律"的局面。[②] 另外，《大清律例》沿袭明朝敕令，遵循明代以来"律设大法，例顺人情"的立法体系惯例，律文一旦确立，除官方规定"五年一小修，十年一大修"以外，其他人等严禁擅自改动，"群臣有稍议更改，即坐变乱祖制之罪"（《明史·刑法志》），否则必然导致律文稳定性与现实生活变异性的矛盾，不得不依靠增加条例来解决。

第二，"刑"重于"民"，即民事案件通常采用刑罚手段判决。从法律文本的体例编排形式上看，《大清律例》基本上沿袭明律的形式，总体框架分为"名例律"和"六律"。篇首为"名例律"，对犯罪构成进行了原则性规定，相当于现代法律的"总则"部分，对刑名、刑等、赦免、共犯、自首等方面的法律适用作了概括性规定，并作出了相应的立法解释。"六律"与清政府的六个部门相对应，两部分律文共 436 条，刑法条文占整个律文条款的近一半，充分体现了中国古代法律"以刑为主，刑重于民"的立法理念和法制传统。另外，从《大清律例》的卷数分配来看，在总的 47 卷中，有关刑事处罚的占了 15 卷，如果加上其他各卷里本属于民事处罚的刑事处罚条款，《大清律例》的刑法性条款总数保守估计占全律的 70%以上。据此，与其说《大清律例》是一个诸法合体的法律文本，不如说其是一种以刑罚为主，民事为辅的法律文本，而且在具体司法过程中，多数民事案件的判决方式总是与刑事案件的判决方式雷同。

### 三、清代法律的翻译情缘

翻译在知识移植过程中发挥着不可替代的作用，[③]回顾世界各国法律的发

---

① 参见张晋藩主编：《清朝法制史》，中华书局 1998 年版，第 14 页。

② 参见马建石、杨育棠主编：《大清律例通考校注》，中国政法大学出版社 1992 年版，第 1 页。

③ See Jean Delisle, Judith Woodsworth, *Translators through History*, Amsterdam, John Benjamins Publishing Co. ,2015, p. 20.

展历史，从宏观上的各大法系具体到微观上的每一个国家的法律，几乎都能窥见法律翻译移植所做出的贡献，中国近代以降的法律发展与法律翻译移植更是有不可分割的关联。一如专家学者所讲，中国的法律翻译从清军入关到现在，一直充当着社会变革的重要角色，尤其是近代以来的法律翻译改变了中国几千年的封建法制传统，使中国法学成为一个充满外来语的世界。[①] 何勤华教授亦指出，一国法律不仅吸收本国以前的法律成果，也往往会吸收他国历史上法律中的精华。就这一角度而言，法律的继承性中已经包含了法律移植属性。[②] 对此，法学家高鸿钧将历史上的"法律翻译移植"这一概念，解读成一种多重隐喻，认为其中的语言类隐喻就是翻译、交流、沟通以及强加等。[③] 事实上，有清一代日臻完善的法律体系就是不断吸收本朝前代法律合理元素和翻译移植他国法律精华的典型代表。

清代法律与前朝法律的区别特性之一，就是从清入关立法之始到其法律形态的逐渐完备和最终解体，都与法律翻译（translating law）和翻译法律（translated law）的过程交织在一起。具体而言，清代的法律翻译主要包括满汉法律语言之间的翻译和法律汉语与其他国家之间法律语言的翻译两个方面。仅从法律语言的翻译规模上看，清代初期满汉之间的法律翻译总量远远大于法律汉语与其他国家法律语言之间的翻译。直到沈家本及其以降的法律翻译才以后者为主，并在规模上超过了清代本土的法律。总之，从清朝建立之初到"寿终正寝"，其法律制度亦由入关以前粗简的满语法制进化到康熙、雍正、乾隆时代较为完备的中华法制体系，这本身就是在"参酌各国法律，首重翻译"的基本原则下形成的。

满语和汉语是两种书写形态完全不同的语言符号体系。满语为满族所使用的日常交流语言，是在蒙古文的基础上加以改进而形成的一种竖直书写的拼音文字。清代初年满语被定为官方语言，成为满族官民奏报、公文、教学、翻译和日常生活中使用的主要语言。早在 1636 年，皇太极就命令"儒臣分为两直"，职司"翻译汉字书籍"和"记注本朝政法律诸事"。例如，汉语里的"都统"

---

① 参见熊德米：《晚清法律翻译的"普罗米修斯"及特殊贡献》，载《外语教学》2010 年第 5 期。

② 参见何勤华等主编：《法律翻译与法律移植》，法律出版社 2015 年版，第 96 页。

③ 参见何勤华等主编：《法律翻译与法律移植》，法律出版社 2015 年版，第 110 页。

一词就是最先来自满语“gusai ejen”,经过音译成为“固山额真”,然后再翻译而来的。同样,汉语“法制”一词的满语翻译为“sajin kooli”,“禁约”译自满语“sajin”,满语的法律词语“kooli”翻译成汉语为“定例”或“法例”。①

在皇太极定鼎中原之初,深感满族“民淳法简,大辟之外,惟有鞭笞”,到“抚临中夏”,发现“人民既众,情伪多端……十三年,复颁满文大清律例”(《清史稿·刑法志》)。于是命刑部尚书吴达善等人遵照“详译明律,参以国制”“参汉酌金”的立法基本原则,开始着手撰修清朝的法律。“详译明律”的直接动因有两个:一是明代完善的法律体系对清代初期粗浅的法律有十分重要的借鉴价值;二是清代满族是人口数量远远低于汉族的少数民族,要实现其统治目标,必须借助汉族人所熟悉的法律。所谓“参以国制”,就是在翻译移植和借鉴明代法律的同时,也要适当保留清军入关前旧有法律典章制度的某些法律条文。“参汉酌金”中的“参汉”,即要求立法者参照以明朝为代表的汉族封建法制体系,制定清朝自己的法律;“酌金”的基本法律理念,是要求立法者在清代当时的具体法律控制范畴需求的基础上,斟酌保留满族自己原有的习惯法。因此,总体而言,清代法律就是在“参汉酌金,渐就中国之制”的指导思想下继受完成的。② 仅仅从法律制定到具体司法实践,从整个操作过程的视角看,清代从建国初期到“寿终正寝”,其法律语言一直是一个充满了外来语的世界。

清代确立“详译明律,参以国制,参汉酌金”的法律翻译和移植总体路线以后,首先是大规模地翻译移植明代中央与地方官职制度沿革,官修明代的行政性法律典章制度《大明会典》(The Administrative Code of the Great Ming Dynasty),并将以明律为代表的汉族法律规章制度翻译吸收到清代有关的法律法规以及君臣的法令例文中,也就是将汉族法律语言翻译成满语,作为清代统治者创制自己法律体系的重要参考或模仿的文献。因此,在《大清律例》《大清会典》等清代法律原典中,从法律原本到历次法律文本的修订文稿,再到历代皇帝的“御批”和诸部大臣们的奏文和谏书,经常会出现大量有关清代君臣之间谈论满汉法律语言之间翻译转换与移植的各种话语,如“翻译清文,缮写清、

---

① 参见张晋藩主编:《清朝法制史》,中华书局 1998 年版,第 7~10 页。

② 参见熊德米:《〈大清律例〉法律术语特征探析》,载《西南政法大学学报》2016 年第 4 期。

汉黄册，刊刻颁布发行”“律内有满、汉文义互渗”“满文文义互相参差”“将律文满汉文义复核校正”等。① 这足以证明，清代统治者在其制定法律的整个过程中对汉族法律语言翻译的依赖与高度重视。其次是对西方“海外诸国”法律的翻译移植引进，主要发生在19世纪中后期。彼时，中国近代以林则徐、魏源、徐继畬等为代表的法制改良派，极力主张“译夷以治夷”，并将“师夷”和“翻夷”作为翻译西方法律的基本指导方针。现代学者的共识是，林则徐等人所倡导的西方法律翻译和移植是中国人认识西方法律的起点。②

虽然林则徐、魏源等人基本不懂“夷语”，但他们中的一些人大都有满汉法律语言翻译的实践经验和跨语言交流的切身体会。因此，林则徐等人对“翻夷”的重要性以及翻译国外法律的独到认知，为后来大量引进西方法律起到了很好的示范作用。尤其是林则徐作为直接和“外夷”交涉的重要官员，面对清政府官员不识“夷语”，与外国人打交道时因语言不通而无法了解国际法律规则的情况，招募了据说是当时中国仅有的几名懂外语的人才，并要求他们“日日使人刺探西事，翻译西书”，把握“西人旦夕所为”，并在其私人寓所里“养有善译之人，又指点洋商通事引水，四处探听，按日呈递”。③ 为了应对在与外国人打交道过程中解决法律问题的“不时之需”，林则徐主持将瑞士法学家、外交家瓦特尔的《国际法》中的一些段落翻译成中文，定名为《各国律例》。林则徐的这种敢于“冒天下之大不韪”的翻译活动为维新派大量翻译、编译西方法律文献开启了破冰之旅，尤其是为中国近代史开启了光辉的一页。④ 林则徐等人的法律翻译活动，为危若累卵的晚清封建政府对外开放，翻译学习和借鉴模仿西方法律制度奠定了基础，亦成为后来中外学者大规模翻译日本及欧美国家法律文献的嚆矢，由此促使了清政府朝野上下放眼了解“天朝上国”以外安邦治国的异国“礼俗风情”，借鉴异域国家的政治法律制度或其他民族优秀法律文化传统的“他山之石”，以此重新审视几千年来所遵循的“溥天之下，莫非王土；率土之滨，莫非王臣”（《孟子·万章上》）以及“奉天承运”封建宗法思想继续

① 参见马建石、杨育棠主编：《大清律例通考校注》，中国政法大学出版社1992年版，第7~10页。

② 参见田涛：《中国人眼中的西方法律（之一）》，载《法制日报》2007年6月24日，第13版。

③ 参见李泽厚：《中国思想史论》（中），安徽文艺出版社1999年版，第372页。

④ 参见陈原：《书林漫步》，生活·读书·新知三联书店1979年版，第146页。

存在的实际价值。可以说,在近代中国,随着包括法律知识在内的各种西洋新知识不断进入并深入其全新知识系统,原本自成体系的中国知识世界开始处于捉襟见肘的被动应付地位,不得不重新思考自己思想的支持系统。①

林则徐及其同人们所倡导的法律翻译思想,如魏源提出的"欲师外夷者,必先悉夷情始,欲悉夷情者,必先立译馆翻夷书始"(《海国图志·议战》)的西方法律翻译理念,以及他们后来出版的150多种域外政治法律书刊以及其他各类社会学著作,迈出了清廷"海禁"以来接纳西方法律文化的第一步,②成为清代晚期沈家本等人在法制意识形态领域转型,践行真正意义上"师夷长技"的法律翻译目标,为随之到来的更大规模的外国法律与法学著作的翻译与引进奠定了基础。③

清朝光绪年间,"祖宗之法不可更改"的冥顽不化观念被淹没在彼时国内波涛汹涌的法制改革浪潮之中,使当时的法制改革维新派人士认识到"译书为变法第一要义"。清朝法律翻译的政府行为始于咸丰十年(1860年),当时负责外交事务的大臣恭亲王奕䜣和大学士桂良、户部左侍郎文祥等人针对英国、美国和俄国等"夷患",为了"驯服其性,自图振兴",悉心参度,统计全局,上奏了《请设总理衙门等事酌拟章程六条折》:

认识外国文字、通解外国语言之人……查与外国交涉事件,必先识其性情。今语言不通,文字难辨,一切隔膜,安望其能妥协?从前俄罗斯馆文字,曾例定设立文馆学习,具有深意。今日久视为具文,未能通晓,似宜量为鼓舞,以资观感……有专习英、咈(法)、咪(美)三国文字语言之人,请饬各该省督抚,挑选诚实可靠者,每省各派二人,共派四人,携带各国书籍来京……俟八旗学习之人,于文字言语悉能通晓,即行停止。俄罗斯语言文字,仍请饬令该馆,妥议章程,认真督课。所有学习各国文字之人,如能纯熟,即奏请给以优奖,庶不致日久废弛。

奕䜣等人力谏清政府开办外语学校的主要目的,是要提醒当时的国人认识外国文字,通解外国语言,携带各国书籍来京翻译的重要性,竭力主张以此加强

① 参见葛兆光:《中国思想史》(第2卷),复旦大学出版社2001年版,第448页。
② 参见熊德米:《晚清法律翻译的"普罗米修斯"及特殊贡献》,载《外语教学》2010年第5期。
③ 参见田涛、李祝环:《清末翻译外国法学书籍评述》,载《中外法学》2000年第3期。

了解与外国交涉有关的法律翻译工作。鸦片战争以后，尤其是《南京条约》(The Treaty of Nanking)、《望厦条约》(Treaty of Wary-Hea)、《马关条约》(The Treaty of Shimonoseki)等一系列不平等条约的签订，迫使清政府改变了以前"天朝上国"的狂傲态度，放弃了"徒知侈张中华，未睹寰瀛之大"的夜郎自大观念，以务实求真的态度正视国际交涉中存在的大量法律语言交流问题。当时，翻译国际公法、国际私法与解释异域法律语言相关知识的具体含义成为清政府朝野上下的当务之急。由此可见，改变"天朝上国"和"华夷之辨"的朝贡观念，与其他国家平等相待，争取自己的主权地位，转变对外交流的被动局面，是晚清政府的首要目标。实现这一目标的重要手段，是掌握外语和培养语际交流的口译和笔译人才。为此，1862年7月，清政府正式批准成立以教授外语和练习翻译为主的京师同文馆，此后，京城以外也陆续成立了上海方言馆、台湾西学堂、珲春俄文书院等，以及专门从事翻译的译书专业部门，如上海大同书局、上海新作社、上海南洋公学译书院、上海新民译书局以及江南制造局翻译馆等，并制定了一系列符合当时具体情况的翻译基本原则。这些从事外语教学、译书和出版外文译作的书院、书馆、学堂等政府机构和民间组织，翻译移植并刊行了许多西方法律和法学著作，为后来大规模翻译移植和引进外国先进的法律文献奠定了基础。特别是到了20世纪初，随着国内政治局势的日益严峻，清政府不得不着手实施"新政"，为了使清末"新政"中的法制改革有所参考和借鉴，清末修律期间，清政府指定"修律馆"为官方法律起草机关，授命大量翻译引进西方法律。

1902年，在"山雨欲来风满楼"的举国危机情势下，光绪帝不得不下谕修律，着沈家本、伍廷芳等将一切现行律例，按照交涉情形，参酌各国法律，"悉心考订，妥为拟议。务期中外通行，有裨治理"。[①] 沈家本和伍廷芳等修律大臣认为，欧美资本主义国家的法律比中国封建法律更加文明、进步，中国的法律体系"不能以一中国而与环球之国抗"，必须制定"务期中外通行"的律例。修律大臣们修律的基本原则是"参考古今，博稽中外""取人之长，以补吾之短""彼法之善者，当取之，当取而不取，是之为愚"。为此，他们要做的第一件事就是动

① (清)沈家本：《寄簃文存》(卷一)，台北，台湾商务印书馆1976年版，第350页。

员组织诸方力量，翻译和引进西方各国法律文件。沈家本等修律大臣一方面“遴选谙习中西律例司员分任纂辑，延聘东西各国精通法律之博士、律师以备顾问，复调取留学外国卒业生从事翻译”（《清史稿·刑法志》），大力翻译移植国外法律著作，另一方面“重赀延请外国法律专家，随时咨询”（《删除律例内重法折》），还专门为此制定了“原译之员，逐字逐句，反复研究，务得其解”[①]的法律语言翻译基本原则。在沈家本等朝廷重臣的建议下，译出了大量日本法学和法律著作，后来又翻译了欧美国家的法律文献，如《德意志刑法》《德意志裁判法》《俄罗斯刑法》。至光绪三十三年（1907 年）又增加了《荷兰刑法》《意大利刑法》《法兰西印刷律》《德国民事诉讼法》《普鲁士司法制度》等。此外，还有十多部没有译完的法律文献，如《德意志民法》《德意志旧民事诉讼法》《比利时刑法》《比利时监狱则》《比利时刑事诉讼法》《美国刑法》《美国刑事诉讼法》《瑞士刑法》《芬兰刑法》《刑法之私法观》《法典论》《监狱学》《狱事谭》等西方国家有关民事、刑事法律方面的书籍，共计 30 余种。沈家本先后主持翻译了法国、俄国、德国、荷兰、意大利、日本、比利时、美国、瑞士、芬兰等十多个国家的法典和法学著作。据统计，清末修律准备过程中，一共翻译出国外的法律和法学著作 400 多部，为修律提供了大量参考资料。[②] 在沈家本等人的“译夷以治夷”思想的指导下，逐步完善并最终形成了“寓汉文化传统与满民族特色于其中的”且具西方法学文化成分的中华法系。[③] 此外，沈家本还主持法律修订馆，翻译了英国、美国、法国、比利时、德国以及其他西方国家的宪法、议院法、刑法、刑事诉讼法、民法、民事诉讼法、法院组织法、出版法、新闻法、公司法、国际法、婚姻法等数十种部门法。由此可知，20 世纪初由沈家本和伍廷芳等人主持翻译和引进外国法律的一系列“西法东渐”活动，是中国近代法制发展史上第一次由官方组织的规模最大，也是最为系统的外国法律翻译引进活动。梁启超将这一时期的针对西方社会、法律和其他领域的大量翻译和引进活动称为强国第一要义。

林则徐、沈家本等人组织的晚清法律文献和法学著作大量翻译、移植和引

---

① 张生主编：《中国法律近代化论集》，中国政法大学出版社 2002 年版，第 285 页。

② 参见卞修全：《立宪思潮与清末法制改革》，中国社会科学出版社 2003 年版，135 页。

③ 参见郑定、赵晓耕主编：《中国法制史教学参考书》，中国人民大学出版社 2003 年版，第 216 页。

进工作，首次打破了尘封数千年的诸法合体封建法律体系，为后来以沈家本及其同僚为代表的晚清政府制定部门法打下了坚实的基础。在大量翻译和引进的西方法律著作及其法律思想的影响下，清政府所制定的《钦定宪法大纲》《大清民律草案》《刑事诉讼律草案》《大清新刑律》等一系列部门法更是彻底瓦解了清代旧有的法律体系。事实证明，中国近代以降，特别是晚清到 21 世纪的法律环境，其实就是一个充斥“法律翻译化”、“法律移植化”和“洋味儿十足”的法律语言和法律概念的外来语世界，没有近代以降的法学家和法学翻译家们所付出的艰苦卓绝的努力，也许根本就不会有近现代如此完备的法律制度和法学研究体系。

### 四、《大清律例》翻译的基本情况

中外法制交流历史资料显示，中国古代法律文化和法律制度文献的外译有着悠久的历史。中国的法律制度和法律文化是从 16—17 世纪开始受到西方来华的旅行者、外交官员、学者、商人、传教士、政客等的大量关注。当时来华的西方人士，有的以“谳狱”体验者或遭受牢狱之灾的身陷囹圄者身份被迫了解中国的法律及司法体系的具体程序。因此，早期来华者讲述或翻译中国文化的各种著作也只是对中国法律的零星介绍，不涉及对中国法律文化的系统了解，更谈不上对法律文本的完整翻译，即使 17 世纪来到大清帝国的西方人亦复如此。

据文献记载，西方人对中国法律典籍文本的翻译始于 18 世纪的俄国和德国，其后才是 19 世纪的英国及美国等。18 世纪末来华的英国政府官员约翰·巴罗(Sir John Barrow)认为，《大清律例》这部中国法著作文字清晰，结构严谨，[①]希望有一天能用英文准确真实地翻译出来。[②] 18 世纪末 19 世纪初，在小斯当东的《大清律例》英译本问世以前，陆陆续续出现了俄文、德文、法文的版本，在一定程度上增进了西方读者对中国法律的了解。当时来华的西方学者

① 参见[英]约翰·巴罗：《我看乾隆盛世》，李国庆、欧阳少春译，北京图书馆出版社 2007 年版，第 263～264 页。

② 参见[英]约翰·巴罗：《我看乾隆盛世》，李国庆、欧阳少春译，北京图书馆出版社 2007 年版，第 263～264 页。

"不仅对中国的语言与中国人有着颇为深刻的了解,而且还具备深厚的法律知识",[①]可以说,翻译引介和了解中国法律状况已经成为当时来华西方人的重要任务之一。

从各种外文翻译版本的影响看,英文版远远超过其他语言的译本。以下就已搜寻到的《大清律例》各种外文翻译版本进行简要梳理:

第一,俄文版译本。中国古代法律文本的第一个完整的外文版是18世纪的俄语版。俄国汉学家列昂季耶夫(Leontiev)最先使用俄语节译了《大清律例》,1778—1779年其节译的《大清律例》结成两册出版。俄罗斯帝国皇帝叶卡捷琳娜二世及其僚属期望完整地了解中国的法律,因而命列昂季耶夫全文翻译《大清会典》。其后,《大清会典》俄译本分别于1781年、1782年、1783年分三卷在圣彼得堡出版。这是目前已知的西方人首次将中国行政法律原典译为西方文字。[②] 虽然列昂季耶夫只是选译了《大清律例》的部分条款,未能使这部法典全方位展现给西方读者,但其全译的《大清会典》至少让西方读者从一个侧面窥见了清代行政法的基本面貌。

第二,德文版译本。1781年,德国人亚力克司·里纳德夫在柏林出版了《中国法律》一书,其中选译了《大清律例》中的一些与刑事处罚有关的内容。或许是由于语言的因素,该译本未能在西方世界广泛流传,西方人仍然看不到完整的中国法律原典的全文翻译本。就《大清律例》具体内容的翻译而言,这部著作只是部分条款的选译,而且在翻译过程中,译者有意识地对原作法律文本进行了较大删减,很容易让西方人对中国法律制度产生误解。根据学者们的推断,德语版《大清律例》在欧洲的出现为包括英国在内的欧洲各国了解中国古代法律文化起到了引领作用。

第三,英文版译本。英语世界完整的中国法律翻译文本是英国小斯当东和美国法律学者钟威廉分别于1810年和1994年出版的《大清律例》英译本。1810年,小斯当东版《大清律例》在伦敦正式出版,虽然该版本的法律英文翻译

---

① [英]E.阿拉巴德:《中国刑法评述及相关话题》,张亚芳、杨慧、熊姝丹译,吉林大学出版社2017年版,第3页。

② 参见侯毅:《欧洲人第一次完整翻译中国法律典籍的尝试——斯当东与〈大清律例〉的翻译》,载《历史档案》2009年第4期。

明显存在许多“不可饶恕”的问题，但该译本作为第一个完整律文的外译版本，昭示着西方历史上首次将中国法律的条文完整地呈献给西方读者，同时也让西方人第一次比较全面地了解到中国的法律。小斯当东的译本在中西法律语言文化翻译交流史上可视为前无古人。同样，钟威廉的英译本一经问世，就成了在当代美国的中国法研究界影响广泛的重要文献。苏亦工教授认为：“1994 年，钟威廉教授翻译的《大清律》一书由英国牛津大学出版社出版。这部译作是迄今为止《大清律》最完整、准确的英译本，也可以说是美国学者研究中国法制史的最新收获。”①另外，值得一提的是，长期旅居中国上海的英国律师乔治·贾米森（George Jamieson），于 1921 年在上海出版了专著《中国的家事与商务法》（*The Chinese Family and Commercial Law*），将《大清律例》中有关民事的部分法律条文挑选出来，翻译成英文，旨在讲述中国法律对中国社会民间日常生活行为的控制。②

第四，法文版译本。小斯当东的英文版本出版之后，受到了欧洲人的一致好评。据说，后来《大清律例》的法语、西班牙语、意大利语等版本都是依照小斯当东的英文版转译而成的。目前没有找到《大清律例》的西班牙语和意大利语版本，只有两个法语版本，即伦瓦尔（M. Renouard de Sainte-Croix）根据小斯当东的英文版翻译成的法文版以及法国人菲拉斯特（P. L. F. Philastre）于 1876 年出版的法文译本。另外，笔者还找到了法国译者布莱斯（Gui Boulais）根据汉语原文直接译成的法语版本 *Manuel du Code Chinois*。该法语版本当时被列入“法国汉学研究系列丛书”，专门供法国读者研究中国古代法律文化之用。对此，有学者认为，在欧洲的几个译本中，布莱斯译本的优点则在于它的翻译质量，该译本应该是最准确的。③

此外，19 世纪出版的各种英文报纸杂志也选刊或选译了《大清律例》和清政府因时制宜制定的其他准法律，其中最为典型的有外国传教士创办的各种刊物，如马礼逊（Robert Morrison）与米怜（William Milne）合作创办的《察世俗每

① 苏亦工：《当代美国的中国法研究》，载《中外法学》1996 年第 5 期。

② See George Jamieson, *The Chinese Family and Commercial Law*, Shanghai, Kelly and Walsh Co. Ltd., 1921, p. 1.

③ 参见苏亦工：《另一重视角——近代以来英美对中国法律文化传统的研究》，载《环球法律评论》2003 年第 1 期。

月统记传》(Chinese Monthly Magazine)、裨治文(Elijah Coleman Bridgeman)创办的《中国丛报》(旧译《澳门月报》,Chinese Repository),以及中国香港地区创办的《中国评论》(The China Review or Notes and Queries on the Far East),《广州纪事报》(Canton Register),《广州周报》(Canton Press)等,尤其是《中国评论》还全文翻译了该法律里有关民事和商事绝大多数法律条款和与之相关的条例,并伴有对其法律含义的不同英文阐释。通过将《中国评论》和《中国丛报》刊登的《大清律例》部分英文译文,与小斯当东和钟威廉的译本进行比较发现,由于当时晚清政府对外政策较为开放,中外语言交流更为频繁,外国人学习法律汉语的热情更为高涨,后期来华的学者和政府官员对具体法律语言了解更为深入,所以晚清时期对《大清律例》以及其他法律的翻译,质量上总体远高于清代以往任何时期的翻译。

## 第三节　中国古代法律典籍语言

中国古代的法律典籍语言,专指古代历史上各类法律条文中所呈现出来的语言现象,并从其中简略推测出中国古代法律人(the ancient legalists or jurists in ancient China)的法律思想和法律方法。中国法律典籍语言,从传说中夏朝无法稽考的"禹刑"伊始,到战国时期李悝的《法经》、汉代萧何的《九章律》、曹魏时期的《新律》、晋代的《泰始律》、隋代的《开皇律》、唐代的《唐律疏议》、宋代的《宋刑统》、明代的《大明律》以及清代的《大清律例》等,历经3000多年立法历史及其法律语言的演进,最终形成了以清代法律典籍《大清律例》为分水岭的中国古代独具特色的法律表意系统。这些法律语言在千百年来的变迁历练中,保存了自己的核心意蕴,一直垂范和服务于古今中国法律制度的大部分法律语言旨趣。虽然古今法律语言在历经时代的磨砺后,其意义有所增损,但古代法律典籍语言固有的原初意义,如律、刑、婚姻、嫁娶、契约、犯人、罪、奸杀、拘役、杀人、罚金、审判、刑法、刑罚、徒刑、死刑、诉讼等中国古代法律人所创制出来服务于民事和刑事法律专业语言的基本符号系统,在今天的刑事、民事的立法和司法的法律汉语里仍然是必不可少的法律语言构成要件。其中,大部分词语的书写形态和组词结构与古代相比并未发生根本性变化,其所表达的法学理念（jurisprudencial legalism）、核心法律意义价值（value of the core legal sense）和法律社会功能（societal legal function）等在今天高度发达的法律体系中也有体现，并一直为当代学人所运用，且会得到不断丰富和传承。

## 一、古代法律典籍概说

从中国法制历史发展的角度看，中国古代最早的“法”或“律”是由一系列“德”“礼”“仪”“刑”等自为性准法律制度开始，逐渐发展成为具有广泛约束力的强制性法律规范，其法律语言的演变同样也遵循了这一基本规律。据史书记载，中国古代的立法活动始于夏、商、周三代。《左传·昭公六年》载：“夏有乱政，而作禹刑。商有乱政，而作汤刑。周有乱政，而作九刑。”到以礼治天下的周代，《左传·僖公十一年》载：“礼，国之干也……礼不行，则上下昏。”周公姬旦将周代的礼进行修订补充，直至“六年制礼作乐，七年致政成王”（《尚书·大传》），使礼的规范进一步系统化、规范化、制度化，成为“法度之通名”。[①] 周代以后才出现了真正意义上的制定法（statutory law），统治者将所制定的法律以文字的形式铸于钟鼎或刻于简牍，严格意义上第一部成文法典是战国时期李悝编纂的《法经》。由此可见，早在 2000 多年前的春秋战国时期，中国就开启了成文法典编纂的历史。

中国法制史学者通常将古代法律典籍分为两大类——律典和令典。前者指的是历代法律典籍，后者则是历代帝王“因时之所易”所颁布的各种御令。沿着这一线索，笔者将两者的发展历史梳理于下：

第一，秦汉时期前后的法律典籍。

法律典籍就是中国古代法制史研究者所讲的“律典”，即法律典籍发展历史上每一个朝代所编纂的法典。《辞海》对其具体含义的解释是，经过整理、编订而形成的系统化的法律文件。法典不是已有法律文件的汇总，而是在原有法律文件的基础上制定的新的法律文件，是法律规范系统化的立法活动的成果。某一部门的法典（如刑法典）与某一法律部门（如刑法）不能等同。法典尽管力求完整，也只是某一法律部门法律规范比较集中与系统的法律文件，而不可能

---

① 参见张晋藩：《中国法律的传统与近代转型》，法律出版社 2005 年版，第 5 页。

包括该部门法律规范的全部。[①]

战国时期李悝根据"王者之政,莫急于盗贼"的社会状况编纂了《法经》,开启了中国古代系统编纂法典的历史。《法经》的原典已经失传,但其基本内容在《晋书·刑法志》《史记·商君列传》《七国考》等史籍的辗转记载和间接引证中大致能了解,《法经》规定了盗、贼、囚、具等犯罪及其刑罚措施,如"大盗成为守卒,重则诛""议国法令者,其籍家,及其妻氏"。其后的商鞅变法改法为律,就是在《法经》的基础上增加了新的法律条款内容,律文名目就多达30种,并以此广泛拓展了秦代社会控制的范围,如1975年在湖北省云梦县睡虎地发现的秦简对征发戍卒、田赋征收、地方防务、政府机构以及司法审判等都有明确的法律规定。另外,秦简中《法律答问》和《封诊式》[②]是现存最早的法律解释文献,也是关于案件调查、勘验、审讯等司法手段和司法程序的重要文献。商鞅变法的成果为汉代的法律制定打下了良好的基础,汉高祖刘邦入关后与关中父老的"约法三章","三章之法不足以御奸,取其宜于时者"(《后汉书·百官志》),于是制定《九章律》。《九章律》不仅继承了《法经》原来的六篇法律,还新增加了"户律""兴律""厩律"三篇,而且增加了刑罚体系,犯罪种类和律、令、科、品、比、法律疏释等法典以外的法律形式,成为后世历代王朝制定法律的楷模。[③]

第二,三国、两晋、南北朝到唐朝时期的法律典籍。

三国、两晋、南北朝虽是群雄争霸的时代,但各王朝都重视自己的立法建设。这一时期近400年的历史进程中,比较突出的立法有曹魏王朝的《新律》、晋代的《泰始律》、北朝的《北魏律》和《北齐律》等法律典籍。值得一提的是,这一时期将"八议""官当""五服"纳入"重罪十条"(后来历代法律中的"十恶"中的九条)。公元581年,杨坚建立隋朝,并于开皇三年(583年)命苏威等人重修律典,此次修律以北周律为基础,综合魏晋南北朝律文,制定出了有500条内容的《开皇律》。隋朝末年,李渊建立唐朝,后命大臣裴寂等人以《开皇律》

---

① 参见辞海编辑委员会编:《辞海》(缩印本),上海辞书出版社2000年版,第521页。

② "封"是指查封,"诊"是指诊察、勘验、检验,"式"是指格式、程式,属于古代法律文书的一种形式。

③ 参见曾代伟主编:《中国法制史》,法律出版社2006年版,第67页。

为蓝本制定了唐代的法律,并于武德七年(624年)颁布了唐代法律系统中的第一部正式律典《武德律》。唐太宗李世民登基以后,旋即命长孙无忌等人耗时10年修律,于贞观十年(636年)颁布了《贞观律》。唐高宗李治即位以后,又任命长孙无忌、于志宁等人主持修订和疏解《贞观律》,并于永徽二年(651年)颁布了《永徽律》,一年后颁行天下,"广为参照施行",史称《永徽律疏》。从此,附于法律文本中各条法律的"疏议"与律文有同等法律效力,后经唐末至元朝,最终定名为《唐律疏议》(12篇,502条),其后各个朝代的法典总体上都是在唐代法律基础上增损完善而制定出来的。① 此外重要一点,就是在唐玄宗时期还制定了一部中国立法历史上具有划时代意义的行政法典——《唐六典》,《唐六典》的制定与颁布是中国古代法典编纂史上的一件大事,从此中国古代法典编纂正式形成两大系统:一是刑法典,二是行政法典。《唐六典》是中国历史上现存最早的行政法典。②

第三,宋元时期的法律典籍。

北宋建立之初,宋太祖赵匡胤就命令工部尚书、判大理寺事窦仪和苏晓、冯叔向等朝廷修律大臣,在唐代法律及其传统体例的基础上制定出适合宋朝政府统治的"刑统",其后正式定名为《建隆重定刑统》(后来称为《宋刑统》,以下亦用此称谓)。《宋刑统》全律本由12篇(30卷,涵盖502条律文)组成,基本内容源于《唐律疏议》,但在立法技术和编纂规模上却是沿袭了五代时期的《大周刑统》(《显德刑统》)。《宋刑统》的基本特色有:①从编纂体例上看,将唐代法律的"篇"分成"门"——将同类法律条文划为一类。②在具体条文内容上,增加了"折杖法"和敕、令、格、式等"律外之法"的内容。③其法律文本中融入了窦仪等人的立法理念。④法律体系编排技术上的继承与创新。继承体现在保留了唐代传统的律、令、格、式,创新体现在增加了宋代自己的编敕、宣、敕、诏、御笔、德音、敕书、编例等立法形式。⑤立法内容方面,扩大了对禁婚、义绝、遗产校验、继承等法律规定之行为的控制范围,新设立了专卖立法、钱法和钞法等。与此同时,《宋刑统》还在司法机关的设置和司法程序的规定方面进行了大胆

① 参见曾代伟主编:《中国法制史》,法律出版社2006年版,第116页。

② 参见中华文化通志编委会编:《中华文化通志·制度文化·法律志》,上海人民出版社1998年版,第139页。

的改革。从宋代的立法过程及成果可以看出,宋代的法律及其法律语言的创制在中华法律文明的演进史上可谓是成就辉煌,[①]在中国古代传统法律的发展史上已经达到最高峰。[②]

中国古代从元朝到清朝,一共经历了700多年法制发展的漫长时期,其中有500多年的法制史基本是由少数民族封建统治者所书写的。元朝是中国历史上第一个由少数民族建立的大一统封建帝国。元朝政府建立后,为了完善法律体系,陆续颁布了《至元新格》、《风宪宏纲》、《大元通制》、《至正条格》、《大元圣政国朝典章》(简称《元典章》)等一系列具有元代特色的法律法规。这些法典实施不久,元朝皇帝即特立"祖训",诏令天下,其所立一切法律一律不得"稍议更改",元代法律的基本内容大都遵循唐代的法律,有些内容则是仿效宋朝和辽金的法律。对此当代法史学界认为,元代法律既有"国朝之法",又有"唐宋之古典",还参用"辽金之制"。[③] 从法律文本结构元素上看,元代法规多是由断例、条格、诏敕等组合而成,也就是"条格汇编"和"律令判例"的混合体,且往往在某一案例前面加上一个"诸"字,即成独立条文,内容较为繁复庞杂,给普通百姓在理解法律上造成了极大的困难。

第四,明清时期的法律典籍。

1367年,明太祖朱元璋命令麾下的开国功臣李善长为"律令总裁",与御史中丞刘基等人一道议定明代律令"编纂成典"事宜,制定明代法律,同年12月成书。这是一部仅仅用了两个月时间就制定出来的法律,实际上是在《唐律疏议》蓝本的基础上加上明代的新制而最终形成的法律文本,即《大明律》的雏形,该法典于1368年(洪武元年)颁布,史称"洪武元年律"。从此以后,明朝开始了一系列立法活动,并最终建立起了以《大明律》《大明令》《大明诰》《教民榜文》《问刑条例》《明会典》为主的法律体系。《大明律》有两个明显的特点:一是以中央"吏""户""礼""兵""刑""工",篇首冠以"名例律",形成7篇新体例,打破了北齐以来12篇体例的惯例;二是条文简略,文字清楚,明白易懂,充分体现了朱元璋有关法律语言的一贯主张:"法贵简当,使人易晓,若条绪繁

---

① 参见张晋藩:《中华法制文明的演进》,中国政法大学出版社1999年版,第316页。

② 参见徐道邻:《中国法制史论集》,台北,台湾志文出版社1976年版,第89页。

③ 参见曾代伟主编:《中国法制史》,法律出版社2006年版,第176页。

多,或一事两端,可轻可重,吏得因缘为奸,非法意也”(《明史·刑法志》)。

清军入关以后,为了弥补原有马上民族法律粗犷的缺陷,清政府着手组织翻译修改明代的法律,并按照《大明律》制定法典,于顺治三年(1646年)完成《大清律集解附例》并颁行全国,直到雍正年间部分律文经些许修改后,于雍正五年(1727年)定名为《大清律集解》刊布于世,并“令全国共遵”。之后,“虽屡经纂修,然仅续增附律之条例,而律文未之或改”(《清史稿·刑法志》)。乾隆五年(1740年),清高宗命王泰等人对《大清律集解》的文字和体例作了进一步修订,并正式定名为《大清律例》,颁布天下,刊行于世。

从上述对中国法制历史的梳理大致可鉴,中国古代基本上是一种重刑法轻民法的立法传统,甚至被学界认为是一种一贯到底的刑法文化——虽然也有学者认为,民事法律案件仍然占据相当大的比例。以南宋时期的法律案件为例,其民商事判例,刑事、行政判例等中,民商事占一半以上。[①] 尽管如此,笔者仍然坚持学界多数人的看法,即在中国古代法律整体规则的形式表现上,总体上还是一种刑重于民或刑民不分的诸法合体法律体系,民事侵权行为(甚至一些违约行为)概以刑法处罚之,可以说“民事法律刑事化”这一历史状况是毋庸置疑的事实。[②]

## 二、古代法律典籍语言的基本类别

法律典籍语言包括两层基本含义:第一层含义是古代法律典籍里阐述的法言法语即法律语言本身,大致相当于目前被视为广义法学研究中的边缘学科——法律语言学。第二层含义是用来表述古代法律典籍的法律专业语言符号系统,与现代法律文本中所使用的一般性法律语言和法律专业术语类似。前者强调的是通过法律语言表达古代的法律问题,后者则是古代法律语言符号系统问题。如孔子的“法语之言,能无从乎”就包含语言和法律四个方面的不同理解。第一种解释偏重礼仪规则和语言的关系,认为所谓法语之言,指符合礼仪规则的语言,或“只要符合传统礼法的话语,谁能不听从吗”。第二种解释

① 参见李功国主编:《中国古代商法史稿》,中国社会科学出版社2013年版,第3页。

② 参见范忠信:《中西法文化的暗合与差异》,中国政法大学出版社2001年版,第61页。

是:“以礼法正道直言告语之,当时无不顺从者。”[①]第三种解释是:符合礼法的正言规劝,谁能不听从呢?但(只有按它来)改正自己的错误才是可贵的。第四种解释类似于现代法律语言:符合法规的语言,人们能不听从吗?

古代社会控制范围十分广泛,涉及政治、经济、军事、法律、教育、财产、婚姻家庭、伦理道德、婚丧嫁娶和风俗习惯等各个方面。[②]随着自夏到清历朝历代的发展,中国古代法律体系经历了从无到有,从不完整到完整的发展过程。根据古代法律典籍语言所涉及的范围,笔者将古代法律语言分为以下三大类:

第一,古代刑事法律语言。

刑事法律语言(the language of affairs relating to criminal law)是古代法律“重刑轻民”或“以刑为主,民事为辅”立法观念在法律语言上的重要体现。最早出现在古代法律汉语中的“刑”(penal code or criminal law)有“刑罚”和“惩罚犯罪之法”两层含义,一是作名词,指中国最早的以惩罚犯罪为主的法,古代“统归刑部”(《清史稿·刑法志三》)。二是作动词,意思是惩罚或杀人,如“刑者,惩恶而禁后者也”(《说苑·政理》),“刑人之父子也”(《吕氏春秋·顺说》)。中外法学专家对现代意义上的刑或刑法给出了大致相同的解释。陈忠林教授认为,刑法是一种国家可以动员的能实现自己权力的和平时期所有强制性力量(包括立法、司法、行政权中最具有强制性的措施,甚至作为国家武装力量的武装警察)。[③]《元照英美法词典》中的解释比较抽象:“规定犯罪,如何使犯罪嫌疑人受到侦查、起诉和审判以及为已定罪的罪犯设定刑罚的法律体系。”[④]西方学者对“criminal law”的解释,偏重于行为本身,即“an act (or sometimes a failure to act) that is deemed by statute or by the common law to be a public wrong and is therefore punishable by the state incriminal proceedings”。[⑤]以此类推,古代法律典籍语言的一个主要特点是被视为刑事法律语言。

古代刑事法律典籍语言的产生,目前没有明确的时间界定。学界公认,

---

① 李学勤主编:《论语注疏》,北京大学出版社1999年版,第121页。

② 参见蒋集耀:《试论礼与古代民事法律的关系》,载《西北政法学院学报》1985年第2期。

③ 参见陈忠林主编:《刑法分论》,高等教育出版社2007年版,“序言”第2页。

④ 薛波主编:《元照英美法词典》,北京大学出版社2013年版,第353页。

⑤ Elizabeth A. Martin, *A Dictionary of Law*, Oxford, Oxford University Press, 2004, p. 128.

《法经》是中国封建社会历史上第一部比较系统的成文法典,主要包括"盗法""贼法""囚法""捕法""杂法""具法"等部分,其符号系统中大都是刑法性语言。再者,《易经》《礼记》《尚书》《史记》《左传》等含有中国古代法文化元素的典籍中存在大量刑事法律的法律语言表述,如《易经·讼》中表达刑事行为的刑、罚、讼、狱、凶、眚、捕等法律术语。《礼记·曲礼》上记载了远古"罪"与"刑"的法律规定:"七十曰老,而传。八十、九十曰耄,七年曰悼,悼与耄虽有罪,不加刑焉。"《左传·昭公六年》载:"夏有乱政,而作禹刑。"这里的"乱政"和"禹刑"实际上就是奴隶暴动起义或武力反抗,属于极其严重的刑事犯罪,最高可判处死刑。《尚书》记载"夏刑三千条",从其中的法律语言表述可以看出当时刑事法律的繁复与残酷:"罔不寇贼、鸱义、夺攘、矫虔。苗民弗用灵,制以刑,惟作五虐之刑曰法。杀、戮无辜,爰始淫为劓、刵,椓、黥。"东汉经学大师郑玄为《周礼》做注解时,认为"夏刑,大辟二百,膑辟三百,宫辟五百,劓、墨各千",[①]即死刑 200 条,膑刑 300 条,宫刑 500 条,劓刑 1000 条,墨刑 1000 条,共 3000 条,每一条都是充满血腥味的刑事法律语言。《左传·昭公十四年》也记载了夏朝三种罪行,即"昏、墨、贼,杀"。针对犯"己恶而掠美为昏""贪以败官为墨""杀人不忌为贼"的三种罪行者,均以死刑论处。到秦朝,在"禁奸止过,莫若重刑"的法家思想指导下,出现了诸如车裂、腰斩、弃市、凌迟、枭首等多种表述执行死刑的残酷手段的语言。正是这样一些源自古老法典的刑事法言法语铸就了具有中国古代特色的刑事处罚语言体系(the language system of criminal punishment in ancient China)。后世各朝如两晋南北朝时期的《泰始律》、隋朝《开皇律》、唐朝《唐律疏议》、宋朝《宋刑统》、元朝《大元通制》、清朝《大清律例》等诸法合体的法律典籍里的"刑律"部分,都能从中窥见远古时期流传下来的刑法语言。事实上,现代刑事法律汉语里面的贼、盗、刑、杀、罚、贪、狱等古色古香的法律词语,其基本法律含义并未发生根本性变化。

第二,古代民事法律语言。

现代法律中的民法(civil law)所调整的是平等主体(regulating the equal party in legal affairs)之间的私法(private law)法律关系,或平等主体之间的财

① 参见宗和:《夏有乱政,而作禹刑》,载《民主与法制时报》2014 年 4 月 21 日,第 17 版。

产关系和人身关系，也就是以市民社会关系为调整对象的法律。[①] 中国古代虽无民法概念，但并非没有实质民法条款，[②]实际上，秦代的法律及其注解范围就涉及民法、经济法、诉讼法等部门法。[③] 民事法律语言（the language of affairs concerning civil law）是古代民间诸事或民间生活情事中所使用的法言法语，也就是用一切市民均能理解的明确用语简洁表现的“书面理性”（*ratio scripta*），表达一切市民理解的思想和人们在日常生活中所涉及的法律及其语言问题。[④] 古代中国在化解不涉及国家利益的民间社会矛盾时，大都遵循“市民乡党族姻所宜亲睦，或有小忿，宜起深思，更且委曲调和，未可容易论诉”和“必也使无讼”的基本原则。因此，从秦汉到明清，古代中国虽然一直都没有明确规定民事法律事务行为的专门性民事法律规则条款，但在一些主要的法律典籍中还是有一系列关于田土、钱债、婚姻方面的事实性民事法律规定，[⑤]以及与之相对应的民事法律语言体系。

追根溯源，古代民事法律汉语的关键术语“民事”一词在古代文献里面早已有之。《国语 · 鲁语》记载了“舜勤民事而野死”。汉代的应劭在《风俗通 · 皇霸 · 五伯》中有“夏后太康娱于耽乐，不循民事，诸侯僭差”的语言表达。《宋书 · 百官志上》载：“司徒，一人，掌民事。”从民事法律上讲，狭义上说，有关古代民间诸事或民间生活情事的民法大都与法律规定的基本民事法律权利义务行为有关，尤其是家庭事务和日常交往所产生的法律问题。广义的古代民法包括产役、田宅、婚姻、钱债。“谓我国自古无形式民法则可，谓无实际的民法则厚诬矣。”[⑥]古代法文化典籍里民事法律关注的范围及其语言较为广泛，大致可以概括为两个方面：

首先是家庭长幼秩序和继承关系的词语系统。古代民事法律强调家庭成员之间长幼秩序，尤其是纳入法律语言的服制等序关系的法律术语群较为突出，其中最为典型的语言表现形态是有关家事法律规范的一套法律术语，如户

---

① 参见张玉敏主编：《民法》，高等教育出版社 2007 年版，第 1 页。
② 参见陈志英：《对中国古代民事法的再认识》，载《河北法学》2006 年第 1 期。
③ 参见史广全：《中国古代立法文化研究》，法律出版社 2006 年版，第 52 页。
④ 参见梁慧星：《民法解释学》，中国政法大学出版社 2000 年版，第 32 页。
⑤ 参见蒋集耀：《试论礼与古代民事法律的关系》，载《西北政法学院学报》1985 年第 2 期。
⑥ 胡长清：《中国民法总论》，中国政法大学出版社 1997 年版，第 16 页。

婚、父母、子嗣、孝道、斩衰、齐衰、大功、小功、缌麻、袒免、服制等序以及“三纲五常”之类的话语，占了整个民事法律语言的2/3以上。《礼记·丧服小记》里就记载了古代的家庭“五服”民事法律关系：“亲亲以三为五，以五为九，上杀，下杀，旁杀，而亲毕矣。”其法律语言的大意是，从“己身”算起，上至高祖父母，下至玄孙晚辈，旁及兄弟和姊妹，其法定服丧期限，按照亲疏远近之别而递减。一旦违反法律规制的秩序范畴，行为人将会受到严厉的法律制裁。《史记·殷本纪》记载了殷商时期继承权的基本法律问题：“帝乙长子曰微子启，启母贱，不得嗣；小子辛，辛母正后，辛为嗣。”这段话的主要含义是，法律规定，王位的继承人必须是嫡亲长子，不得有所违反。

其次是民间交往中的诚实信用原则。儒家法律传统将诚或诚信作为自然法则与人类社会成员之间的最高道德规范和法律准则，认为“诚者，天地之道也，思诚者，人之道也”（《孟子·离娄上》）。“礼所以观忠、信、仁、义也……信所以守也。”（《国语·周语》）儒家思想的代表人物孔子认为，信是邻里交往的重要法律和道德准则。因此，信、诚、仁、礼的结合形成“敬事而信”“矜谨而信”，诚、信、德、行、忠均被视为封建民事法律语言系统里的代表性符号，体现了礼和法相互渗透与结合的特征，构成了中华法系最本质的特征和特有的中华法文化。[①]《易经》中也记载了夏商时期的民事法律语言，如“有孚挛如，富以其邻”（《易经·小畜》），告诉人们坚守诚实信用。又如“有孚，血去”（《易经·小畜》），《说文解字》对“孚”字的学理解释是，信，即证据，相当于现代法律语言的信用或诚实信用。去，“人相违也”，“血去”的意思是血亲之间的一种复仇形式。整句话的意思是，只要受害一方所掌握的证据真实可信，就有权采取相应的措施予以处理，维护自己的合法权利。[②]

第三，古代农商事法律语言。

在中国2000多年的封建历史发展过程中，虽然统治者所秉持的“重农抑商”（the law stressing agriculture and restraining commerce）、“农本商末”、“崇本抑末”的政策，长期阻碍着古代传统商品经济的发展，但商品经济的发展并没

① 参见徐永康等：《法典之王——〈唐律疏议〉与中国文化》，河南大学出版社2005年版，第110页。

② 参见武树臣等：《中国传统法律文化》，北京大学出版社1994年版，第220~221页。

有因此停滞不前,与之相应的古代农商事法律语言也在不断发展。换言之,中华古文明属于农业文明,农业文明的属性就决定了我国古代社会自然经济的主体性与商品经济的不发达性。[①] 也许是商品发展并没有危及社会的稳定,西周时期的统治者组织了大规模的奴隶劳动,形成了"十千维耦"的生产状况,农业生产繁荣。同时,手工业也有了不同产业的"百工",成为初始商业社会经济繁荣的重要组成部分,并有了"司市"之类的市场管理人员,负责"掌市之治教刑罚,量度禁令",并设立了规范商品交易行为的法律——市刑,规定"小刑宪罚,中刑徇罚,大刑扑罚。其附于刑者,归于士"(《礼记·地官·司市》)。从前述《礼记》的语言陈述可鉴,当时的文献中还没有关于"重农抑商"的记载,相应的农商事法律语言也相对比较简单。

斗转星移,到了春秋时期,铁制工具使用的广泛性使农业生产力空前发展,"以农为本,以商为末"的观念逐渐形成。商鞅为了实现秦的强国统一大业,制定"重农抑商"法令,"奖耕战,废井田,开阡陌",从法律上确认了封建土地所有制和土地买卖的合法性。商鞅借助国家强制力强推"重农抑商"政策,对后世影响极大。西汉时期就对"倡本(农)"与"抑末(商)"、"文繁"与"质衰"、"末修"与"本修"的利弊关系以及最终实现的"进本退末",从法理上进行了较为详细的论述:"是以百姓就本者寡,趋末者众。夫文繁则质衰,末盛则本方。末修则民淫,本修则民悫。民悫则财用足,民侈则饥寒生。愿罢盐铁、酒榷、均输,所以进本退末,广利农业,便也"(《盐铁论·本议》)。直到清代,雍正皇帝还一直强调要求"农为天下之本务,而工贾皆其末也"(《清世宗实录》卷五)。换句话说,自战国开始实施的"奖耕战"和"抑商贾",秦汉以后所实施的"重农抑商"法律手段,宋代和元代的"专卖",一直到明清两朝的"海禁"(the maritime embargo or ban on maritime trade or intercourse with foreign countries)等,集中体现了"重农抑商"的法律思想(the law of advocating physiocracy and imposing restriction on business),同时也可以窥见这个时期的商事法律语言基本表现特点。

---

① 参见庞翔宇、高劲轩:《论我国古代的商事法律制度》,载《成都理工大学学报》(社会科学版)2016年第6期。

由上述关于农与商的法律关系分析可鉴，在我国古代立法传统中一直存在大量民事和商事的活动。古代民商事活动的普遍存在也意味着调整民商事活动法律规范及与之相适应的法律语言的存在，只是没有现代法律如此具体的分类而已。在中国古代法律中虽然没有民商法典之类的法律规范，但并不意味着没有民商事法律及其语言系统表现形式的存在。从民商事法律语言的角度看，中国古代统治者在所制定的民商事法律传统规范系统中一直将民商事法律规范纳入其法律思考的重要范畴，并创设了一套与之相吻合的法律汉语表达符号体系，最为典型的法律语言如租佃、租赁、买卖、典质、借贷、契约、债务、画押、本钱、尺度、斤两、错币（物资流通）、货财、赋税、末利、贡赋、繇赋、市朝、官市、轻重（商品、货币流通和控制物价的理论）等表达多种民商事活动往来关系的法律术语。1975 年在湖北云梦出土的秦简中就有大量关于农商方面的专门性法律语言，如田律、厩苑律、仓律、金布律、关市律、工律、工人程、均工律、徭律、司空律、效律等较为典型的非刑事性法律语言现象，其所表达的主要内容涉及农、牧、工、商等各方面。随着时代的更迭，农商事法律政策还在不断发展，相关法律语言亦在不断创新。

## 第四节 中国古代法律典籍语言英译比较

汉语典籍法律语言英译始于 19 世纪英国派遣使臣来华前后，当时英国为了与中国交往，出于对当时中国法律的实用性了解，作出了“断章取义”性或有利于其侨民的功利性翻译。从中国历代法律典籍的英文翻译及现状上看，真正意义上的汉语法律典籍翻译是 19 世纪初期英国出版的《大清律例》中 436 条全部律文的英文本。本节所涉及的汉语法律典籍语言的英译比较，专门指中国古代法律文本如《唐律疏议》、《大明律》以及《大清律例》等汉语法律典籍的不同英文翻译版本的比较研究。根据笔者对汉语法律典籍英文翻译的现状观察，在中国历代流传下来的纯粹法律专业文本中，目前被全文翻译成英文的有：《唐律疏议》的英文版（华莱士的译本）、《大明律》的英文版（华人学者姜永琳的译本）、《宋刑统》的英文版以及《大清律例》的英文版（小斯当东和钟威廉的译本）。《大清律例》有两个英文版，其他均为一个英文版。

按照比较法学的研究方法，中国古代的法制和西方古代的法制历史分别属于中华法系的中国古代法律文化和英美法系的西方古代法律文化，两者在发展历史上存在巨大差异，且相应的法律语言，无论是语音、词汇、句子结构还是篇章构建等方面的表达形态，也是千差万别，但人类法律和道德行为的许多共通性却使不同社会的行为规范具有共同性。法律的共通性使不同法律体系的不同语言符号体系在法律意义的表达上具有某种程度上的可通约性，法律体系的特殊性使不同法律体系的法律语言符号系统在法律意义的表达上可能存在不可通约性。从翻译理论上讲，一方面，不同法律语言符号体系表达相同的法律意义，决定了不同法律符号之间的可译性，但在具体翻译实践过程中，或许因理解的个体差异，或因双语表达基础的龃龉，可能导致相同的法律原文意义产生不同的译文意义，甚至完全相反的目标语意义。另一方面，不同法律语言符号体系表达不同的法律意义，决定了不同法律符号意义之间没有与之对等的符号，从而形成 A 法律语言概念与 B 法律语言概念的缺位现象，最终导致两者之间法律意义的完全不可译。事实上，前述两者在中国法律典籍语际翻译的具体实践中都是客观存在的现象。

笔者根据前文所提出的基本观点，在《唐律疏议》、《大明律》和《大清律例》等法律专业典籍中，选取自己认为比较典型的中国古代特色法律语言现象，对照其英语译文并就其存在的翻译问题进行简要的对比与分析研究。

## 一、东西方法律语言共性及其英译比较

不同法律体系会用到一些共通性基本法律概念，此类法律语言之间具有完全的可译性。例如，在《唐律疏议》《宋刑统》《大明律》《大清律例》里，都有诸如法、律、刑、婚姻、离异、刑法、刑罚、死刑、罪、人犯、犯人（犯罪的人）、法官、审判、流刑、鞭刑、笞刑、诉状、契约、告诉、关押、赎金、罚金之类民事和刑事法律概念及法律语言表述。在外国古代法律典籍中，如《赫梯法典》《苏美尔法典》《十二铜表法》《汉谟拉比法典》《乌尔纳姆法典》《裘特法典》《摩奴法典》等，也能找到相同或类似的法律语言。这些具有法律语言共性的法律词语以不同的符号形态共同储存在人类法律语言概念“总仓库”里，作为不同法系的共享资源，只不过在各取所需的过程中每一个法系所使用的具体语言符号不同而已。

笔者对不同汉语典籍法律文本中所使用的同一个法律词语，以及不同法律文本译者对同一个词的翻译进行比较发现，在大多数情况下，不同译者对同一个词的翻译大致是相同的。如法——law，律——law or regulation，刑——criminalize，punish or punishment，婚姻——marriage，离异——separation or divorce，刑法——criminal law or penal code，刑罚——criminal punishment，死刑——death punishment，death penalty or decapitalization，罪——crime or offence，人犯——offender or criminal，犯人（犯罪的人）——violator，criminal or captive，法官——judge，审判——adjudication，流刑——banishment，鞭刑——striking，笞刑——stroke，诉状——complaint，契约——contract or agreement，告诉——lawsuit，关押——detention，赎金——ransom，罚金——fine or financial punishment，等等。

另外需要说明的是，在上述汉语法律词汇（或术语）的英文翻译中，有些汉语法律词语之所以有两个或两个以上的外语翻译词，主要原因是不同法律语言系统中词语意向的差异或者一词多义现象。也就是说，古代汉语法律里的某一个表达法律意向的词在其他语境中所表达的意义与法律语境中的字面含义，有时可能完全不同，由此造成一定程度的翻译障碍或困窘。但只要有意识地区分所译文本法言法语的具体语境，把握原文语境是否属于法言法语的基本范畴，绝大多数的翻译问题是能够解决的。如“法”的法律语境翻译是 law、rule、statute、regulation、act、decree、order、demand 等，而在其他非法律语境下则可能翻译成 way、method 或 model，还可以翻译成 imitate、emulate、model after、do as others do 等表达其他意思的词语，即汪榕培教授所讲的，译入语的把控者在具体翻译过程中，所采用的形式和措辞会因人、因时、因地作出不同选择，至于原文的言外之意这种看不见摸不着的东西则更是仁者见仁、智者见智。①

## 二、中国古代特色法律语言及其英译比较

中国古代法律文本里所特有的专属性法律词语在其他法律体系中可能找不到与之相当的语言表达。具有中国古代传统特色的法律语言代表中国古代

① 参见汪榕培编著：《比较与翻译》，上海外语教育出版社 1997 年版，第 5 页。

立法文本的基本要素，用其他法律传统里的语言（如在西文语境中）翻译，只能在部分方面是类似的，①或根本无法做到完美地、理性地、正确地翻译。② 换言之，这些具有中国特色的专属性法律语言现象在英美法律语言系统中没有与之完全对应的表达（absolute corresponding expressions），需要译者根据原文法律语境所表达的具体法律含义进行深入理解，紧紧围绕原文法律语境所意欲表达的法律意义作较为细致的阐释性判断和解读，然后在译语中将原文内涵的意义用异域语言中最接近的词语（seeking the closest equivalent in the target language）表达出来，使原文法律信息（legal information in the source legal text）最大限度在译文中得以保存，以此让法律译文读者在阅读中感受到法律原文读者所感受的相同的法律性。

显然，笔者所说的这种法律意义上的阐释性解读已经超越了通常意义上的所谓“语际翻译行为”，是在理解原文法律信息的基础上所作出的信息解读。如中国古代法律中特有的法律语言——凌迟、十恶、八议、丁忧、服制、大功、小功、缌麻、袒絻、枷刑、衙门、姑舅、命妇等都是只有在中国古代法律典籍里才能找到的一些法律词语，但在英文中几乎找不到与之对应的对等词语，这些表达中国古代法制精神的法律语言现象也是法律典籍语言英译过程中难以处理的问题。因此，对于中国古代法律典籍的翻译，译者首先要深谙中国古代的法律语言文化渊源，仔细考察这些词语在中国传统法律中所表达的具体含义，然后在自己的“法律英文词库”中搜索与之相对应的词语表达，让英文读者在英文译文中感受到中国古代法律的独特性和威严性。如果在法律英语里面根本找不到相应的表达，则会要求译者在异域法律语言中作出既能够表达法律汉语典籍的含义又能使外国读者理解的等效性表达，让译文读者得到与中国读者相同的感受。

笔者通过对古代法律文本及其英文译本进行比较分析发现，来自不同国度和不同时代的译者对中国古代特色法律词语的理解和翻译有时会大相径庭。笔者比较了《唐律疏议》《大清律例》的三个英译本（表1-1 中分别简称唐译本、

---

① 参见刘星：《一种历史实践——近现代中西法概念理论比较研究》，法律出版社 2007 年版，第 77 页。

② See Peter Newmark, *A Textbook of Translation*, Shanghai, Shanghai Foreign Language Education Press, 2001, p. 6.

小斯当东清译本和钟威廉清译本），对部分特色词语的翻译比较见表 1-1：

**表 1-1 《唐律疏议》《大清律例》中部分中国古代特色法律词语的翻译比较**

| 古代法律词语 | 唐译本 | 小斯当东清译本 | 钟威廉清译本 |
|---|---|---|---|
| 流刑 | punishments of life exile | perpetual banishment | punishment of exile |
| 秋审 | the autumn trial | execution at a particular period in the autumn | the Autumn Assizes |
| 朝审 | the court trial | the sentence passed upon each individual being first duly reported to and ratified by the Emperor | the Court Assizes |
| 十恶 | the ten abominations（shih-o 十恶） | Offences of a Treasonable Nature | the Ten Great Wrongs |
| 内乱 | incest（nei-luan 内乱） | Incest | Internal Disorder |
| 不义 | unrighteousness（pu-yi 不义） | Insubordination | Failure to Fulfill One's Duty |
| 不睦 | discord（pu-mu 不睦） | Discord | Discord |

从表 1-1 可以看出，不同译者对中国古代特色法律词语（法律术语）的理解存在严重分歧，从而在译文表现形式上大相径庭。有些汉语典籍法律词语出现若干种译文，笔者认为，主要有三个方面原因：一是每一位译者对原文产生的历史背景理解不同，可能导致译文解读上的差异。二是不同译者或流于对原文法律语言符号的表层理解，或对深层含义不求甚解，因而英文表达出现了翻译学上“假朋友”（false friend）的现象。三是高度凝练的汉语词语构造和形态相对松散的英语构词的差异，使原本紧凑凝练的汉语典籍法律语言在法律英文翻译中变成了结构上难以调和或无法还原原文结构的“变（形）态”形式。

# 第二章 《大清律例》英译比较研究的基本原则与内容

德国哲学家莱布尼茨曾经写道，世界上不存在两片完全相同的树叶，也没有性格完全相同的人，语言的存在也不例外。对世界万事万物进行比较观察和分析研究是人们认识不同事物或了解不同观念的基本方法，其中最为重要的方面是对不同语言交流过程及结果进行比较分析。主要原因有二：一是每一种语言都有一个基本规划和固定的体裁；[①]二是某种特定语言含有多种属性，这些属性难以在另一种语言中以同样重要的词汇来表达。[②] 所以，比较分析不同语言的本质和不同本质的语言是笔者关于语言之本质的沉思的关键所在。[③]

比较分析（comparative analysis）或比较研究是人们在两种或两种以上有某种联系的事物之间进行高下异同的辨别，从中观察到事物的特殊个性，并认识不同事物的共同性，最后得出科学合理的结论。语言学上的比较是对不同语言异同的分析和比较，也是人们研究不同语言特点的基本路径。恰如瑞士语言学家索绪尔（Ferdinand de Saussure）所言，毫无疑问，比较是一切历史重建必不可少的条件。语言之间的对应只是语言现象的一个方面，比较只是一种手段，一种重建语言事实的方法。[④] 从这个意义上讲，异域语言之间的比较分析研究实际上是语言学研究的一种基本方法。[⑤] 在跨语言交际过程中，比较分析的任务是对两种或两种以上的语言进行比较研究，描述其间的异与同，特别是其中的

---

① 参见[美]爱德华·萨丕尔：《语言论：言语研究导论》，陆卓元译，商务印书馆 1985 年版，第 108 页。

② 参见[英]彼得·伯克：《语言的文化史——近代早期欧洲的语言和共同体》，李霄翔、李鲁、杨豫译，北京大学出版社 2007 年版，第 38 页。

③ 参见[德]海德格尔：《在通向语言的途中》，孙周兴译，商务印书馆 2004 年版，第 195 页。

④ 参见[瑞士]索绪尔：《普通语言学教程》，高名凯译，商务印书馆 1980 年版，第 22~23 页。

⑤ 参见杨自俭主编：《语言多学科研究与应用》（下册），广西教育出版社 2002 年版，第 469 页。

不同之处,并将这类研究应用于其他有关领域,[①]旨在服务包括英汉语言在内的不同语言之间的翻译转换,并为其提供重要的参考依据。

刘重德教授指出,英汉语比较研究旨在通过揭示英语和汉语各自特殊的本质,找出其异同点,一则认识英汉语之间的契合与变通,二则认识人类语言的共同本质,从而为世界语际交流寻求更科学、更合理的途径,为翻译理论的科学化提供可靠的依据。[②] 国内外英汉语比较研究经历了从他为到自为的演进历史,国外至少可以追索到英国著名汉学家理雅各(James Legge)等人开始系统地研究和翻译中国古代汉语法律典籍之时。理雅各在其五卷本《中国经典》(*The Chinese Classics in Five Volumes*)英文译本中,对古代汉语法律典籍里的语言文化现象及其英文表达用脚注的形式进行了非常详细的比较研究,如"洪范,'The Great Plan'洪=大, great, 范=法, plan. Other synonyms of 范, given in the dict., are 式 and 模, both conveying the same idea of 'plan' or 'model'"。[③] 国内早期从事英汉比较研究与翻译的严复尤其是在其翻译《孟德斯鸠法意》过程中,用大量脚注性"按语"形式,从东西方法学和法学语言异同的视角对东西方法律语言进行了系统的比较,如"西人所谓法者,实兼中国之礼典。西人……法典之一部分,谓之平涅尔可德(penal code),吾国《周礼》、《通典》及《大清会典》、《皇朝通典》诸书,正西人所谓劳士(laws)"。[④] 严复将西方的"penal code"和"laws"与中国的《周礼》等典籍相类比,虽然明显存在问题,但完全可以将其视为中西比较法产生的嚆矢,也可视为东西法律语言比较与翻译的先驱。

世界上只要存在不同语言之间的互动,就必然会有彼此之间的比较与调和。翻译作为语际交流中最为重要的一种手段,是在两种或两种以上语言对比或比较分析的基础上进行的一种不可或缺的跨语言传统交流活动。语际翻译过程及交际目的的最终实现,其实就是在不同语言之间的不断比较与调和过程中完成的。

---

① 参见许余龙编著:《对比语言学概论》,上海外语教育出版社 1992 年版,第 16 页。

② 参见刘重德主编:《英汉语比较与翻译》(第 1 册),上海外语教育出版社 2006 年版,第 2 页。

③ James Legge, *The Chinese Classics Vol.* Ⅲ, London, Trübner & Co., 1865, p. 320.

④ [法]孟德斯鸠:《孟德斯鸠法意》,严复译,商务印书馆 1981 年版,第 7 页。

## 第一节 法律典籍翻译的原则

不同语言或相同语言之间的翻译原则有广义和狭义之分。广义的翻译原则应当包括语内翻译和语际翻译中原文和译文之间进行比较转换的各种指导方针或准则，狭义的翻译原则指语际翻译中源语(source language)和目标语(target language)之间进行比较转换的准则。千百年来，层出不穷的各种翻译标准或原则无法成为“放之四海而皆准”的理论，或像刚性法律规则一样具有广泛约束力，主要原因是每一个标准和原则具有个体性与时代性。

### 一、翻译的普遍原则

我国当代著名翻译理论家、翻译批评家刘重德教授认为，翻译是一个有普遍原则、衡量标准和操作规则的有目的的活动。[①] 刘先生指出，翻译的普遍原则(general principles for translation)是每一个译者在翻译过程中均应遵守的基本准则。[②] 20 世纪 80 年代，金隄和尤金·奈达(Eugene A. Nida)在其合著的《翻译论》(*On Translation*)一书中谈到翻译与翻译指导原则的关系时亦认为，实际上，每个人的翻译实践都要接受翻译原则的指导，关键区别只是在于自觉或不自觉，在于那些是否符合翻译的客观规律。[③] 当然，只有正确地反映客观规律的原则才正确，并具有指导意义，翻译原则也是如此。换言之，翻译是一个有指导原则、衡量标准和操作规则的有目的的活动，[④]旨在超越源语文本的语言形态，满足译入语读者的期待。[⑤] 事实上，早在 18 世纪末期，英国翻译理论家泰勒(A. F. Tyler)在《论翻译的原则》(*Essay on the Principles of Translation*)里，提出了著名的“翻译三原则”(triplet principles for translation or

① 参见熊德米:《英汉现行法律语言对比与翻译研究》，湖南人民出版社 2011 年版，第 98 页。

② 参见刘重德编著:《文学翻译十讲》(英文版)，中国对外翻译出版公司 1991 年版，第 14 页。

③ See Jin Di, Eugene A. Nida, *On Translation*, Beijing, Foreign Language Teaching and Research Press, 1984, p. 7.

④ 参见谭载喜:《翻译学》，湖北教育出版社 2000 年版，第 54 页。

⑤ See G. Palunmpo, *Key Terms in Translation Studies*, Beijing, Foreign Language Teaching and Research Press, 2009, p. 207.

laws of translation)[①]——译文应该完全传达原文的思想、译文与原文在语言风格和笔调上一致、译文与原文一样流畅自然。这种著作或文章开宗明义,以"翻译原则"开头,即使在18世纪翻译理论研究比较发达的欧洲国家也并不多见。19世纪末到20世纪初的中国翻译界,以严复为代表的随感式传统翻译理论亦有所突破。严复在《〈天演论〉译例言》中认为,优秀的翻译人员应当在某种翻译原则的指导下才能在翻译过程中真正做到取明深意,"发人之所未发",实现原文内容和形式在译文中得到准确再现,为此,严复提出了至今被奉为圭臬的"信、达、雅"翻译三原则。20世纪以降,中国翻译界的各种翻译原则如雨后春笋般出现,颇有令人目不暇接之感,对此,笔者认为,凡是有翻译经验的人都知道,从词句到篇章各个层级的跨语言转换行为都需要一定的理论原则作指导。作为特殊目的语言翻译(Translation of Language for Special Purpose,TLSP)的中国古代法律典籍语言翻译除了需要一般翻译理论或普遍性翻译理论作为指导外,还需要比其他文体语言翻译更加特殊的原则作为翻译指导,尤其是有针对性的专门用于古代法律典籍翻译的特殊翻译原则。

### 二、法律典籍翻译的特殊原则

翻译理论界或翻译批评界有一个颇为普遍的现象,即无论是翻译理论研究还是翻译批评研究,大都会在其探讨翻译理论和翻译实践问题的过程中创制一套自己认为可行或认为应当广泛认同的普遍的和特殊的原则,英汉比较研究界也不例外。从严格意义上讲,无论是古代法律语言翻译还是现代法律语言翻译,都是服务于特殊翻译对象且关涉具体当事人法律权利与法律义务的特殊目的翻译(Translation for Special Purpose,TSP)。笔者认为,在对法律语言翻译进行比较分析时,尤其是对中国古代法律典籍翻译进行批评研究时,亦应当专门设立一套适合其自身发展研究性质的特殊原则。

法律翻译(或法学翻译)与其他文类的跨语言文化翻译是一种既有某种联系又有特殊区别的复杂交互关系。两者之间的相互联系性在于,无论何种文类

---

① See A. F. Tyler, *Essay on the Principles of Translation*, Beijing, Foreign Language Teaching and Research Press, 2007, p. 9.

的翻译都归属于翻译学研究的总体框架,都要接受翻译学理论普遍原理的指导,且都离不开遵守翻译操作活动的普遍性规律。两者的重要区别性在于,严格意义上法律翻译是个人行为与公权力行为联系密切的非自主性活动,即法律翻译者在接受一般翻译原则检验的同时,还必须严格遵守政府机关翻译原则,而其他文类的翻译大都只是在没有公权机关直接干预时进行的个人行为。[①] 具体而言,绝大多数情况下,任何一个法律翻译者都必须依法翻译,且严格遵守政府机关针对法律翻译制定的基本原则。[②] 为此,国外有学者甚至主张,为了保护被翻译双方当事人的合法权益,严格意义上的法律文本翻译或法庭翻译应当尽可能达到异域语言的"超精确"(super-precision)的程度,确保所翻译的法律意义没有争议,否则翻译者要承担由此产生的法律责任。[③] 中国古代法律典籍的对外翻译也应当如此。

古代法律语言翻译特殊原则的厘定离不开借鉴普遍翻译原则的指导思想。古代法言法语翻译的特殊原则是众多翻译行为总体准则的有机组成部分。古代法律典籍翻译的特殊原则具有古代法律语言翻译指导的特殊性和专属性,是法律典籍翻译研究者针对古代法律典籍语言文化特点所提出的一套区别于其他文类翻译的纲领性操作规范,或专门用于指导一切古代法律典籍文本语言翻译操作的规程和行为准则。换言之,古代法律典籍语言翻译研究是基于已有翻译文本所进行的不同翻译文本之间的比较研究,属于翻译批评研究范畴,应当在遵循普遍性翻译批评原则的基础上突出法律翻译本体的特点。

法律典籍翻译的特殊原则(specific principles for translating legal classics)是按照中国古代法律语言翻译的特点、翻译目标及翻译规律所提出的要求,用以指导法律典籍翻译行为的最基本准则,也是法律典籍翻译研究者应当遵循的基本原则,更是指导法律典籍翻译活动的基本原理。目前,中国古代法律语言翻译尚处于起步阶段,从古代法律汉语的角度谈论翻译原则问题的专家学者更是凤毛麟角,但从笔者所查阅到的有关资料来看,目前国内外研究法律翻译的

---

① 参见熊德米:《英汉现行法律语言对比与翻译研究》,湖南人民出版社2011年版,第95页。

② See R. Mayoral Asensio, *Translating Official Documents*, Manchester, St. Jerome Publishing, 2003, p. 46.

③ See John Gibbens, *Forensic Linguistics: An Introduction to Language in the Justice System*, Manhattan, Blackwell Publishing Ltd., 2003, p. 252.

学者们都在各自的相关学术著作和文章中明确提出了可适用于古代法律典籍翻译的现代法律翻译基本原则。虽然他们在自己的法律翻译学术研究专著和文章里根据自己的法律翻译理论和实践研究专门论述了法律翻译的特殊性，提出了相应的处理办法和原则，但笔者也发现一个不争的事实，即目前还没有任何一篇研究古代法律汉语翻译的文章或一部学术著作专门针对古代法律汉语翻译提出过切实可行的翻译原则。

无论从现代法律语言翻译还是古代法律语言翻译的角度看，法律被翻译成其他语言之后，就成了与原文法律具有同样法律效力的翻译法律（translated law），一旦出现误译或乱译问题，不仅会损坏涉法当事人的切身利益，也会大大降低公权机关的公信力。但现实的基本情况却是，目前中国的法学翻译只是一种分散的学术活动，却没有相应的组织机构、学术团体和规章制度，而现有的大学、学院和出版社都只是翻译工作流程上的一环，从职能和角色上都不能担负起对法学翻译事业的主导任务。① 因此，至少从理论上讲，法律翻译原则应当由政府机关制定，并由其提供强制措施以保证有效实施，违者必须承担相应的法律责任，情节严重者还会受到刑事处罚。由法律翻译研究学者或法律翻译实践人员出于学术研究或个人翻译领悟所提出来的翻译原则，虽然也是全社会法律翻译人员共同遵守的翻译行为准则，但其提出的翻译原则几乎没有政府机构参与制定，不具有广泛约束力，译者即使失误也不用承担法律责任。②

政府机关制定的法律翻译原则与法律一样具有广泛约束力。事实上，国外早在20世纪70年代就有了国家层面专门针对司法过程中的笔译和口译人员制定的法律翻译原则（acts or principles for court interpretation and legal document translation），尤其是20世纪以降，由于法庭口译和法律文件笔译问题频发，错译、误译甚至乱译，导致许多法律案件得不到公正判决，致使西方许多国家不得不制定相应的专门法律对法律语言翻译进行必要的管控。因此，20世纪70年代初期，西方各国相继颁布了法律翻译的相关规则，调整和规范法庭口译和法律文件笔译的行为，如阿根廷、奥地利、丹麦、美国、希腊等国都专门制

① 参见刘毅：《法学翻译纵横谈》，载《河北法学》2009年第1期。

② 参见熊德米：《英汉现行法律语言对比与翻译研究》，湖南人民出版社2011年版，第112页。

定了与法律翻译有关的法律。此前,许多国家只在某些法律文本中有零星规定,如《联邦刑事诉讼程序法规》(Federal Rules of Criminal Procedure) 第28条第2款、《联邦证据法规》(Federal Rules of Evidence) 第604条、《刑事审判法》(Criminal Justice Act) 以及《联邦民事诉讼程序法规》(Federal Rules of Civil Procedure) 第43条第6款规定法庭口译人员提供口译服务时,必须以专家证人(expert witness)的身份出庭,严格受到有关专家证人规定的制约,并依法起誓,保证提供忠实的法律翻译,确保当事各方宪法和其他法律赋予的各种权利。例如,美国的《庭审口译员法》(Court Interpreters Act of USA)明确规定,法律翻译人员在法律含义、法律信息和法律语体风格等方面必须忠实地传达原文的含义:"法庭口译人员必须完整准确、一字不差地翻译源语信息,完整保留源语信息和话语语体。"①而且,还要求法律翻译者以口头或书面誓言的形式保证其翻译者的中立地位,在法律翻译过程中竭尽全力,不偏不倚(impartiality)地翻译源语的词语和观点,特别注意源语因教育、文化、宗教等差异所产生的各种语言变体。②

我国目前虽然没有专门法律规范法律翻译行为,但许多部门法都有对法律翻译的基本规定。如《中华人民共和国刑法》(以下简称《刑法》)第305条规定,翻译人员对与案件有重要关系的情节或事实,"故意作虚假证明、鉴定、记录、翻译……的",情节严重的要以危害司法罪,受到刑法处罚。总之,很多情况下,法律翻译人员作为法律语言信息的传递者,所承担的翻译法律的职责,其真正的意义远远超过法律语言符号转换本身。因此,严格意义上的法律翻译者应当保持中立角色,必须避开的是那些价值的预设,而不是事实的或法律的预设。③ 质言之,法律翻译人员应当以客观冷峻的态度履行其翻译职责,不偏不倚、实事求是地翻译所面对的法律语言材料,做到法律意义的忠实传递,不更

---

① See Susan Berk-Seligson, *The Bilingual Courtroom*, Chicago, The University of Chicago Press, 1990, pp. 101-234.

② See A. B. Edwards, *The Practice of Court Interpretation*, Amsterdam, John Benjamin's Publishing Company, 1995, p. 188.

③ 参见[美]安德雷·马默主编:《法律与解释——法哲学论文集》,张卓明、徐宗立等译,法律出版社2006年版,第467页。

改、不增加、不省略指定翻译的所有法律信息。[①] 法律翻译人员所翻译的法律事实必须在内容上准确求是、确凿严谨，语言形式自然地道，篇章结构连贯合理。这是由法律翻译的社会职能所决定的，也是法律翻译不同于其他文类翻译的根本所在。

《联邦刑事诉讼程序法规》《联邦证据法规》《刑事审判法》中有关法庭翻译的法律规定不仅为美国境内讲不同语言的公民提供了服务，也为在美国进行民事诉讼和刑事诉讼的外国当事人使用庭审口译服务提供了法律依据。就笔者所见到的有限资料而言，值得笔者思考的是，中国古代早在《唐律疏议》、《大明律》和《大清律例》等法律文本中的"主律"或"附例"中，就专门针对"化外人"（中国古代封建社会法典对外国人的称谓）设立了"译人"（古代法律对法律翻译人员的统称）责任能力的相关法律条款。因此，笔者希望立法部门尽快制定出规定法律翻译人员权利和义务的专门法律。

## 第二节 《大清律例》英译比较研究的基本原则

当代学者认为，小斯当东的英译本是欧洲人所见到的第一个中国法律典籍的完整翻译本，钟威廉的英译本则是20世纪英语世界的第二个标准译本。[②]《大清律例》法律条款规模宏大，法律语言内容丰富，涉及法律问题极其广泛。接下来，笔者以《大清律例》原文传统法律汉语为基础，对比小斯当东和钟威廉两种英译本，探讨在比较研究过程中应当遵循的基本原则。

### 一、普通翻译理论与法律翻译理论相结合的原则

卡特福德（J. C. Catford）认为，翻译是不同语言之间的操作行为，是用一种语言的文本替代另一种语言文本的过程。[③] 不同法律语言之间的翻译操作过

① See Holly Millelson, *Introduction to Court Interpretation*, Manchester, St. Jerome Publishing, 2000, p. 49.

② 参见［英］乔治·托马斯·斯当东：《小斯当东回忆录》，屈文生译，上海人民出版社2015年版，第21~24页。

③ See J. C. Catford, *A Linguistic Theory of Translation: An Essay in Applied Linguistics*, Oxford, Oxford University Press, 1965, p. 1.

程和不同法律文本之间的替代关系的描述可以归结为普通翻译学的基础理论范畴之一,并可以在此基础上衍生与提炼出一套专门针对法律翻译的理论。普通翻译理论与法律翻译理论属于一种相互依存的关系,普通翻译理论系统的构建离不开包括法律语言翻译理论在内的其他分支学科理论的支撑,法律翻译理论是在普通翻译理论普遍适用的存在观照下产生的特殊目的翻译理论,属于普通翻译理论的一个重要分支。笔者在进行《大清律例》的英译比较研究时,一方面要以普通翻译理论基本原则为指导,另一方面要根据不同法律语言转换的特点和需要,尊重法律翻译理论的基本规律,创建适合自己专业特色的理论框架,凸显法律翻译理论尤其是古代法律典籍翻译自身的特殊翻译理论原则,以此充实并丰富普通翻译理论。

## 二、实事求是的法律翻译批评原则

事实证明,对法律翻译批评最有发言权的应当是既懂法律或法学又比较精通外语翻译的人。换言之,法律翻译批评者只有既懂法律或法学又比较精通外语翻译,才能实事求是地作出翻译优劣的评价。德国法学家拉德布鲁赫(Gustav Radbruch)将法律的语言视为"法律精神创造的躯体",认为法律语言与以习惯法形式存在于个别人或超越个别人而存在的民族精神相适应,对不同法律与语言的出色比较有助于通过民族精神去阐明下意识的法律产生。因此,在从事法律翻译,尤其是古代典籍法律语言翻译时,译者首先要读懂外语文本,熟悉其文化背景,因为文本中词语的选择和意义取决于文化背景。[①] 法学家米克尔森(Holly Mikkelson)在论述不同法律语言之间的翻译时,将法律翻译人员比喻为"法律文化的桥梁"(legal cultural bridge)和联系东西方法律历史文化的纽带,[②]将法律翻译批评称作连接原文作者和译文读者的桥梁和纽带,其中的主要原因在于,翻译批评者可以不断发现问题,并在"歌功颂德"的同时肩负着对不当翻译进行必要矫正和修复重构的职能。然而,就典籍翻译的文本范围而言,以前较为传统的认识是孔孟与老庄,最多扩展到先秦诸子,翻译领域则

① 参见[德]拉德布鲁赫:《法学导论》,米健、朱林译,中国大百科全书出版社 1997 年版,第 76 页。

② See Morris Marshall, *Translation and the Law*, Manhattan, John Benjamin's Publishing Company, 1995, p. 201.

长期局限于唐诗宋词，再加上一些散文名篇。这样的认识显然不够全面。[①] 时至今日，这样的不全面也反映在实事求是的中国文化典籍翻译批评上，且现实状况并没有得到有效改善，导致中国典籍翻译批评出现了大量集中在孔、孟、老、庄、先秦诸子作品和一些古代典籍文学作品外译的“一边倒”倾向。相比之下，与中国几千年法律和法学发展历史有关的中国法律典籍和法学典籍翻译问津者却甚为少见，对其进行实事求是批评的更是寥寥无几，尤其是对已有良莠参半的，甚至对完全背离中国古代法律原初意义(primitive legal sense)的法律典籍或法学典籍翻译成品进行实事求是批评研究的所见无几，即使有那么几篇法学翻译批评的学术文章，其所发挥的社会效应也是乏善可陈。或者说，目前中国古代法律典籍外译所存在的“翻译数量较少”和“几乎无人批评”的状况，不仅造成了东西方“法律文化桥梁”的巨大裂隙，还导致了法律文化典籍翻译批评直接和间接借鉴资料的严重短缺。因此，需要一批懂得中国古代法律和法学专业知识，又具有良好古代法律汉语修养的外语翻译批评人才对已有译品进行实事求是的评价，使古代汉语法律典籍法律语言在异域语言里得到真正意义上的良好再现。

古代法律典籍语言翻译的特点决定了对其终端译品进行批评的原则不同于其他典籍的译品。因此，笔者强调对包括法律典籍在内的中国文化典籍翻译进行实事求是的批评，实质上就是基于古代法律典籍语言翻译的独特性，考察法律文化翻译批评者究竟能否对中译外做到绝对对等的认识和评价，[②]或分析研究批评者是否有良好的批评心态，去观察处理一些实际存在的翻译问题。由此可见，法律典籍翻译批评首先要遵循的就是实事求是的原则，即批评者在原文与不同译文的翻译批评比较的过程中，既不吹毛求疵，也不放任自译，既要实事求是地褒扬优秀的翻译产品，也要实实在在地指出翻译中存在的问题。比较阅读下面《大清律例》第101条第1款的两种英文翻译，就会发现小斯当东和钟威廉两位译者在理解和传达原文词、句两个方面均存在明显的差别，所给出的译文也大相径庭。

---

① 参见王宏印：《开放视野——系统开展典籍翻译事业》，载《中国社会科学报》2011年8月16日，第8版。

② 参见王宏印编著：《中国文化典籍英译》，外语教学与研究出版社2009年版，第6页。

## 男女婚姻

凡男女定婚之初,若[或][1]有残[废或]疾[病]、老幼、庶出、过房[同宗]乞养[异姓]者,务要两家明白通知,各从所愿,[不愿即止,愿者同媒妁]写立婚书,依礼聘嫁。(《大清律例》第101条)

**译文1** **When a marriage is intended to be contracted, it shall be**, in the first instance, reciprocally explained to, and clearly understood by, the families interested, whether the parties who design to marry are or are not **diseased**, **infirm**, aged or under age; and whether they are **the children of their parents by blood, or only by adoption**; if either of the contracting families then object, the proceedings shall be carried no further; if they still approve, they shall then in conjunction with **the negotiators of the marriage**, if such there be, draw up **the marriage-articles**, and **determine the amount of the marriage presents**.

(trans. by T. Stauton)

**译文2** **Every contract of marriage must be made** with the free consent of the two families interested, and if either the intended husband or wife **is deformed or affected with all incurable diseases**, or is aged, or a minor, or **the offspring of a concubine**, or **a formally adopted child of the same kindred or one informally adopted of a different name**, such facts must be fully communicated to the other side. If both parties are still agreeable then **a formal contract** is to be drawn up through **the go-betweens** and **the betrothal is completed by the marriage-presents**.

(trans. by W. Jones)

根据上面的原文,笔者从词语翻译和语法翻译两个方面,借助相关文献和其他佐证材料考察和比较两种译文,在这里主要讨论原文法律词语和句子部分的翻译。

---

① 《大清律例》法律语句分律文正文和小字说明文两种,后者附于正文之后,其字号比正文小一半。本书所引原文条款难以再现原文大字、小字原版编排,仅用“[ ]”加原文小字,以示区别。

1. 法律词语的翻译

(1)原文"残[废或]疾[病]"的两种英文翻译。译文1是"diseased"和"infirm",回译是"有疾病或身体虚弱"。译文2是"is deformed or affected with all incurable diseases",回译是"身体畸形或患了不治之症",严重夸大了原文的含义,与原文的意思出入较大。"disabled person"或"a person with disease"比较符合原文的本意。

(2)"庶"的意思是旁支,与"嫡生"相对。"庶出"也叫"庶孽",是中国封建社会里男人所娶的姬妾或非正妻所生的孩子,或古代宗法制度下正妻所生长子以外的诸子(后特指妾所生之子),[①]与之相对的是"嫡出"。译文1没有译出,也许是故意漏掉其翻译,或许是由于译者理解不到其含义所导致的,极大地造成了原文法律信息的流失。译文2将"庶出"翻译成"the offspring of a concubine",即姬妾或非正妻所生的后代,虽然译文比较模糊,但总体而言,与原文所要表达的含义较为接近,译文信息流失相对较少。另外,笔者在《(汉英双语)现代汉语词典》(增补本)中查到"庶出"与前面译文相近的英文翻译为"born of concubine""bastardy""be born to a concubine"。当然,其中"bastardy"还是有比较大的出入,因为中国古代的"三妻四妾"都是得到官方或民间认可的婚姻关系,其庶出后代并非英文"bastardy"(the illegitimate offspring of unmarried parents;illegitimate child)所讲的"非婚子"或"私生子"。

(3)原文"过房[同宗]乞养[异姓]"的两种英文翻译。译文1是"the children of their parents by blood, or only by adoption",译文2是"a formally adopted child of the same kindred or one informally adopted of a different name"。还有人将"乞养[异姓]"称为"过继""过嗣",指本人无子而将同宗兄弟之子或他人之子转为己后。"媒妁"在译文1中是"the negotiators of the marriage",译文2则仅仅翻译成"the go-betweens"。"依礼聘嫁"在译文1中是"determine the amount of the marriage presents",译文2中则是"the betrothal is completed by the marriage-presents"。"婚书"在译文1中是"the marriage-articles",而译文2中则是"a formal contract"。对比后三组具有中国传统婚姻文化特色的法

① 参见张永言等编:《简明古汉语字典》,四川人民出版社1986年版,第632页。

律词语翻译,可以发现译文2的译法模糊化了该类词语的法律意旨。

2. 句子的翻译

由于篇幅所限,此处的古代法律句子翻译只比较分析"凡男女定婚之初"一句的两种译文。译文1是"when a marriage is intended to be contracted, it shall be... ",译文2是"every contract of marriage must be made... "。从法律语言的角度看,这是一个法律语言中常用的"条件句(预设句)+结果句"形式,相当于现代法律语句里的授权性句子,法律语气较为强硬。译文1用"shall"表达原文的祈使性法律语气,且比较符合英文法律语句的表达风格。译文2则用陈述句"must"翻译,是非法律语境中的一般性祈使句,不如"shall"的法律语气强硬。另外,笔者还注意到一点,凡是译文1用"shall"的地方,译文2则用的是"must",说明两位译者在理解原文法律语气上存在巨大差异。换言之,"shall"和"must"在法律英语,尤其是法律条文语言的法律祈使意义传递上有严格的区别性特征。"shall"是法律英语文本中的关键词,是体现法律英语语体风格的标志性词语,很多专家都认为在法律英语中shall的作用相当于"must""have to""be to""be required to",这使得法律文本中对于义务及法律后果的规定具有强制性和约束力,体现了法律的严肃性。[①] 可以说,两种译文在基本表达原文含义的同时,都存在理解和译文阐释方面的不足,甚至出现严重错误。

## 第三节 《大清律例》英译比较研究的基本内容

国内专门以《大清律例》英文翻译为主题的学术论文研究的主要内容仅限于古代法律典籍的法律汉语与其英文翻译文字表达层面的比较分析,目前还没有超越古代法律词汇以外其他层面的系统分析研究,尤其是涉及反映中国古代法律文化深层含义和古代法律典籍语体风格两个重要方面的翻译比较还不成系统。鉴于此,笔者希望另辟蹊径,对《大清律例》英译进行比较研究。

### 一、《大清律例》法律语言意义与法律文体风格的英译比较

胡壮麟教授将汉语的"文体"和"风格"解释为两个概念,并和英语的相关

---

① 参见张法连主编:《法律英语翻译》,山东大学出版社2009年版,第89页。

词语进行了比较，认为文体是文章的类别或体裁的语言特征，风格则是作家和作品的语言特征，英语中均用“style”一词来表达。为此胡壮麟教授指出，在实际运用中就作品和作家来进行区分，似乎分析作品时把“style”理解为“文体”者居多，讨论作家的语言特征时则往往把文体理解为风格。谈论非语言领域时的“style”，“风格”应用范围更广，更符合逻辑。[①] 虽然古今法律文本都是一种没有具体作者的集体创作产品，但立法者在使用特定法律语言与特定法律文本的读者进行交流时，法律文本的“集体创作者”所使用的法律专业词汇、法律专业术语、法律句式以及法律语篇形式等都要显现出法律文体区别于其他文体的根本特点。[②]下文将从三个方面对《大清律例》的法律语言意义及英文译文形式的风格特点进行深入的比较研究，旨在考察译文是否真实地反映了原文法律语言风格。

（一）《大清律例》汉英法律语言意义之间的比较

翻译包括原文的意义传达和原文语言风格的转换，[③]不同法律语言之间的翻译转换也不例外。小斯当东在其《大清律例》英译本的序言里面也写道，自始至终，译者时刻牢记的首要目标是用合适易懂的语言传达出每条每段的完整含义。换言之，就是尽可能地在不可靠、不准确的意译以及缺乏文采、不合文法的直译之间找到一个平衡点。[④] 小斯当东的“翻译者首要目标”是保持与原文文体风格相吻合，与其18世纪的前辈泰勒所提出的包括风格在内的“原作意思全部转移到译文上来”相吻合。

翻译家刘重德教授认为，一篇文章或一部作品在思想内容、语言表达及风格特点等方面构成了一个完整的统一体，跨语言翻译也应当是原文思想内容、语言表达和作品风格“三位一体”的完整再现。一般而言，翻译者在从事具体翻译活动过程中，其行为并不完全是在不同语言之间进行词语与词语的简单性对等转换，而是在源语和目标语的中间地带进行不断穿梭所创造出来的一种意

---

① 参见胡壮麟编著：《理论文体学》，外语教学与研究出版社2000年版，第1页。

② 参见侯维瑞编著：《英语语体》，上海外语教育出版社1988年版，第278~279页。

③ See Gunilla Anderman, *Voices in Translation: Bridging Cultural Divides*, Clevedon, Multilingual Matters Ltd., 2007, p. 65.

④ 参见［英］乔治·托马斯·斯当东：《小斯当东回忆录》，屈文生译，上海人民出版社2015年版，第218~219页。

义与风格成对等关系的喻说，这个充斥着新词语想象的、由虚拟对等关系所形成的中间地带往往就是人们所说的历史变化的一个基础。[①] 这里的“新词语想象的、由虚拟对等关系”显然也包含了译者在翻译过程中保持语言风格之间的衔接关系。对此，我国典籍翻译界前辈杨宪益也持类似的观点，杨先生在《略谈我从事翻译工作的经历与体会》一文中告诉以翻译研究为目标的读者，翻译是沟通不同民族语言的工具。不同地区或国家的人都是人，人类的思想感情都是可以互通的。从这个意义上说，什么东西应该都可翻译。[②] 不同民族的法律语言表达和与之相适应的法律思想及法律制度可能有所不同，正义与非正义的界定范畴也有异，但人类“法”与“非法”的基本理念是相同的。因此，杨先生提到的“什么东西应该都可翻译”同样也适合中国古代法律典籍汉语与现当代法律英文意义及语言风格之间的传译。

美国玛丽蒙特加利福尼亚大学法学院法学语言专家彼得·蒂尔斯马(Peter Tiersma)强调，法律和法律原则因语言的存在而存在，法律语言的语体风格在法律事务的操作过程中有着十分重要的作用。汉英法律意义之间的翻译与沟通，其语言媒介使用的方式与其他文体一样，在于如何解决法系差异中的法律概念因其语言表达不同所导致的某些法律词汇空缺(其实是法律概念空缺)及其对法律译者造成的障碍，以及翻译过程中如何克服或解决这些空缺障碍的问题。如果翻译者费尽心思或克服一切翻译障碍所产出的译品，不但没有转达原文的意义，反而给译文读者带来了新的障碍，又如何解决呢？笔者认为，在英汉法律语言翻译过程中，解决不同法律语言和法律文本类型翻译障碍较为有效的办法之一，就是通过对汉英法律语言文化内涵和外延意义进行仔细分析比较研究，洞察在翻译过程中所遇到的造成翻译障碍的种种因素，尤为重要的是找出符合不同法律及其语言表达的共性与个性的理据性特征。

对中国文化典籍翻译实践和理论研究颇有造诣的著名翻译家汪榕培教授在谈到中国典籍意义翻译和理解问题时，道出了典籍意义理解判断和翻译困难

---

① 参见[美]刘禾：《帝国的话语政治——从近代中西冲突看现代世界秩序的形成》，杨立华等译，生活·读书·新知三联书店 2009 年版，第 148 页。

② 参见杨宪益：《略谈我从事翻译工作的经历与体会》，载金圣华、黄国彬主编：《因难见巧——名家翻译经验谈》，中国对外翻译出版公司 1998 年版，第 82~83 页。

的真谛。他认为源语的文本是固定不变的，但是其内容可能会因人而异，因时而异，乃至因地而异产生不同理解，从而产生不同的译入语文本。译入语所采用的形式和措辞也会因人、因时、因地而作出不同的选择，至于原文的“言外之意”这种看不见摸不着的东西则更是“仁者见仁，智者见智”了。[①] 根据笔者的考察，目前国内外学者关于法律翻译实践的探讨和研究方法主要是在普通语言学和比较法理论支撑下进行双语转换构成及结果的比较，而且绝大部分学者几乎都集中在对当代法律语言和法律文本翻译的分析研究，对其所关注的程度和规模远远超过古代法律语言和古代法律文本翻译。就我国当前的法律语言翻译研究而论，无论是专著还是学术论文都倾向于当代法律语言的翻译实践，而对古代法律典籍文献翻译实践的研究却很少提及，更不要说较为系统的研究了。主要原因是现代法律语言翻译研究的资料获取便利，涉及的相关学科知识相对较少，而要对古代法律语言意义的翻译进行比较研究，除需要现代法律语言翻译差不多相同的资料外，还需要掌握训诂学、语源学、古代汉语语法学、东西方比较法学史学、古代法史学等研究古代法律汉语和古代法律的相关学科知识以及古代法律语言的语体风格特征，才能讲清楚某一法律意义的来龙去脉，从而厘定有关翻译意义的准确与否。

包括《大清律例》在内的中国古代法律典籍法律意义判断和翻译过程，一定程度上比其他典籍的翻译存在更多的“言外之意”这种看不见摸不着的东西，会有更多不同理解和“仁者见仁，智者见智”带来的不同解读和翻译困惑。如《大清律例》第 289 条中的“造畜蛊毒杀人”，原文的“造畜蛊毒”中的“畜”意为饲养，“蛊”指一种人工养成的毒虫，整个句子的意思是“培养体内含有毒虫的动物杀人”。[②] 经汉英对比分析发现，小斯当东和钟威廉两人对原文意思的理解存在明显差异。小斯当东将其翻译成“rearing venomous animals, and preparing poisons”（回译为“饲养有毒的动物，准备毒药”），而钟威廉的译文却是“making or keeping [Gu]poison for killing people”（回译为“制造或保留杀人的‘Gu’毒药”）。从对原文意思的理解和表达看，两种译文基本上都只传达了

① 参见汪榕培：《译可译，非常译——英译〈老子〉纵横谈》，载《外语与外语教学》1992 年第 1 期。

② 参见马建石、杨育棠主编：《大清律例通考校注》，中国政法大学出版社 1992 年版，第 794 页。

原文的部分含义，特别是小斯当东翻译的“venomous animals”（有毒的动物本身有毒，还是动物体内有毒？）颇有歧义，钟威廉译文中的“[Gu] poison”，上下文均没有与之相应的脚注或其他形式注释，说明汉语拼音“Gu”是一种什么样的毒物，令人费解。因此，笔者在肯定两位译者所付出艰辛的同时，也不得不承认这样的译文实在给读者的理解造成困难。从笔者的个例分析可知，将古代法律汉语及其不同译文具体法律含义之间的比较纳入中国古代法律典籍翻译意义研究的最为重要的考量范畴，是古代法律语言翻译者和古代法律语言翻译比较研究者都应当重点考虑的问题。

（二）《大清律例》汉英法律语体风格之间的比较

在欧洲语言中，语体、文体、文风、风格都离不开“style”这个词。[①] 语体或文体是语言交际需要或根据文章类型所自然形成的一种语言交际风格类型。它既可以指某一时代的文风，又可以指某一作家使用语言的习惯；既可以指某种体裁的语言特点，又可以指某一作品的语言特色。[②] 词、句、篇在语体上的具体应用形成了某种类型文章的独特的语体风格特征。自古以来，中外法律文献就形成了区别于其他文类的不同语体风格——法律语体。法律语体大致由外部要素和内部要素组成。法律语体的外部要素指立法文本形式规模（款、条、节、章、篇、编组成的立法文本和仅由款、条组成的立法文本）、司法文书体例（起诉书、判决书、答辩状、询问笔录、勘验笔录）等；法律语体的内部要素指形成法律语体的词语、句法和篇章等法律语言基本要素。法律语体要求高度的逻辑性，用词必须精确，运用大量的专业词语将表达可能出现的歧义减至最低，排斥感情色彩的词语，形成庄重、严密的语言风格。[③] 千百年来，立法形式（legislative forms）、立法规模（the scale of legislature）、司法形式（judicial formality）、执法形式（the model of the law enforcement）、法律形态（legal formation）以及法律文本格式（legal text format）等都在发生变化，唯有法律语体风格（legal style）的基本要求一直保持不变。跨法律语言交际中，译者必须

① 参见程雨民编著：《英语语体学》，上海外语教育出版社 1989 年版，第 1 页。
② 参见秦秀白编著：《文体学概论》，湖南教育出版社 1986 年版，“序”第 8 页。
③ 参见程祥徽等：《语言风格学》，广西教育出版社 2000 年版，第 72 页。

尽可能保持原文法律语体风格不发生变化，这是不同文本之间在翻译转换过程中必须遵守的基本原则，是翻译批评者所关注的主要方面，也是笔者在《大清律例》英译比较研究中所重点关注的问题。

上文所述的“style”，学者们认为尚无一个被人们广泛接受的定义。[①] 汉语里既可以指文体、语体、风格和文风，[②]也可以指适应不同的社会活动领域的交际需要所形成的具有一定功能风格特点的语文体式。[③] 理论上讲，法律语体实际上是民族共同语大家族在使用功能上的一种变体形式，即语言使用者带有类似于社会分布的一组语言学项目，或由特定人使用的那门语言和那些语言。[④] 语体的分析主要关注三个方面的要素：①一系列超法律语言的基本元素。如交际的内容、目的、对象、场合及方式。②一套民族法律语言的表达手段。如法律语境中的语音、词汇、句式、辞格等，均是语体得以实现的物质基础。③系统的法律语言特点和法律语言风格。如法律语言使用者具体语言使用的抽象与具体、正式与随便、平实与藻丽等。可以说，语体在社会历史中发展，并随着社会的变化而变化，但在某一历史时期具有相对稳定性，制约着人们的交际活动。[⑤] 具体而言，法律语体就是人们在各种与法律有关的社会活动领域，针对不同法律对象、不同法律环境使用语言进行交际时所形成的常用语音、书写、词汇、句式结构、修辞手段乃至语篇选择等一系列运用语言的特点。[⑥] 在实际生活中，根据不同的语言环境来有效地进行语言交流，不仅涉及内容，涉及语言的本身，而且涉及语言材料及其表达手段、组合方式等的准确选择。根据上述观点，大致可以将语体理解为，语言使用者在构建文本的过程中，根据所论及的社会活动领域，针对不同的表述对象和不同语言环境，或者是人们在使用语言进行交际时，所形成的常用词汇、句式结构、修辞手段等一系列运用语言的特点。也就是乔斯勃格（Anna Trosborg）指出的，语体风格分析（style analysis）所揭示

---

① 参见秦秀白编著：《英语语体和文体要略》，上海外语教育出版社 2002 年版，第 2 页。

② 参见秦秀白编著：《英语语体和文体要略》，上海外语教育出版社 2002 年版，第 12 页。

③ 参见夏征农主编：《辞海 · 语词分册》（第 2 版），上海辞书出版社 1987 年版，第 65 页。

④ 参见[英]R. A. 赫德森：《社会语言学》，卢德平译，华夏出版社 1989 年版，第 27 页。

⑤ 参见《中国语言学大辞典》编委会编：《中国语言学大辞典》，江西教育出版社 1991 年版，第 446~447 页。

⑥ 参见秦秀白编著：《英语语体和文体要略》，上海外语教育出版社 2002 年版，第 198 页。

的是程式性学术和专业语言使用中所要达到的交际目的。[①] 中国古代的法律语体，是指中国古代法律人根据古代语言风格与其他文体的语言风格的差异特点，在词语使用、句法生成和篇章构造等各个层面上所体现出来的凝固性和程式性，旨在彰显古代官样文体所特有的品质，古代法律典籍语言和古代其他文体的语言亦复如此。法律语体范围颇为广泛，各分支语体之间存在差异，必须从不同角度采用不同学科的方法与成果进行多角度、多方位的仔细考察研究。[②] 古代法律典籍语言翻译及翻译批评的语体视角是广义文体范畴的一个分支。

（三）《大清律例》语体风格英译的具体表现

译文风格要保持与原著文体风格一致，尽量做到（译）文随其（原文文）体，素来是中外翻译理论家提出的指导翻译实践的最基本的要求。英国18世纪的翻译理论家泰勒在《论翻译的原则》一书中所提出的翻译三原则，有两条都和语体翻译有关。毫无疑问，泰勒首先强调的是保证意义全部传达，并在此基础上要求译者做到译文应当在风格和文体上与原文保持一致，最后才是译文应当和原作一样自然流畅。奈达的文体翻译观是，所谓翻译，是在译语中用最贴近而又最自然的对等语再现源语的信息，首先是意义，其次是文体。广义上的翻译（包括语内翻译和语际翻译）是在相同或不同语言符号之间进行意思转换的同时，还应当注重原文与译文相同语体风格之间的平行对接。其后，奈达在其与塔伯（Charles Taber）合著的《翻译理论与实践》（*Theory and Practice of Translation*）中，比较详细地论述了从意义到文体的翻译转换过程。他们认为，翻译是用最为恰当、最自然和对等的语言，从语义到文体再现源语的信息。[③] 其后，奈达又在其动态对等（dynamic equivalence）翻译理论中运用信息论，进一步解释了意义翻译与语体翻译的关系。他认为，跨语言翻译是从语义

---

① See Anna Trosborg, *Text Typology and Translation*, Manhattan, John Benjamin's Publishing Company, 1997, p. 205.

② 参见潘庆云：《跨世纪的中国法律语言》，华东理工大学出版社1997年版，第14页。

③ See Eugene A. Nida, Charles Taber, *The Theory and Practice of Translation*, Shanghai, Shanghai Foreign Language Education Press, 2004, p. 187.

到语体,在接受语中用最切近的自然对等语再现源发语的信息。① 换句话说,翻译者想要达到的第一个目标是不折不扣地传达原文本的思想内容,第二个目标是其译文与原文本在语体风格、文化意向、所产生的社会影响以及与原文本有关的其他因素等方面达到对等的效果。法律翻译者应当铭记的基本信条之一,就是(译)文随其(原文文)体。换言之,没有准确法律意义的法律翻译是徒劳的活动,法律翻译成品如果不能够正确地反映原文的法律文体风格,那将是一种不完全合格的翻译成品,更不可能准确表达原文的整体法律意义。

通常情况下,法律文书被认为是一种官样文体(style of officialdom document)的重要体现。法律文本与法律文本之间的翻译交流,在某种程度上是国家与国家法律之间的交流,要求法律文本翻译者心目中随时具备法律语体翻译观,尽可能做到译文语体与原文语体相一致。换言之,严格意义上的法律翻译实际上是翻译的法律,译文的内容和文体风格也应当具有所译法律的一切特征。因此,严肃认真的法律翻译既要准确、通顺,又要再现原文的文体风格。②

语体风格的社会情景制约说(theory of restriction of social contextual situation)认为,任何语言交际的使用都要受到一定社会环境因素的影响和制约。语言交流者之间的角色定位、交际方式、交际内容、语言选择等因素都是在特定社会语境的控制下进行的,并由此形成不同的语言功能变体,法律文体只是诸多中的一种。"入境而问禁,入国而问俗,入门而问讳"(《礼记·曲礼上》),此处的"境"显然是指国境,而"禁"指的是禁止或国家法令或社会习俗所限制的东西,也就是说进入一个国家或地区,首先要弄清楚"法律禁令之所止"。法律翻译所强调的原文语体与译文语体之间的契合,不仅是对法律翻译者在译文文本构建中应当考虑的基本问题和法律翻译的刚性要求,也是避免翻译语言中语体使用不当造成译者受处罚的重要手段之一,也就是西塞罗强调的,法律语言既要有权威性,又要保持古朴的语言风格。③ 反之,法律译文的语体与法律原文语体相互龃龉,或者与原文语体不成体统,势必影响法律效果的

① 参见谭载喜编著:《新编奈达论翻译》,中国对外翻译出版公司 1999 年版,第 35 页。
② 参见秦秀白编著:《文体学概论》,湖南教育出版社 1986 年版,第 11 页。
③ 参见熊德米:《英汉现行法律语言对比与翻译研究》,湖南人民出版社 2011 年版,第 3 页。

正常实施,有时可能还会产生极其严重的后果,因此,翻译的文体观是值得每一个译者考量的问题。

在中国古代和近代翻译历史上,译作与原作(译)文不对体造成的不良后果,已经不是个案。1793年,英国第一个官方来华使团与清朝乾隆皇帝会晤过程中产生了不少误会,最终导致矛盾不断升级,除了"礼仪之争"所导致的矛盾外,译者对重要文件的改动构成了严重的沟通问题,甚至是马戛尔尼(George Macartney)被乾隆视为贡使的重要因素,也是马戛尔尼无法完成任务的主要原因。例如,当时的中文译者将体现英国平等口吻语体的英王国书和其他具有法律效力的公文函件翻译成中文语体的文辞和态度都显得极为谦逊,与英国人后来的具体言行表现大相径庭,致使清朝皇帝"龙颜大怒",最终导致中英外交史上的"初次交往"不欢而散。另外,笔者在已经正式出版的中国古代法律文献的英文翻译文本中发现原文语体与其译文语体不相吻合的地方比比皆是。笔者对《唐律疏议》《宋刑统》《大明律》《大清律例》及其英译文本进行对比分析之后,发现原文许多庄重严肃的法律语体风格在其相应的英文译文的语体中并没有得到很好的体现。

法学界普遍认为,一般所谓的法学也可以说就是法律语言学,恰如法制之治在于语言之治,[①]法律文体的翻译也要纳入"法律语言之治"的范畴,使法律语言翻译的内容与语言形式均能做到最大限度的统一。

## 二、《大清律例》法律文化的英译比较

我国学术界对法律文化(legal culture)概念的解析和定义可谓众说纷纭。多数学者认为,法律文化指一个民族或国家在长期的共同生活过程中所认同的,相对稳定的,与法和法律现象有关的制度、意识和传统学说的总体,包括法律意识、法律制度、法律实践,是法的制度、法的实施、法律教育和法学研究等活动中所积累起来的经验、智慧和知识,是人民从事各种法律活动的行为模式、传统和习惯。也有学者认为,法律文化是人类文化的一个组成部分,它是社会上

① 参见孙笑侠等:《法律人之治——法律职业的中国思考》,中国政法大学出版社2005年版,第86页。

层建筑中有关法律、法律思想、法律制度、法律设施等一系列法律活动及其成果的总和。它是以往人类法律活动的凝结物，也是现实法律实践的一种状态和完善程度。法律文化由法律思想、法律规范、法律设施和法律艺术组成。① 从广义的制度文化层面上看，法律文化和语言文化制度、政治文化制度以及社会文化制度一样，只是社会整体文化环境中的一种次级制度(subsystems)。②

杨牧之先生在"大中华文库"总序(中文)中谈到中华文化典籍往往被翻译者"误解误翻"这一实际存在的现象时，不无感慨地写道，早在几十年前，西方一位学者翻译《红楼梦》，书名译成《一个红楼上的梦》，将林黛玉译为"黑色的玉"。一方面要对外国学者将中国的名著介绍给世界表示由衷的感谢，另一方面要为中国的名著还不被外界所完全认识，甚而受到曲解而感到深深的遗憾。杨先生只是列举了文学典籍被误译的例子，事实上，包括古代法律典籍在内的其他典籍的翻译可能因专业性太强不被译者完全理解，而造成更大误解的例证不在少数。平心而论，浩如烟海的中华古代文化典籍蕴藏着博大精深的独特性中华文化精神元素，其他语言的确是无法完全表达的，即使有些用表面流动符号勉强翻译出来，多数情况也是貌合神离，甚至风马牛不相及。笔者在比较研究中发现，在已经外译的少数中华文化典籍中，由于东西方语言文化的巨大差异，翻译者又往往囿于文献资料欠缺，译者自身典籍文化修养不高，双语驾驭能力不足，望文生义或不求甚解等多种因素，使古代汉语典籍受到曲解，留有许多遗憾。鉴于此，对中华文化典籍作品的翻译批评者而言，这些木已成舟的中华文化典籍外译产品虽有很多值得学习与借鉴的东西，但也有客观存在的诸多翻译不到位的问题。目前较为有效的解决办法至少有三个方面：一是季羡林先生所讲的，译者必须对中外两种文字都能精通，缺一不可。二是译者尽可能借助比其他译者在翻译时所拥有的更加丰富的参考佐证材料，对源语文化和译入语文化现象进行比较分析研究，摒弃其他译者有意或无意漏掉的原文信息。三是建设一支高素质的翻译批评队伍，认真负责地对现有译文进行不偏不倚地批评研究，实事求是地扬善去非，并对典籍翻译中存在的实际问题进行有效的批评

① 参见张中秋：《比较视野中的法律文化》，法律出版社 2003 年版，第 28 页。

② 参见[美]H. W. 埃尔曼：《比较法律文化》，贺卫方、高鸿钧译，清华大学出版社 2002 年版，第 22 页。

与矫正。

（一）东西方法文化共性及其英译比较

成熟发达的社会形态必然会有与之相适应的立法和司法体系存在，每一种立法行为和司法行为都会与特定的社会历史状况相适应。虽然人类社会总是存在法律习俗的族群差异或因族群而区别的现象，但依然存在人类立法的共性特征——立法上的共同法。无论是简单粗莽的原始法律还是发达完备的法律体系，立法一直贯穿人类社会的始终。当然，比较法学也告诉笔者，各族法律或因貌合而神离，或因形殊而神似，即不同法律体系的存在既有个性，也会有共性，如人类的法律源于宗教、伦理和习俗，中西皆然，这是共性，①但不同的宗教伦理和生活习俗对法律的产生和发展有不同的影响，使其所在社会的法律制度大相径庭。无论是东方还是西方，所有的法律都具有共性特征。为此，英国法学家戴维·沃克（David M. Walker）的有关法律共性论的论述至少能够说明大部分问题。他认为，在人类社会发展早期阶段，调整人们相互关系的习惯、宗教教条、禁忌以及具有强制力的道德信条等行为规范之间没有多少区别。因此，作为特定的社会共同体日常生活准则，法律和道德有着共同的起源。随着社会的进步，习惯与信条朝着两个不同的方向发展，信条用以区别善与恶、正确与错误，习惯则演变为具有强制力的规则，而不管其被认为是准确的还是错误的。② 清代法学家沈家本通过对东西方法律的比较研究后也认为，东西方法律，同异参半，西方法律大要大旨，中国古代法律尽已包含。③ 笔者认为东西方法文化的某些共性特征的逻辑目标有两个：一是企图说明东西方人对法律文化思维的共同认知，这决定了东西方人在法律表达形态和法律认知上的共通性。二是想说明既然法律表达工具使用和认知上存在共通性，那么就应该承认东西方法律文化之间存在可通约性，两者可以通过翻译实现彼此之间的交流。

笔者在承认不同民族的法律都有自己的民族个性④的同时，也应当承认在

① 参见张中秋：《比较视野中的法律文化》，法律出版社 2003 年版，第 168 页。

② 参见［英］戴维·M. 沃克编：《牛津法律大辞典》，北京社会与科技发展研究所译，光明日报出版社 1988 年版，第 521 页。

③ 参见李贵连：《沈家本中西法律观论略》，载《中国法学》1990 年第 3 期。

④ 参见姜丽萍：《中西法律思想源流解读》，黑龙江人民出版社 2006 年版，第 1 页。

跨法律文化翻译过程中,通过译者努力克服法律语言文化的障碍,使异域法律语言文化在互文翻译过程中尽可能使译文文字所属的国家的人深刻地领悟,强烈地感受,与使用原作的语言进行阅读的人们所领悟和感受的别无二致,[①]使原文颇具个性的法律语言文化现象转化为相对共性的东西。例如,独具中国法文化个性的法律术语"文字狱",[②]主要发生在明清两代,且贯穿整个清代260多年历史,是清王朝统治者对当时的知识分子进行思想文化控制所创制的罪名。早在秦汉时期就有了近似于文字狱的"语言治罪"的法律规定。正因为这一具有中华法系独特个性的法律语言现象在西方法律语言中很难找到相应的词语翻译,从而导致不同译者对其翻译解读各异。笔者在各种法律翻译文献资料中找到的英文表述有 cases for words, literary inquisition, imprisonment or execution of an author for writing sth. considered offensive by the imperial court, imperial inquisition, the crime of literary works, literary incrimination 等。其实,在国外古代法制历史资料里也能找到类似于中国古代"语言治罪"的法律规定,只是惩罚力度远不及中国古代社会。显而易见,从东西方法文化个性及其英译比较的角度看,如果要在"文字狱"与其如此之多的英文翻译版本中进行比较分析,较好的办法是从东西方法制历史比较入手,比较论证出反映中国古代法律上独具特色的法律语言文化事实与其英文翻译的契合程度,决定哪一种译文最具忠实度,找出两种法律语言文化意义之间的"最大公约数",尽可能变个性为共性。如果仅从法律汉语和法律英语字面上判断自然得不出令人信服的结论。

### (二)东西方法文化个性及其英译比较

中国的法家与古希腊亚里士多德等思想家大约生活在同一时代,都提倡"法治",但"法治"思想的具体内涵却完全不同。[③] 西方法制史一贯强调权利、自由、平等、正义、公正、程序公正的法治理念,与中国法制历史上所强调的儒家法律思想的孝道、德治、礼制、无讼、"依礼伏法"以及伦理纲常的所谓"法治"观

① 参见张泽乾:《翻译经纬》,武汉大学出版社1994年版,第130页。
② 参见周振想主编:《法学大辞典》,团结出版社1994年版,第233页。
③ 参见姜丽萍:《中西法律思想源流解读》,黑龙江人民出版社2006年版,第105页。

念有着天然的区别。也就是说,西方法制传统观源于其长期形成的承认私权和主张个人权利高于一切的私法观,与中国古代以儒家纲常伦理为中心的克己复礼、"皇命大于天命""溥天之下,莫非王土;率土之滨,莫非王臣"的公法观形成了鲜明对比。为此,法学家梁治平教授认为,儒家的伦理纲常是中国传统价值体系的核心,它同法律的关系是了解中华法系的关键。中国文化有一层厚厚的伦理色彩,法律规范和道德规范混淆难分。中国古代法律文化尤其注重家族高于个人,名分重于责任,由此产生了一些独一无二的制度,真正是具有中国特色。①梁治平教授较为详细地谈论了中国法律语言文字里的"法"与西方法律语言文化里的"*jus*"的互译问题。他认为古汉语里的"法"与"律"都有自己特殊的含义,与现代法律的含义相去甚远,以致汉字"法"和"律"虽有2000年以上的历史,但作为独立合成词的"法律"却是近代由日本移植回来的,其历史不过百年。对此,梁教授从东西方法律语言比较中中肯地写道,总之在传统的层次上,中、西所谓法,文字不同,含义殊异,实在难以沟通。现在人们常用的"法"字虽然已有了新的含义,但要完全道出"*jus*"一词的真实意蕴还是很难的。所以,透过"法"与"*jus*"之间语义上的歧义可以看到的是不同民族历史发展进程和价值取向的不同,只有从这个方面入手才可以对上述两种语言现象中的真正差异作出较合理的解释。② 沿着梁教授的这一思路,笔者在更大规模上对中国古代法律语言文化的英译进行比较研究的过程中,首先要做的工作是"存名物之辩,厘表里之别",考察古代法律汉语里的历时性含义的流变,然后定格在具体法律文本的具体含义及英译者在提供法律英语译文时所作出的努力,并由此检验英译者是否真正做到了跨越东西方法律语言文化障碍,或是否完全做到了在两种法律语言沟通中"译尽其义"。③

彼得·伯克(Peter Burke)和夏伯嘉(R. Po-chia Hsia)在《近代早期欧洲的文化与翻译》(*Cultural Translation in Early Modern Europe*)一书中,建议翻译人员在观察不同文化之间的翻译转换时着实考虑一些问题,即译者有没有遵循

---

① 参见梁治平:《法辨——中国法的过去、现在与未来》,贵州人民出版社1992年版,第20页。

② 参见梁治平:《法辨——中国法的过去、现在与未来》,贵州人民出版社1992年版,第63页。

③ 参见熊德米:《诗无达诂,译尽其能——评毛泽东〈沁园春·长沙〉五种英译本》,载《西南政法大学学报》2005年第5期。

归化与异化翻译策略，是否正确理解或误解正在翻译的另外一种语言的文本，翻译活动是否涉及文本的解构与重构等问题。从这个意义上讲，翻译总是有所损失的。因此，考察不同文化之间翻译的损失最为有效的办法是证明彼此间存在的差异。[①] 伯克和夏伯嘉的这一论述同样也适用于笔者对中国古代法律语言与其外译的比较研究。比较研究表达这些具有民族法律含义专有性特征的法律语言及其所蕴含的特殊法律意义，考察其在另一种语言翻译中，或者在异域法律语言文化中是否达到了应有的法律效果，或是否能够唤起译语法律语言读者与原文法律语言读者同等的法律意识。

例如，从唐宋至清代法律文本的律文中都出现了“十恶”这个中国古代具有独特法律传统文化的法律术语，在古代的各种律学著作中的疏议亦基本相同。但是笔者通过对比研究也发现，不同法律英文译者对“十恶”却给出了多种不同的语际翻译和语内解读。笔者能够查到的译法有“the ten abominations (shih-o 十恶)”（华莱士译）、“Offences of a Treasonable Nature”（小斯当东译）、“the Ten Great Wrongs”（钟威廉译）、“the Ten Abominations[shi e]”（姜永琳译）、“10 Abominations：10 categories of major crimes in feudal China”和“ten evils”等。根据资料显示，“十恶”里应当重点理解的词是“恶”。这个字的现代汉语意思是坏、坏事、恶劣行为、不良行为、坏人。另外，笔者查到在刘俊文的《唐律疏议笺解》，曹漫之的《唐律疏议译注》，马建石、杨育棠的《大清律例通考校注》和王明德的《读律佩觿》等法学（律学）研究著作中的解释也与前述解释大致相同。对前列英文翻译进行基本分析可以得出，“abomination”的英文解释是“a person who is loathsome or disgusting”或“an action that is vicious or vile; an action that arouses disgust or abhorrence”，与笔者在汉语资料里查到的解释最为接近。“offences”“wrongs”“evils”等译词无论在词义概念的内涵或外延，还是在古代法律汉语法律语体风格的表现上似乎都不如 abomination 更接近原文的含义。

---

① See Peter Burke, R. Po-chia Hsia, *Cultural Translation in Early Modern Europe*, Cambridge, Cambridge University Press, 2007, p. 35.

# 第三章 《大清律例》基本词语的英译比较

语言是语音和意义相结合的符号系统,词是该系统中能够独立使用的最小的语言单位,抑或说,词是语言里最小的可以自由运用的独立音义单位。[①] 吕叔湘先生认为,给词或词语下定义,对任何语言都不是容易的事,对汉语尤其如此。[②] 下面所罗列的三种有关词的基本定义或许是目前语言学界的共同认知:①词是语言组织中的基本单位,能够独立运用,且具有声音、意义和语法功能。②词是音义结合、语法上定形的能够独立运用的最小单位。③词是最小的符号,用它可以对现实进行分类、定名,因此,研究语言符号的意义一般都以词作为基本单位。[③] 与词相对应的是词汇,又称语汇,是一种语言里所有的词和固定词组的总汇,或一种语言里所有的(或特定范围的)词和固定短语的总和。西方学者莱昂斯(Lyons)将总体词汇分为词位词(word-lexeme)和短语词(phrasal lexeme),前者一般称为"词",后者指熟语等一些相当于词的语言单位,或称"词的等价物"。[④]

词汇分为基本词汇和一般词汇两大类。基本词汇是在一种语言的词汇中占主导地位并在日常生活中使用频率最高的语言单位。基本词汇的显著特点有四个:一是有较强的构词能力;二是具有广泛的应用范畴;三是语义最为明确;四是接受人群的大众化。基本词汇构成了语言交流的核心部分,整体数量相对较少。一般词汇通常指基本词汇以外的所有词汇。一般词汇大都以基本词汇为构词材料,具有明显的时代性、行业性、地域性和外来性,其重要特点之一是构词能力差。

---

① 参见汉语大字典编辑委员会编:《汉语大字典》,四川辞书出版社 2010 年版,第 4216 页。

② 参见吕叔湘:《汉语语法论文集》(增订本),商务印书馆 1999 年版,第 359 页。

③ 参见叶蜚声、徐通锵:《语言学纲要》,北京大学出版社 1997 年版,第 126 页。

④ 参见许余龙编著:《对比语言学》,上海外语教育出版社 2002 年版,第 99 页。

另一个概念是本章论及的词语,即词和短语、“字眼”。词语是词和短语的合称,包括单词、词组及整个词汇,文字组成语句文章的最小组词结构形式。本章所讲的法律词语其实就是法律语境中词和“词的等价物”即最小的使用单位的统称。另外需要说明的是,笔者在阅读法学界和法律语言学界有关法律语言中“最小的使用单位”的时候了解到,法学研究者和法律语言研究者表述略有差别。法学研究者有的用“法律语词”,有的用“法律词语”,也有学者“法律语词”和“法律词语”兼用(如林喆、葛洪义、疏义红等),还有学者用“法律词语”和“法律用语”(如谢晖、陈兴良、何勤华、刘红婴等)。法律语言研究者(如邱实、陈炯、刘素贞、姜剑云、潘庆云、王道森、宋北平、王洁等)通常用“词”或“词语”。另外,汉语工具书,如《现代汉语词典》《现代汉语辞海》《汉语大词典》《辞海》等也都用“词语”。笔者认为,潘庆云教授对法律词语的叙述能够代表法学界和法律语言学界多数人的观点。他认为,法律的词汇包括两大部分:法律词语(包括法律术语)和全民共同语中的一般词汇。前者有法律语体专用术语(如逃脱、比对、标的、训诫、羁押等)和人工法律术语(这些词汇成员由民族共同语进入法律语言,被赋予特定的法律含义,其自身地位与价值迥然有变,如事实、证据、委托、告诉、故意等),后者则包括民族共同语中其他的基本词与非基本词。[①] 总之,字、词、语的界限划分是我国语言学界长期存在争议的问题,长期以来众说纷纭,莫衷一是。[②] 因此,笔者下文的论述,采用目前部分学者及大多数工具书所采纳的表达方式。

## 第一节 《大清律例》的基本词语

在语言的实际运用过程中,人们很难将基本词汇和一般词汇严格地区分开来,两者之间的界限存在许多较为模糊的“灰色地带”。从词汇的使用功能上看,基本词汇是人们日常交流中最为常用的词汇,是使用最频繁,词义最基础,在全部语汇中最基础的那部分词语。[③] 换言之,一种语言的基本词汇可以

---

① 参见潘庆云:《中国法律语言鉴衡》,汉语大词典出版社 2004 年版,第 49 页。

② 参见刘玉梅:《现代汉语新词语构造机理研究》,中国社会科学出版社 2015 年版,第 3 页。

③ 参见钱乃荣主编:《汉语语言学》,北京语言学院出版社 1995 年版,第 51 页。

为该语言的接受群体提供彼此之间共同使用和共同理解的言语符号，是某一种语言中使用频率最高和社会生活交际中最基本的常用语。从词汇的意义表达上看，基本词汇所表达的意义具有相对稳定性，并且可以由此类词汇不断创造出与现实社会生活同步衍生的新型词语。与基本词汇相对应的是表达某一特定专业或某一行业的词语，被称为“一般词汇”，一般词汇通常由基本词汇和词根派生而来。比较而言，一般词汇的使用频率低于基本词汇，其意义不具普遍性。法律语境中的大多数专业词汇都属于各行各业自己的用词和各门学科自己的术语，因此，笔者将这些行业用语、科技术语都称为“一般词汇”。[①]

法律语言是从全民共同语中分离出来，专用于法律语境的社团变体，即社团方言。[②] 其主要特点在于创新一些本社团所专用的词汇成分或将全民共同语的词汇加以改变，[③]旨在用通俗易懂的语言使法律文本所蕴含的法律意义传达给全社会成员，使其最终达到指导、影响或矫正人类行为的目的。[④] 法律大众化在语言上的直接体现就是法律词语的通俗化。古今中外任何法律文本都是由法律词语与普通词语交织而成的产物，没有纯粹的法律语言文本，更没有完全由普通词语写就的法律文本。也就是说，法律语言是法律术语和法律基本用语的总和。[⑤]

## 一、法律基本词语概说

英国法律语言学者彼得·古德里奇(Peter Goodrich)认为，法律语篇一直被人们视为一种在特定法律基本词语基础上组合而成的多元竞合性与规范性多学科语篇形态，与之密切相关联的有道德、宗教及社会习俗等。[⑥] 古德里奇所说的“特定法律基本词语”，指法律语言文本中法律专业词语(包括法律术语)以外的用于法律语境中的所有词语，与现代语言学术语的“基本词语”概念

① 参见叶蜚声、徐通锵：《语言学纲要》，北京大学出版社1997年版，第142页。

② 参见孙懿华：《法律语言学》，湖南人民出版社2006年版，第33页。

③ 参见高名凯：《语言论》，商务印书馆1995年版，第138页。

④ See Deborah Cao, *Translating Law*, Clevedon, Multilingual Matters Ltd., 2007, p. 13.

⑤ 参见刘红婴：《法律语言学》(第2版)，北京大学出版社2007年版，第55页。

⑥ See Peter Goodrich, *Reading the Law: A Critical Introduction to Legal Method and Techniques*, London, Basil Blackwell, 1986, p. xiii.

大致相同,只是在特定法律语境中被赋予了法律意义。法律文本离开这部分专业词语就会只剩下几个单调的法律词语,根本无法表达完整的法律意义。因此,国外有的学者认为,法律词语部分由具有特定法律意义的词组成,部分由日常用语组成。[①] 这里所讲的“日常用语”,指的就是法律语境中的基本词语或者叫法律基本词语。

法律文本中所使用的普通词语和法律词语的区别在于,前者是人们日常生活中经常使用的语言,后者则是法律人在制定和运用法律过程中经常使用的专业性法言法语。法律文本中的法律基本词语就像“黏合剂”,将法律专业词语黏合在一起,使法律文本成为一个由专业语言和非专业语言构成的共同体。但许多情况下,这些作为“黏合剂”的日常语言在法律语境中其实也是有特定法律意义的。根据这一理念,笔者赞同法律语言学者潘庆云的观点,将法律文本中的语言分为法律词语(包括法律术语)和全民共同语中的一般词汇,并认为这些法律词汇也可以被认为是特定范围中所使用的词语,可以指某一个人或群体所使用的词语。笔者可以将法律语境中“一般词汇”中的“词汇”理解为“法律词语”中的“词语”。以此为据,本书凡涉及法律语境中的“最小的使用单位”的称谓叙述时统一使用“法律词语”,或在上下文所指意义比较清楚的情况下,均使用“词语”这一概念。

从汉语词汇的发展演变规律上看,古今汉语有共同的基本规律,从汉语词汇的构成上讲,古今基本相同,只不过现代汉语的基本词汇更为丰富罢了。[②] 法律汉语的词语形态和意义的发展与汉语的基本词汇和其他领域一般词汇的发展规律一样,也具有很大的趋同性。也就是说,法律汉语的词语随着古代法律的发展走过了几千年的历史,形成了中华法系独特的法律语言系统,就其词语而论,从“三代”滥觞时期粗浅的法律词语,秦汉形成时期较为丰富的法律词语,唐宋发展时期更为发达的法律词语,明清完善时期比较完备的法律词语,直到近代和现代发展成古今杂糅、中外互渗的多元共存性法律词语体系。因此,古代法律词汇的界定应以《大清律例》及清代以前的法律文本用语为限,将

---

① 参见[英]戴维·M.沃克编:《牛津法律大辞典》,北京社会与科技发展研究所译,光明日报出版社 1988 年版,第 515 页。

② 参见葛本仪:《现代汉语词汇学》,山东人民出版社 2012 年版,第 2 页。

古代法律语境中的词语划分为法律基本词语和法律专业词语两大部分。古代法律文本中的法律基本词语和法律专业词语共同聚合成了中国古代各个时期的法律文本。

纵观中国古代法律基本词语的生成形态及其与古代法律文本构造关系,其基本特点有如下三个:

第一,公众认知的普遍性。

中国古代立法语言使用者秉承的指导思想是“浅易其语,显明其义,使人易晓,避而不犯”,“使愚夫愚妇皆知,则相率而远之”。① 当代中国较早研究法律语言的学者王洁教授认为,立法语言词语是法律语体形成的重要因素,它在立法语言的特定环境中使用,具有鲜明的语体色彩。② 古代法律语言中的法律专业词语以及古代法律文本中的语义功能和语法功能亦复如此。研究古代法律词语符号是研究古代法律语言体系的基础,同样也是研究古代法律意义的起点。因此,本章的《大清律例》词语英译比较研究也采用“词语”这一当代法学家和法律语言研究者较为通行的称谓。换言之,法律制定的目的是调控全体社会成员的行为,使法律具有广泛约束力,即使是识字者不多的古代社会,法律制定者也会尽可能地使用通俗易懂的词语,使其法律原初意义最大限度地传达到法律受众。因此,古代汉语法律基本词语都是由日常生活中的普通词汇和法律专业词汇所构成的,或者说任何一个法律文本的词语系统部分是由具有特定法律意义的词组成的,部分是由日常用语组成的,中国古代法律的基本法律词语尤其如此。

笔者从 1975 年湖北云梦睡虎地出土的秦简法制文书中发现许多法律基本词语,如秦简《仓律》中规定:“隶臣欲以人丁粼(龄)者二人赎,许之。其老当免老、小高五尺以下及隶妾欲以丁粼(龄)者一人赎,许之”。③ 这是秦代的一条法律文句,规定一名“隶臣”用两名丁壮年龄的自由人赎取,“免老”和“小高五尺以下”用一名丁壮赎免。经粗略计算,该条法律里面所使用的法律专业词语不到 1/10,其他大部分词语均属于普通词语,即使在时隔 2000 多年的今天,读起

① 参见刘新主编:《中国法哲学史纲》,中国人民大学出版社 2005 年版,第 289 页。
② 参见王洁:《法律语言研究》,广东教育出版社 1999 年版,第 47 页。
③ 高恒:《秦汉简牍中法制文书辑考》,社会科学文献出版社 2008 年版,第 29 页。

来也非常清楚明白。另外,该条法律所使用的词语与秦汉时代其他散文所使用的词语相比,前者的简易度远远超过后者。这也从另一个角度证明了我国西汉末年一代大儒,身兼文学家、思想家双重身份的扬雄对法律基本语言论述的正确性:“简而易用也;要而易守也;炳而易见也;法而易言也。”[①]“易用”“易见”“易言”就是指法律文本中法律基本词语公共认知的通俗性与大众性,与2000多年后美国法律语言专家梅林克夫(David Mellinkoff)在《法律语言》(*The Language of the Law*)一书中所说的法律文本喜用“common words and expressions”(普通词语)异曲同工,使黎民百姓真正理解法律制定者的初衷,也即春秋末年思想家邓析所讲的“法令之所谓”。

第二,词语意义的双重性。

普通词语意义的双重性,即法律文本中使用的基本词语一方面表达了人们现实生活中的常用事务,另一方面在特定的法律语境中又被赋予了一定的法律含义,即“frequent use of common words with uncommon meanings concerning law”(频繁使用含有非常用法律意义的普通词语)。[②] 也就是英国法学家戴维·M.沃克所讲的,法律语言部分是由有特定法律意义的词语组成的,是具有特定语言环境的特殊含义的日常用语。[③] 古代大部分法律专业词语都是古代法律专业人士将其同时代的日常基本词语加以改造并用于当时的法律语境中,使之具有符合其时代要求的法律含义,使一般老百姓能够“格之以名分”,“使用之者执名例以审趣舍”。[④] 显然,这部分法律基本词语在法律语境中反复使用,并为广大社会成员所接受,最终定格为某一社会法律的基本词语。但问题是由于这部分词语在日常生活中出现频率太高,其司空见惯的日常性基本含义早已深入人心,如果想要高效地解读和推测出普通词语的非普通意义,就应该使立法语言通俗易懂。为此,宋代著名学者窦仪在其编订的《进刑统表》中对包括日常基本词语在内的宋代法律基本词语“难识、难晓”的法律语言现象进行了仔细分析研究,以期务令《宋刑统》的语言“晓然易达”。

---

① 参见熊德米:《英汉现行法律语言对比与翻译研究》,湖南人民出版社2011年版,第10页。

② See David Mellinkoff, *The Language of the Law*, Boston, Little, Brown and Company, 1963, p. 11.

③ 参见[英]戴维·M.沃克编:《牛津法律大辞典》,北京社会与科技发展研究所译,光明日报出版社1988年版,第515页。

④ 参见(清)沈之奇:《大清律辑注》(上),法律出版社2000年版,第21页。

清初著名律学家沈之奇耗时近七个寒暑所撰写的律学著作《大清律辑注》对《大清律例》"其文似密,其意甚宽"(清代巡抚蒋陈锡语)的律文进行"深思寻绎","顺文解释于每条之后",逐节发明"解释法律之精义"。① 清初另一位学者王明德在其著名律学著作《读律佩觿》中,开篇就提出了对以、准、皆、各、其、及、即、若这些法律基本词语在法律语境中的法学解释,并和一般语境中的普通意义进行了区分,认为上述八字"各为分注,冠于律首,标曰八字之义,相传谓之律母"。② 晚清"睁眼看世界法律"的思想家沈家本在其《秋谳须知》、《律例偶笺》和《律例杂说》等法学专著里多次提到法律与语言的关系问题,并认为法律语言应当"词语通俗易解",关注对清代法律基本法律词语的阐释。沈家本要求立法文本要遵循"刑盾厘正,例文宜简易"的立法语言风格,注重立法语言基本词语的运用和解释。

第三,基本意义的稳定性。

刘红婴教授认为,在法律语言的背景中,通常情况下语词(词语)只有一个特定意义的所指,这是由语汇符码的单义性、固定性所决定的。③ 在古代中国的法律历史发展过程中,无论什么时代或无论什么人制定法律,都离不开使用某些"万能"的法律基本词语,这些法律词语的基本义项或实际意义内涵可能因为法制历史语境的变迁有所增衍或损抑,但它们的法律基本意义或原初意义在不断变化过程中却永远会保持着自己的稳定性,使具有典型东方法制特色的法律汉语本源性法制理念得以保存至今。

古今各个时期法律发展进程的性质不同,法律语言表述的方法各异,但大多数法律基本词语意义稳定性是基本相同的。如早期出土的秦汉简牍中,凡是涉及记录审问案件司法过程的时候,法律文书中就会提到"证人不言情",其中的"言情"是指在古代法律中,当事人接受审问或在作为证人提供证言时要讲实话,与现代法律语言中"如实讲述有关案件的所有实际情况"的表述基本一致。"言情"一词在秦汉以后各朝各代的法律一直沿用,如《唐律疏议》第26条规定:"诸证不言情及译人诈伪,致罪有出入者,证人减二等,译人与同罪"。笔

---

① 参见(清)沈之奇:《大清律辑注》(上),法律出版社2000年版,第8~9页。

② 参见(清)王明德:《读律佩觿》,法律出版社2001年版,第2页。

③ 参见刘红婴:《法律语言学》(第2版),北京大学出版社2007年版,第50页。

者在《宋刑统》《大元通制》《大明律》《大清律例》等法典的同类条款中都能见到"言情"作为古代法律基本词语的相同表述，而且法律意义和语法意义基本没有发生什么改变。[①] 此外，笔者对比查阅了从湖北云梦睡虎地出土的秦汉简牍，三国两晋南北朝、唐朝、宋朝的法律，直到清朝的《大清律例》等各朝都有的一些共同使用的法律基本词语，如律、令、狱、斩、杀、赎、户婚律、仓律、兵律、八议、十恶、审、判等，发现几乎每一个朝代的法律都有使用，足见这些基本法律词语的使用频率和意义的宣示都一代代稳定传承。有些古代法律语言的基本词语，如律、刑、罚、犯罪、主犯、自首、赃物、罪名等也是现代法律语言中司空见惯的法律符号。

## 二、《大清律例》基本词语的内容

法律词语系统中的普通法律词语(fundamentally or essentially used legal words)，是指从全民语言中借用而来，在法律领域中使用频率较高并且用法相对固定的语词，[②]包括法律人在法律语境中使用的法律专业词语和法律专业术语。[③] 法律语言中的法律基本词语(fundamental legal words and legal phrases)指法律人或法学研究人员在研究、制定、运用法律以及从事法学研究过程中，在大量使用法律术语和法律基本词语的同时，也要使用一些不可或缺的非法律专业词语(nonprofessional legal words)，并赋予这些词语特定的法律含义。因此，《大清律例》的基本词语指的是清代立法者在"详译明律，参以国制"的立法思想指导下制定法律时所使用的日常词语，这些词语在清代语境下被赋予了特定的法律意义。

《大清律例》共 47 卷 436 条，每一卷每一条的法律语言都离不开普通词语，但这些词语在每一条法律中都有特殊的法律意义，即法律上每一个表达、每一个词语都有明确的法律意义，[④]或表达了法律文本集体作者的语内意图

---

① 笔者发现，在中国现行法律法规语言中，"言"的词频为 72 次，与古代法律语言相比较，古代法律语言的"言"大都用作动词，现代法律语言都用作名词。

② 参见刘红婴：《法律语言学》(第 2 版)，北京大学出版社 2007 年版，第 55 页。

③ 参见李振宇：《法律语言学新说》，中国检察出版社 2006 年版，第 81 页。

④ 参见[德]汉尼斯·科尼夫卡：《法律的语言运作——德国视角》，程乐、吕加译，中国政法大学出版社 2012 年版，第 123 页。

(illocutionary intention)或行动前的意图(intent for doing something)。[①] 鉴于法律语境中普通基本词语使用频率高、分布广、法律含义语境依赖性强等特点,笔者可以将这些基本词语总结为“律母”和“律眼”、家族关系的法律词语以及有关政府部门及其官员的词语三个主要方面。

(一)“律母”和“律眼”

《大清律例》中的“律母”和“律眼”是包括清代法律在内的古代法律语言中,使用最为频繁、书写极为简易、法律含义看似平凡但实际不易把握的基本法律词语,也是古代法律人特别关注的语言现象。

“律母”指古代法律文本中具有通例性质的“八字广义”,即古代法律语言中常用的八个字——以、准、皆、各、其、及、即、若。清代书画家翁元圻将这八个字解释为:“律疏以者,与真犯同;准者,与真犯有间;皆者,不分首从,一等科罪;各者,彼此各同科此罪;其者,变于先意;及者,事情连结;即者,意尽而复明;若者,文虽殊而会上意。”(《困学纪闻·考史》)清初律学家王明德在《读律佩觿》中强调,“律母”是理解法律的关键词语,也就是必须将这八个字的意义融会贯通才能真正读懂律文。为此,王明德特别指出,“读书不读律,至尧舜终无术”,但读律“必于八字义,先为会通融贯,而后可与言读法”。[②] 清代中期的著名律学家吴坛在《大清律例通考》中对“律母”进行了详细的解读,他认为,法律专业词语虽然尽力将法律说得清楚明白,但仅靠法律专业语言能够完全传达法律意义的能力极为有限,需要借助像“律母”之类的一般词语才能完全表达清楚立法者的意图。对此,吴坛写道:“盖律虽条分缕析,终不足以尽人情之变态,故定此八字收属而连贯之,要皆于本条中合上下以此其罪,则八字者,乃五刑之权衡也。”[③]可以认为,法律正文的专业词语和“律母”所用的一般词语是“体”与“用”的关系,二者缺一不可。

“律眼”即例、杂、但、并、依、从、从重论、累减、听减、得减、罪同、同罪、并赃论、折半科罪、坐赃致罪、坐赃论、六赃图、收赎。这些词语都是律与例中不可或

---

① 参见[美]基思·E.惠廷顿:《宪法解释:文本含义,原初意图与司法审查》,杜强强、刘国、柳建龙译,中国人民大学出版社2006年版,第165页。

② (清)王明德:《读律佩觿》,法律出版社2001年版,第2页。

③ (清)吴坛:《大清律例通考》,中国政法大学出版社1991年版,第45页。

缺的关键词,对于领会律文起着至关重要的作用。在上述"律眼"中,有些词语所表达的法律意义至今仍为法律语言使用者所遵循。如王明德对"并赃论罪"的解释方法与现代法律文本的文内语言解释或学理解释极为相似:"并赃论罪者,将所盗之赃,合而为一,即赃之轻重,论罪之轻重,人各科以赃所应得之罪,故曰并赃论罪。"由此可见,"并赃论罪"是中国古代刑法处理赃罪(相当于现代刑法的财产犯罪)的重要原则,这一原则在我国现代刑法中仍然是通行的做法——虽然"律眼"中的有些法律词语的用法与现在有了一些差别。再如王明德在对"得减"一词的解释中写道:"得减者,法无可减,为之推情度理,可得而减之。得者,因其不得减而特减之,故曰得减。"按照王明德的解释,这里的"得减"显然是一种非法定的减轻处罚,是法律文本规定以外的一种减轻情节,与现代法律语言中所讲的"酌定减轻"有密切的关联性。在我国现代刑法的理论中,减轻处罚一般也分为必减与得减,两者均为法定减轻情节,前者为必然性即应当减轻,后者是或然性即可以减轻。

(二)家族关系的法律词语

表达家族关系的一般性法律词语是清代法律的重要组成部分,了解这些关系是解读中国古代法律的关键。[①] 包括清代法律在内的古代法律语言系统将大量家族性关系的法律词语纳入法律语言考量范畴,这是一般词语法律意义研究应当关注的问题。对比研究古今法律汉语文本中家族性一般词语会发现一个不争的事实,就是现代法律家族性一般词语的使用频率远不及古代法律汉语。

我国的现行法律文本中,涉及家族和家庭成员的法律文本主要有《宪法》《刑事诉讼法》《民法通则》《婚姻法》《保险法》《继承法》《妇女权益保障法》《国籍法》《教育法》《收养法》《未成年人保护法》《归侨侨眷权益保护法》12部法律,但其中家庭关系的词语大都仅限于祖父母、外祖父母、父母、养父母、夫妻、子女、养子女、孙子女、外孙子女等。这些数量极为有限的家族性一般词语进入现代法律语言系统,其所涉及的家族性法律词语数量远不及古代。

---

① See Ernest Alabaster, *Notes and Commentaries on Chinese Criminal Law and Cognate Topics, with Special Relation to Ruling Cases*, London, Luzac & Co., 1899, p. xi.

清律在家庭关系的法律规定上，一是重点突出了男尊女卑和男性家长在家庭中的统治地位，二是制定了体现家族内部身份差别的最重要的所谓"五服"制度，同时将其作为法律调控的一项中心任务，以期达到"齐家而后治国"的最终目的。[①] 法学家瞿同祖先生在其英文版著作《中国法律与中国社会》(*Law and Society in Traditional China*)中，将家族主义作为中国古代法律的一个核心和重要的特征，认为古代法律将父权、夫权、长子权等纳入集刑法、民法、行政法、婚姻法等多重法律的调控范围之内，形成了诸法合体的法律文本格局。对此，瞿同祖指出，在中国古代封建法律体系下家族实际上被认为是政治、法律的基本单位，家长或族长在每一单位具有统领地位且对国家负责。可以认为，家族是最初级的司法机构，家族团体以内的纠纷及冲突应先由族长仲裁，不能调解处理的才由国家司法机构处理。法律既承认家长、族长为家族的统领者而予以法律上的种种权力，亦希望每一分子对法律负责，对国家负责。[②] 任何人如有违反这一法律规则均会受到国家法律的严厉惩罚。因此，为了将全社会的每一个家庭成员都纳入法律的控制范畴，并使其能够充分理解相关法律的语言，立法者必须最大限度地使用全体社会成员都熟悉的基本词语。仅从《大清律例》的"诸图""服制""户役""婚姻""犯奸""斗殴""骂詈"等各门类法律的法律语言的文字表述看，曾祖父母、祖父母、外祖父母、太公太婆、伯叔父母、堂伯祖父母、丈人、丈母、姑父、姑、姨夫、慈母、养母、继母、舅、妻、妾、夫侄子、姊妹、孙子、外孙子等都是现实生活中最基本的词语，且均被赋予了特定的法律意义。[③]

(三)有关政府部门及其官员的词语

封建专制制度下的中国古代社会官僚体系，秉承"溥天之下，莫非王土；率土之滨，莫非王臣"和"天子作民父母，以为天下王"的封建宗法统治理念，官为本、官为贵、官为尊的"官本位"封建法律价值观成为几千年自上而下的封建立

① 参见张晋藩主编：《清朝法制史》，中华书局 1998 年版，第 298 页。

② See Tung-Tsu Chu, *Law and Society in Traditional China*, Paris, Mouton, 1961, pp. 21-23.

③ 参见武占坤、王勤：《现代汉语词汇概要》，外语教学与研究出版社 2009 年版，第 189 页。

法的法理基础，也是“法制政令出自皇帝，司法行政合一”的理论依据。[1] 因此，从法律词语的共时性和历时性两种角度研究看，历代政府法律文本中规定的各部门及其职官人员的词语，特别是历代法律文本有关整肃吏制中涉及的政府部门及其官吏名称几乎成了中国古代社会集民事、刑事和行政于一体的诸法合体的法律语言，成为表达法律关系的关键性一般词语。

清代中央行政机构中直接对皇帝负责的吏部、户部、礼部、兵部、刑部和工部等“六部”及其下属机构的法律词语充斥着整个《大清律例》法律文本。追溯其历史渊源，早在汉光武帝刘秀时期就在尚书台创设了三公曹、吏部曹、民曹、主客曹、二千石曹、中都官曹“六曹尚书”，这成为后来“六部”的最早雏形。西晋时期设吏部、殿中、五兵、田曹、度支、左民六部门，隋初“六部”名为吏部、礼部、兵部、度支、都官及工部，唐代改度支为户部，改都官为刑部，最终形成吏、户、礼、兵、刑、工六部，“六部”统一由尚书省管辖。宋朝沿袭了唐代的官僚体制，且“初设判省事一人，以诸司三品以上官或学士充任”，[2]元朝改统于中书省，到了明朝，中书省被废除，重设直接对皇帝负责的“六部”，并成为主管明王朝自上而下的全国行政事务的最高机构，各部置尚书一人，总管本部政务，下设类似于“副尚书”的左侍郎和右侍郎各一名，作为尚书的副手。清军入关以前，于1631年就已经开始模仿明朝的体制设立了“六部”，1644年将原来的贝勒总理及参政官分别改为尚书和郎中，1723年以后常以大学士兼管各部，尚书以下各官时有增减。按照清朝光绪年间所制定的《大清会典》和《历代职官表》的记载，清代各部职官设有尚书（从一品）、左右侍郎（正二品）、郎中（正五品）、员外郎（从五品）、主事（正六品）以及堂主事、司务、笔帖式、七品小京官等。1901年，清政府将统管各国外交事务的衙门改为外务部，开启了中国古代“六部”之外又增设其他新部的历史。此后，其他新设立的政府部门陆续诞生，如1903年设立商部、1905年设立学部和巡警部等。1906年，清政府宣布“仿行宪政”，将户部改称度支部，兵部改称陆军部，将工部与新设立的商部合并为农工商部，原来的理藩院改称理藩部，刑部改称法部，还增设了民政部、邮

---

① 参见中华文化通志编委会编：《中华文化通志 · 制度文化 · 中央官制》，上海人民出版社1998年版，第9页。

② 参见俞鹿年编著：《中国官制大辞典》（上），黑龙江人民出版社1992年版，第199页。

传部等，上述所有新设立的部属机构都有一套与之相匹配的政府机构词语，这些词语在清朝晚期的法律文件里面都有法定的含义，是古代法律语言系统的重要组成部分。

法国当代语言文化学者海然热(Claude Hagege)认为，语言总是处于一定的时间范围之内，随时可能发生变化，并接受能满足某种需要的新鲜事物，同时不一定完全舍弃旧有之物。语言就这样把零散的知识积聚起来，从而获得了珍贵的见证价值。[①] 也就是说，语言是反映历史文化变革的最为敏感的元素，其词语的社会意义表述功能随着时代的变迁而变迁，清代社会反映当时法律的一系列语言现象也是如此。例如，康熙时期为了整顿吏治，针对当时官僚体制中新出现的违法犯罪现象，其法律就即时界定了不同性质的行贿受贿行为，并出现了反映社会法律现实的"以财行求""有事以财请求""说事过钱""受财人同科""刁蹬逼迫"等新的法律语言现象。[②] 上面的分析说明，古代表达包括吏治在内的官制或官品文化的法律词语是法律文化的载体和体现，是法律文化最基本的要素。[③] 只要初步了解中国法制史便知道，中国古代各个时期的法律语言的大部分基本词语在现代法律语言中早已被表达现代思想的基本词语所取代。

由于东西方法律体系在其发展过程中所关注的范畴等方面存在差异，上述古代法律文献中的基本词语在其他语言中能否找到与之相匹配的表达或对等词语，是笔者下文要讨论的问题。

## 第二节 《大清律例》家族词语的英译比较

美国法学家雷伊(Gregory Leyh)在《法律阐释学的历史、理论和实践》(*Legal Hermeneutics: History, Theory, and Practice*)一书中指出，法律包含彼此关联的一套由正义、公平、程序正当法律程序构成的言辞性原则。法律要求按照正义、公平、程序正当的合法程序审理一切案件，人人平等，人人享有公平和

① 参见[法]海然热：《语言人：论语言学对人文科学的贡献》，张祖建译，生活·读书·新知三联书店1999年版，第195页。

② 参见张晋藩：《中国法律的传统与近代转型》，法律出版社2005年版，第157页。

③ 参见郭万群主编：《中国法律语言学研究：理论与实践》，上海交通大学出版社2013年版，第32页。

正义。[①] 因此,用于法律语言的绝大多数词语必须通俗易懂,人人知晓,由此也导致了某些词语既含义宽广,又独具特色。

笔者认为,虽然清代法律形态和法律规制因"刑书所载有限,天下之情无穷"而因地制宜有所变化,但《大清律例》总体上继承了《唐律疏议》和《大明律》通俗易懂的普通词语实用性风格,即律文和例文中使用大量普通词语承载着特殊的法律意义,这一点不但没有发生变化,而且有些因前代"三尺律令,未穷画一之道"所修订的补充法律条文所用的普通词语明显倾向于现代白话文。

本节拟从词语翻译方面入手,重点比较分析《大清律例》两种英文译本中普通词语法律意义的异域语言传达和法律词语形态重构两个方面的转换效果,旨在从一个微观视角揭示古代法律典籍英译中普通词语的翻译转换规律,以期对现代法律汉语中普通词语的对外翻译有所裨益。

## 一、《大清律例》家族词语法律意义英译概说

蔡元培先生认为,"自古翻译政经之事"。英国语言学家勒菲弗尔(Andre Lefevere)也认为,翻译并不是一种中性的、远离政治以及意识形态斗争和利益冲突的纯粹的文字转换活动,而是一种文化、思想、意识形态话语在另一种文化、思想、意识形态话语中的活动。[②] 法律翻译作为意识形态活动之一,其译者亦应是意识形态的传递者。在中国古代社会,家族辈分等级的厘定显然不是一般意义上的家族或家庭等级的划分,而是纳入了国家法律规制的范畴。如 18 世纪来华的英国人在论及中国家庭结构及其法律关系时所讲的,中国是一个由家族组成的国家,法律范围最广且最令人感兴趣的一个方面是其法律家族性模式让人瞠目,但其家族纽带所产生的法律效力却经久不衰。[③] 考察中国法制发展历史可以清楚地发现,中国古代立法思想是礼法互渗,"家天下"与"国天下"世代相因。从秦汉时期直到清代,统治者将本应属于伦理道德调整范畴的内容

① See Gregory Leyh, *Legal Hermeneutics: History, Theory, and Practice*, Berkeley, University of California Press, 1992, p. 24.

② See Andre Lefevere, *Translation, Rewriting and Manipulation of Literary Fame*, London & New York, Routledge, 1992, p. 40.

③ See Ernest Alabaster, *Notes and Commentaries on Chinese Criminal Law and Cognate Topics, with Special Relation to Ruling Cases*, London, Luzac & Co., p. 113.

都纳入了国家法律体系重要部分，祖父母、父母、生母、养母、继母、出母、慈母、庶母、少母、诸母、妾母以及与之相关联的服制、斩衰、齐衰、大功、小功、缌麻等具有特殊法律意义的亲属伦理关系的语言表述都是国家法律语言中常见的重要词语。这些被纳入法律控制范围的家族及其法律关系词语在世界上其他法系的法律语言发展史里并不多见。因此，翻译者能否在其他语言中准确传达原文的法律含义是检验翻译成功与否的关键。

笔者粗略统计，在以刑法为主要规制手段的《大清律例》436 条律文中，涉及亲属关系的各种法律规定有 60 多条，加上"丧服图"错综复杂的家族等级服制关系称谓的词语，以及纳入《大清律例》管辖的家族及其连带关系的家族性法律词语，所占比例远远超过其他门类一般词语，现代法律语言系统在这方面更是无法比拟。清代法律语言中家族性法律词语的使用如此冗赘，一方面说明以皇权和父权为核心的专制制度是所有封建法典共同维护的内容，另一方面也说明清律对家庭中尊卑长幼关系的规定十分严格。

针对这种家族群体词语占据大量比例的法律语言翻译，作为跨法律语言文化桥梁的译者能否按照清代法律文本所设定的社会效果在译语中使用与原文尽可能接近的家族性法律词语，传达原文所要表达的法律意义，或能否开展用一种语言传递另一种法律文化、法律思想和法律意识形态的话语活动，是判断法律语言翻译者翻译功力最基本的原则，也是笔者考察和审视《大清律例》不同翻译文本的重要原则。下面是《大清律例》第 5 条律文的前两款及其英文翻译比较：

**应议者之父祖有犯**

凡应八议者之**祖父母、父母、妻及子孙**犯罪，实封奏闻取旨。

若皇亲国戚及功臣［八议之中**亲与功**为最重］之**外祖父母、伯叔父母、姑、兄弟、姊妹、女婿、兄弟之子**，若四品、五品［文武官之**父母、妻**未受封者。］及应合袭荫**子孙**犯罪……（《大清律例》第 5 条）

**译文 1**

**Relations of Persons** Entitled to Privilege

When **the father, mother, paternal grandfather or grandmother, wife, son, or grandson** of any person entitled to privilege, as belonging to one of the eight classes before mentioned, commits an offence against the laws, a distinct specification thereof shall be laid before the Emperor...

In the case of persons privileged by their royal blood or illustrious services, **their paternal grandfathers and grandmothers, uncles, aunts, and cousins**, as also **their sons-in-law and nephews**; and moreover **the father, mother, or wife of an officer** of government of the 4th or 5th rank, and **the sons or grandsons**, if inheriting their rank...

(trans. by T. Staunton)

**译文 2**

When **the Parents and Paternal Grandparents** of
Those Entitled to Consideration Commit Offences

In all cases where **the paternal grandparents and parents, wives, or children, and sons' children** of members of one of the eight [categories whose cases are entitled to be] considered, commit offences, make a report in a sealed memorial...

If **the maternal grandparents, paternal uncles and their wives, paternal aunts, elder brothers or younger brothers, elder sisters or younger sisters, sons-in-law, and children of brothers of the relatives of the Emperor** [see Art. 3. 1] or of the **imperial relations by marriage** [such as **princes' wives and princesses' husbands**, etc. ], or of meritorious officials [see Art. 3. 3] (among the eight categories of persons whose cases are especially entitled to be considered, **the imperial relatives and meritorious officials** are the most important) commit offences, or if **the parents** of (civil or military) officials of the fourth or fifth degree, or their wives (who have not yet received a title), or **sons or sons' sons** who should inherit a certain dignity...

(trans. by W. Jones)

从上面画线部分语言的翻译大致可以看出，包括家族词语在内的古代法律汉语里的一个具体家族词语的翻译所反映的显然并非仅仅是原文法律语言和译文法律语言彼此转换的一种行为，而是两种法律文化观念之间的冲突与调和所产生的跨语言转换结果。译者在进行两种语言转换的同时,其实是在不同词语及其意义之间建立假设的等值关系(hypothetical equivalence),即以什么样的思想权威或者知识权威的名义在各种不同文化间从事翻译,创造出不同的译词。因此,这些基于不同理据所构成的译词就出现了一种文化经验服从于另一种文化经验的表述、翻译或诠释的现象,尤其是"人们从西方跨向东方,或者从东方跨向西方时"更是如此。[①]

## 二、《大清律例》家族辈分词语的英译比较

中国古代的家族尊卑是由最初的父、子、孙三代扩大到祖、父、己身、子、孙五代,最后扩大到高祖、曾祖、祖、父、己身、子、孙、曾孙、玄孙九代,即"亲亲以为五,以五为九。上杀、下杀、旁杀,而亲毕也"(《礼记·丧服小记》)。根据《大清律例》所附"本宗九族五服正服之图",清代法律的家族等级词语分为己身(平辈)、长辈(尊长)、晚辈三类,另加与之密不可分的丧服制度词语如斩衰亲、期亲、大功亲、小功亲、缌麻亲、袒免亲等形成多层次宗法体系中的"本宗九族之服也"。[②] 一方面规定了清代家族的基本秩序,另一方面也是古代一系列立法的基本出发点,[③]这在西方法制史上是很难见到的现象,其没有与我国古代相对应的家族词语表达。以下不同译文的比较研究也沿着这一线索分四类进行,对不同译文进行比较鉴别,看哪一种译文能够最大限度地反映原文的法律意义。

### (一)己身(平辈)词语的英译

家族词语中的"己身",古代律疏著作中也称为"本身"、"本生"、"己"或"等身",即自本身,上下分为五级,"由己身而言之,上有父,下有子……而由父以亲祖,由子以亲孙,是以三为五也",[④]用现代汉语解释就是通常说的平辈,即与本人相同或一样的辈分。以封建宗法制度为核心的中国古代法律就是以己

---

① See Lydia H. Liu, *Translingual Practice: Literature, National Culture, and Translated Modernity—China*, 1900-1937, Stanford, Stanford University Press, 1995, p. 1.

② 参见(清)沈之奇:《大清律辑注》(上),法律出版社 2000 年版,第 23~27 页。

③ 参见刘俊文:《唐律疏议笺解》(上),中华书局 1996 年版,第 49 页。

④ 马建石、杨育棠主编:《大清律例通考校注》,中国政法大学出版社 1992 年版,第 70 页。

身为轴心,厘定尊卑长幼亲疏关系,并主要根据这一轴心上下各追索四代。[①]《大清律例》所列出的与己身有关的家族词语有妻、妾(媵)、兄、弟、姊、妹、堂弟、弟妻、堂姊妹、堂姊夫、堂妹、堂妹夫等。从法律语言现象上看,古代法律语言和现代法律语言一样,己身只是作为家族成员划分的参照物,在具体法律文件中通常处于隐形状态。例如:

凡犯流者,妻妾从之,父祖子孙欲随者听。(《大清律例》第5条)

**译文1** **All the wives** of banished criminals shall follow them into exile: the parents, grand-parents, children, and grand-children of exiles, shall be at liberty to follow them or not, according to their own choice…

(trans. by T. Staunton)

**译文2** **The wives and concubines** of all those who commit offences which entail a sentence of exile must accompany them.

(trans. by W. Jones)

讨论上面的翻译之前,有必要了解法学史专家瞿同祖先生对我国古代封建社会婚姻关系的阐述:

妾制在中国有悠长的历史,有史以来就有,但同时自始至终是一夫一妻制。社会和法律承认一个男人和一群女人住在一个家庭营共同生活的权利,但只承认其中的一人为其配偶(妻),其余的人则为妾。只能说是一妻多妾。[②]

换言之,中国古代一直奉行着一夫一妻制度,在《唐律疏议》《宋刑统》《大明律》《大清律例》中都可以找到一夫一妻的相应法律条文。[③] 显然,小斯当东和钟威廉两位译者在理解和翻译"妻""妾"二词时存在的差异也反映了他们对中国传统婚姻法的不同理解。从译文的具体表现看,小斯当东认为妻与妾没有多大差别,所以翻译成"all the wives"。译文显然不符合"一夫一妻,不刊之制"的古代传统户婚理念和婚姻法制度,[④]极易使西方人误以为中国古代法律允许

---

① 参见(清)沈之奇:《大清律辑注》(上),法律出版社2000年版,第15~17页。

② 瞿同祖:《瞿同祖法学论著集》,中国政法大学出版社1998年版,第145页。

③ 参见《大清律例》第103条:"妻妾失序凡以妻为妾者,杖一百。妻在,以妾为妻者,杖九十,并改正。若有妻更娶妻者,亦杖九十,[后娶之妻]离异。[归宗。]"

④ 参见曹漫之主编:《唐律疏议译注》,吉林人民出版社1989年版,第501页。

一夫多妻。因此,即使研究中国古代法律的英国人也认为小斯当东的译文不足以成为指南,不能借以了解当时实行的法律在某一问题上的规定。[①] 钟威廉是研究中国法制史的当代美国学者,其所翻译的《大清律例》堪称"迄今为止最完整、准确的英译本"和"美国学者研究中国法制史的最新收获"。[②] 钟威廉将该条的妻妾译为"the wives and concubines",虽与原文信息相近,但实际上也未能准确地反映出中国传统的婚姻制度关系。

同样是《大清律例》的"妻""妾"二词,两位译者在其不同的译文中也有不同的表达。如钟威廉将原文第 78 条中的"妻"译为"official wife",将"妾"译为"concubine(s)",而小斯当东则将"妻"译为"first wife"或"principle wife"(《大清律例》第 275 条出现的译法),将"妾"译为"the other wives"或"inferior wife"(《大清律例》第 275 条出现的译法)。另外,笔者还发现,美国汉学者华莱士将《唐律疏议》第 13 条的标题"五品以上妾"中的"妾"译成"ch'ieh concubines (crimes committed by ch'ieh concubines belonging to officials of the fifth rank and above)"。华人学者姜永琳将《大明律》第 115 条的"娶亲属妻妾"译为"marrying relatives' wives or concubines"。

### (二)长辈(尊长)词语的英译

从"己身"算起,属于《大清律例》法律调控范畴内"本宗九族"中的长辈的有父母、祖父母、曾祖父母、高祖父母,嫡母、继母、慈母、养母等,以及伯叔父母、族伯叔父母、伯叔祖父母、族伯叔祖父母、堂伯叔父母,姑、堂姑、族姑、从祖祖姑、族祖姑和曾祖姑等。清代的这些法定长辈亲属关系词语之间的法律关系虽然继承清代以前的法律,但为了加强其封建家族统治,在晚辈对尊长冒犯的惩罚力度上远远重于清朝以前的相关法律条款规定。这些在古代法律文本语境中具有特殊法律含义的家族尊卑词语,体现了清代统治者企图通过加强对社会成员家族尊长法律关系的法律控制,强化"孤"、"朕"和"溥天之下,莫非王土"的尊卑理念和皇权思想,最终实现从"家"到"国"自下而上的全国统治观念。

---

① 参见[英]S. 斯普林克尔:《清代法制导论——从社会学角度加以分析》,张守东译,中国政法大学出版社 2000 年版,第 74~75 页。

② 苏亦工:《当代美国的中国法研究》,载《中外法学》1996 年第 5 期。

因此,从跨法律文化翻译和东西法文化交际的角度看,尤其是在东西法律文化中家族词语缺乏对应表达或出现相关对等的法律性家族词项缺损的情况下,古代法律汉语译者能否跨越英汉法律语言文化障碍,用英语读者所能接受的对应表达将古代汉语法律文化词语的真实含义传达给译文读者,使不懂中国古代法律文化的译文读者通过阅读译文,一方面既能理解古代法律汉语所传达的古代法律语言意义,另一方面又能从译文法律语言风格中感受到古色古香的中国古代法律文化韵味——这是检验中国古代法律文化翻译者最基本的原则。

《大清律例》所涉及的庞杂长辈族词语系统几乎遍布大部分文本。经比较发现,两种译本前后的理解和翻译都存在不一致的情况。限于篇幅,笔者这里仅选取一条具有一定代表性的翻译进行比较分析。

**称期亲<u>祖父母</u>**

凡[律]称期亲及称<u>**祖父母**</u>者,<u>**曾**</u>、<u>**高**</u>同。称孙者,曾、元同。嫡孙承祖与<u>**父母**</u>同。[缘坐者各从祖孙本法]其<u>**嫡母**</u>、<u>**继母**</u>、<u>**慈母**</u>、<u>**养母**</u>[皆服三年丧有犯]与<u>**亲母**</u>[律]同。[改嫁义绝及殴杀子孙不与<u>**亲母**</u>同]称子者,男女同。[缘坐者女不同](《大清律例》第 38 条)

**译文 1**

**<u>Relations in the First Degree</u>**

Whatever is declared in the laws to concern relations in the first degree, <u>**grand-parents**</u> or grand-children, shall likewise be understood to extend equally to <u>**great-grand-parents**</u>, and <u>**great-great-grand-parents**</u>, and great-great-grand-parents, great-grand-children, and great-great grand children, except in case of constructive crimes, when the law shall be taken literally.

Also, <u>**the father's principal wife**</u>, <u>**the father's wife substituted in the place of the principal wife after her death**</u>, <u>**the father's wife substituted in the place of the natural mother upon her death**</u>, and <u>**the adopted mother**</u>, shall all hold equal rank with <u>**the natural mother**</u>, and be understood to be referred to, in all laws in which <u>**the mother of the party**</u> concerned is only stated generally, except in the case of such mother having been, divorced, or in the case of her killing, or attempting, to kill, such father-in-law. Also, except in cases of constructive offences, whatever the law states relative to the sons, shall be applicable to the daughters also.

(trans. by T. Staunton)

**译文 2**

The Expressions **"Relatives of the Second Degree"[for Whom One Wears Mourning of One Year]and Paternal Grandparents**

Whenever (the law) speaks of relatives of the second degree [for whom one wears mourning of one year] or mentions paternal grandparents, the next two higher generations [i. e. **father's paternal grandparents** and **father's father's paternal grandparents**] are [treated in the] same way. If it speaks of sons' children, the two younger generations [i. e. son's sons' children, and sons' sons' son's children] are [treated in] the same way. A son's son in the direct line [descended from the official wife, whose father is dead] who succeeds to his paternal grandfather, is considered to be in the same relation to [his **paternal grandparents**]as to his **father and mother**. (As for those guilty by attaint, in each case follow the provisions of the particular law for **paternal grandparents** and sons' children, respectively. ) As for his **rightful mother [the father's official wife]**, **the father's subsequent [official]wife [i. e. the woman married as an official wife after the first official wife dies]**, **the caring mother [a concubine charged with the care of a child whose mother has died]**, **an adoptive mother** (all cases involve three years of mourning, if there is an offence against one of them), then (so far as the law is concerned), they are considered the same as **natural mothers**. (If one of these is a widow who has remarried or a wife whose duty to her husband is extinguished [as if she is divorced], and if she strikes and kills her son or son's son, then she is not considered to be the same as **a natural mother**. ) When the word "son" is used, it refers to males and females. (In the case of liability by attaint, daughters are not the same [as sons]. )

(trans. by W. Jones)

本条律文标题"期亲祖父母"以及其具体条文中出现的亲属关系称谓(下

划线标出部分)是封建立法语言中最为常见的词语,与下文要比较和分析研究的语言,包括“服制”法律制度在内的相关词语有密不可分的联系。汉语原文属于古代高度浓缩的分析型凝练性古代汉语,译文属于综合型形态现代语言。下面,笔者就该条律文标题中的“期亲祖父母”及小斯当东和钟威廉两种英译版本进行比较分析。

实际上,这里的“称期亲祖父母”包含“期亲”和“祖父母”两个概念。清代律学家沈之奇的律后注对“期亲”的法律解释是:“期年服之亲也,尊长、卑幼皆有。此条则指祖父母而言。”①根据亲疏关系程度,“齐衰为期一年之服”到三个月不等,包括按律对长辈(祖父母以上)、平辈和小辈的服丧期,②“五服”中列位第二等,次于斩衰。

按照前述解释,通过比较分析不难发现,两位译者的理解和翻译都造成了原文信息不同程度的流失,译文1尤为严重。其一,译文1的“Relations in the First Degree”将原文“期亲”译为“the first degree”,将第一等丧服等级提升到了第一等的“斩衰”,属于典型的误译,误传了清代法律的处罚,这是法律翻译应当尽力避免的行为。其二,将“祖父母”译为指代模糊的“relations”,过于笼统,不如直接翻译成“grand-parents”,能更加明确地表达原文的含义。

译文2的“The Expressions‘Relatives of the Second Degree’[for Whom One Wears Mourning of One Year]and Paternal Grandparents”,虽然比较清楚地传达了原文的基本意思,但译文中的“the expressions”和“for whom one wears”徒增了原文本身所没有的法律信息,是翻译学上典型的“奢译”或“超译”(over-translation)现象,使译文臃肿不堪,不符合立法语言技术的简洁性原则。此外,更为重要的一点是,《大清律例》的“本宗九族五服正服之图”中已经明确提出了“三父八母”以及其他家族关系成员等亲属的丧服要求,翻译时按照原文提供的字面信息表达即可,没必要节外生枝。

根据上面对原文和两种译文的比较分析并结合本条法律的具体内容,笔者认为,“期亲祖父母”可以翻译为“The Second Degree of Mourning for One's

---

① (清)沈之奇:《大清律辑注》(上),法律出版社2000年版,第107页。

② 参见辞海编辑委员会编:《辞海》(缩印本),上海辞书出版社2000年版,第1713页。

Paternal Grandparents”。

本条中出现的部分长辈词语的翻译与对比见表3-1：

表3-1 《大清律例》第38条中部分长辈词语的翻译比较

| 原文 | 译文1(小斯当东译文) | 译文2(钟威廉译文) |
|---|---|---|
| 曾、高(祖父母) | great-grand-parents, great-great-grand-parents | father's paternal grandparents, father's father's paternal grandparents |
| 期亲祖父母 | relations in the first degree | relatives of the second degree [for whom one wears mourning of one year] and paternal grandparents |
| 嫡母 | the father's principal wife | rightful mother [the father's official wife] |
| 继母 | the father's wife substituted in the place of the principal wife after her death | the father's subsequent [official] wife [i. e. the woman married as an official wife after the first official wife dies] |
| 慈母 | the father's wife substituted in the place of the natural mother upon her death | the caring mother [a concubine charged with the care of a child whose mother has died] |
| 亲母 | the natural mother | a natural mother |
| 父母 | 未译 | father and mother |
| 养母 | the adopted mother | an adoptive mother |

由表3-1可知，小斯当东将“嫡母”翻译成“the father's principal wife”(回译为“父亲首要的妻子”)存有歧义，而钟威廉将“嫡母”译成“rightful mother”(回译为“合法的母亲”或“正义的母亲”)纯属“明知不可译而译之”，法律英语里很难找到与“嫡母”完全对应的表达。其实，嫡母指旧时妾生的子女对父之正妻的称谓①或宗法制度下妾所生的子女对父亲妻子的称谓。② 另外，两位译者对“慈母”一词的翻译，也让译文读者难以理解，其含义与原文相去甚远。

① 参见汉语大词典编辑委员会汉语大词典编纂处：《汉语大词典》，上海辞书出版社1986年版，第5473页。

② 参见中国社会科学院语言研究所词典编辑室编：《(汉英双语)现代汉语词典》(增补本)，外语教学与研究出版社2002年版，第415~416页。

（三）晚辈词语的英译

按照《大清律例》所涉及的家族关系语言表述，晚辈词语与现代中外任何法律文本所涉及的范围都有着天壤之别，层次也较为复杂，是世界其他法系法律语言中比较少有的现象。从现有的古代法律文本英译本来看，古代法律中这些层层叠叠、错综复杂的涉法性晚辈家族词语不仅令外国法律译者难以驾驭和翻译，而且漏译错译现象也比较普遍，即使是有一定古代法律汉语翻译基础的中国本土译者也难以找到甚为恰当的异域语言词语准确地将其反映出来。

统观《大清律例》“本宗九族五服正服之图”所列出的家族法律关系，并按照清代法学家沈之奇的《大清律辑注》律后注中“自本身而上曰父、祖、曾、高，自本身而下曰子、孙、曾、元”的划分，本书将清代晚辈词语概括为“己身以下第一辈”（儿女辈）到“己身以下第四辈”（元孙辈），其中包括堂（姨）表上下辈关系词语。[①] 笔者根据《大清律例》文本中所出现的家族词语，大致归纳出以下四个方面：第一，亲生子女辈。如嫡子、长子、长子妇、次子、庶长子、义子、女（儿）、媳、婿等。第二，堂表关系的子女，即“侄系”辈属。[②] 如侄、侄妇、再从侄子、再从侄妇、侄女、堂侄女、再从堂侄女等。第三，亲生及堂兄弟姊妹孙辈。如嫡孙、嫡孙妇、众孙、众孙妇、侄孙、侄孙妇、堂侄孙、堂侄孙妇、侄孙女、堂侄孙女等。第四，曾、元孙辈。如曾孙、曾孙妇、曾侄孙、曾侄孙妇、曾侄孙女、元孙、元孙妇等。

美国学者钟威廉谈到中国古代法律语言里的家族词语及其本人的翻译时认为，即使在同样的古代重视家族关系的法律英语中也没有像汉语那么复杂的对等词汇。深谙中国法制史且还有中国法学者辅助翻译的当代美国学者尚且感觉如此，对于18世纪末19世纪初来华且并非从事中国古代法律或法学专门研究的小斯当东而言，翻译工程浩大的《大清律例》，其难度可想而知。例如，从表3-2中所列出的两种译文对比看，生活年代横跨近两个世纪的不同译者不仅在理解和翻译晚辈词语时存在差异，在法律语言表现风格的等值性上更是大相径庭。另外，从表3-2中还可以看出，小斯当东在翻译《大清律例》

① 参见（清）沈之奇：《大清律辑注》（上），法律出版社2000年版，第14~18页。

② 《大清律例》只有“姪”表示兄弟姊妹的子女关系，没有现代汉语的“侄”与“姪”之分。

时，有些汉语词语在英文中实在找不到对等的词语表达，不得不采用模糊或“缺位翻译”的方式，从而导致原文信息的大量流失。

**表 3-2 《大清律例》中部分晚辈词语的翻译比较**

| 原文 | 小斯当东译文 | 钟威廉译文 |
|---|---|---|
| 嫡长子孙(47) | his eldest son born of his principal wife | the eldest son or son's son of the official wife |
| 嫡次子孙(47) | the son next in age | the subsequent sons and son's sons of the official wife |
| 义子(369) | 未译 | the adopted child |
| 庶长子孙(47) | sons of the other wives | the concubine's eldest son or son's son |
| 庶长子(78) | the eldest son by the other wives | the eldest son of his concubine |
| 姪孙(320) | 未译 | brothers' sons' children |
| 堂姪孙(275) | 模糊表达 | father's brother's son's children |
| 曾孙(38) | great-grand-children | son's sons' children |
| 元孙(38) | great-great-grand children | sons' sons' son's children |
| 堂外甥女(108) | 未译 | mother's father's brother's daughters |
| 姪(侄)(318) | nephew or niece | brother's child [zhi] |
| 姪孙(275) | grand-nephew | brother's son's son [zhi sun] |
| 外孙(275) | 未译 | daughter's son |
| 堂姪(275) | junior first cousin, junior second cousin | the children or son of the father's brother |
| 子孙之妇(368) | the wife of a son or grandson | the wife of a son or son's son |
| 兄弟之女(368) | 未译 | the daughter of a brother |

注：表 3-2 仅为《大清律例》的部分晚辈词语及其英文翻译，原文后括号内的数字为律文条款顺序。

下面所选原文为《大清律例》晚辈词语相对集中的第 47 条的前两款，该条目的名称为“官员袭荫”，笔者特意选取嫡长子孙、嫡次子孙、庶长子孙、乞养子四个晚辈词语及两种争议较明显的译文进行比较分析。

凡文武官员应合袭荫者，并令**嫡长子孙**袭荫。如嫡长子孙有故[或有亡殁疾病奸盗之类]，**嫡次子孙**袭荫。若无嫡次子孙，方许**庶长子孙**袭荫。如无庶出子孙，许令弟侄应合承继者袭荫。若庶出子孙及弟侄不依次序搀越袭荫者，杖一百，徒三年[仍依次袭荫]。

其子孙应承袭者[本宗及本部各官保勘明白]，移文[该部]奏请承袭支俸。如所袭子孙年幼，候年一十八岁，方预朝参公役。如委绝嗣无可承袭者，准令本人妻小依例关请俸给，养赡终身。若将异姓外人乞养为子，瞒昧官府诈冒承袭者，**乞养子**杖一百，发边远充军，本家所关俸给，[事发]截日住罢。他人教令[搀越诈冒]者，并与犯人同罪。(《大清律例》第47条)

**译文1**

Every civil and military officer of government, whose rank and titles are hereditary, shall be succeeded in them by **his eldest son born of his principal wife**, or by such eldest son's surviving legal representative, chosen according to the general rule here provided.

If such eldest son, and all those who might legally have represented him are deceased, or incapacitated to succeed to the inheritance by incurable illness or misconducted, **the son next in age**, or his surviving legal representative chosen as aforesaid, shal1 be called to the succession.

When there are neither any sons, nor any legal representatives of such sons, by the principal wife, capable of succeeding the several **sons of the other wives**, and their legal representatives, shall be entitled thereto according to seniority; upon failure of whom, the succession shall lastly devolve upon the sons of the younger brothers, taken in the order already mentioned. —Whoever renters upon the succession to an hereditary dignity, in violation of the order prescribed by this law, shall be punished for such offence with 100 blows and three years banishment.

When the claim of a son or grandson to the succession has been duly authenticated by the proper magistrate, it must be reported to the council of state, through which channel it will be submitted to the Emperor for ratification, and also for the authority to continue to the heir the emolument which may have been annexed to the dignity. —If the heir is a minor, he shall not be enrolled for public service at Court, until he attains the age of eighteen years.

When the family title is extinct for want of lineal male heirs to succeed to the hereditary dignities; the widow of the last possessor shall receive the emoluments annexed thereto, during her life.

If a stranger's child is educated and brought up in a family of rank, in order, by deceiving the magistrates, to obtain the inheritance, such **supposititious heir** shall receive 100 blows, and be sent into remote banishment; the emoluments annexed to the rank shall also cease from the time that such fraudulent intention was discovered. —Whoever instructs and instigates others to commit this offence, shall suffer the same punishment.

(trans. by T. Staunton)

**译文 2**

In the case of all civil and military officers who have an inheritable title, **the eldest son or son's son of the official wife** will be designated to inherit it. If there is a reason [that the] eldest son or son's son of the official wife [cannot inherit] (he is dead, or sick, or is guilty of fornication, or theft, or the like), then **the subsequent sons and son's sons of the official wife** will inherit in order of age. If there are no subsequent sons or sons' sons of the official wife, only then may **the concubine's eldest son or son's son** be designated to inherit the title. If there are no sons or sons' sons of the concubine, the [title holder's] younger brother or his son who is eligible to inherit [the title] may be designated to inherit the title. If the son or son's son of the concubine or the younger brother or his son exchanges positions and inherits out of order, he will get 100 strokes with the heavy bamboo and penal servitude of three years. (Moreover the title will be inherited in accordance with the proper order of succession.)

The son or son's son who is entitled to receive the title (the clan members and all the officials in the appropriate office [that to which the decedent belonged] clearly guaranteeing [his right to inherit]) will send a document ([requesting] the said office) to petition the Throne for investiture [of the son or son's son] with the title and salary. If the son or son's son who is inheriting is a minor, he will wait until he is eighteen before appearing at Court and entering into the public service. If the line is indeed exhausted, and there is no one capable of inheriting, the widow and family of the [last holder of the title] may petition the Throne, according to the sub-statute, that a pension be awarded to them, to support them for their lives. If a person of a different name from outside the family is taken in and brought up as a son to deceive the government officials, and deceitfully obtains the position, **the adopted son** will receive 100 strokes with the heavy bamboo, and be sent to the distant frontier in military exile. The pension which his family has received (when the matter is discovered) is to cease from that day. Other persons who have induced ([the commission of]this usurpation and deceit) will receive the same penalty as the offender.

(trans. by W. Jones)

第一,嫡长子孙的译文比较。按中国古代有关继承的法律规定,父亲的爵位和相关财产由正妻所生长子(嫡长子)继承,其次子和庶子只能继承其父的部分财产。嫡长子缺失或因嫡长子犯罪或患有恶疾不治者,则由嫡长孙继承,以此类推。嫡子也叫"嫡男",是正妻所生之长子。"正室曰嫡,正室所生之子曰嫡子。"①原文"嫡长子孙"是"嫡长子"和"嫡长孙"两个概念的合称。译文 1 用"his eldest son born of his principal wife"翻译"嫡子",失掉了"嫡长孙",属于典型的漏译现象。译文 2 的"the eldest son or son's son of the official wife"比较忠实地传达了原文的信息。

第二,嫡次子孙的译文比较。嫡次子孙指比嫡长子孙年幼的嫡子嫡孙。译文 1 只是以"the son next in age"表达,没有翻译出原文"嫡次孙"的信息,同样属于典型的"欠额翻译"(undertranslation)情况。比较而言,译文 2 的"the subsequent sons and son's sons of the official wife"至少在字面上做到了"足额翻译"(adequate translation),译文法律含义上基本达到了与原文的等值效果。

第三,庶长子孙的译文比较。"庶"的本意是指旁支、众多,引申为宗法制

① 《康熙字典》(标点整理本),上海辞书出版社 2014 年版,第 206 页。

度下家庭的旁支,与“嫡”相对,如庶子(妾生的儿子)、庶母(嫡出子女称父亲的妾)、[①]庶姓(古代称与帝王没有亲属关系的异姓诸侯)。庶长子指低于正室妻子的妾(亦称作“姨娘”或“嫔妃”)所生的儿子,也叫“庶子”,年长者被称为“庶长子”,余类可以往下类推。译文1的“sons of the other wives”理解成了“其他妻子(们)所生的儿子(们)”,只表达了原文的部分内容,且这里的“wives”是对原文的误解,即wife不能用来翻译“妾”或“庶”。译文2的“the concubine's eldest son or son's son”基本能够表达原文“庶出之子及其孙”的含义,整体上优于译文1的表述。

第四,乞养子的译文比较。“乞”的本意是施舍或给予,“凡与人物曰乞”。[②]“乞养”可以解释为请求供养、收养过继或请求辞职回家奉养父母。本条律文中的“乞养”指的是收养或过继。译文1结合整个条文的语境意义“若将异姓外人乞养为子,瞒昧官府诈冒承袭者”,将原文的“乞养”翻译成“supposititious heir”(回译为“假冒的继承人”),与其前句译文“a stranger's child is educated and brought up in a family of rank, in order, by deceiving the magistrates”在法律语言逻辑上前后呼应,因此,译文1在措辞上虽然仍有值得进一步探讨的地方,但大体上符合原文的本意。译文2的“the adopted son”与其前一句译文“a person of a different name from outside the family is taken in and brought up as a son to deceive the government officials, and deceitfully obtains the position”的意思相衔接,语言上表达了“外姓人”与“被收养者”(the adopted son)之间的逻辑联系。

(四)其他家族性词语的英译

除上文所讲的“三父八母”和堂表子孙等词语外,被纳入《大清律例》法律规制范畴的还有一些与婚姻、伦常、德行等家族词语密切关联的法律词语,如“五服”、服制、斩衰(衰斩)、[③]齐衰、大功、小功、缌麻、袒免、宗室、同宗、归宗、本

---

① 参见中国社会科学院语言研究所词典编辑室编:《现代汉语词典》(第7版),商务印书馆2016年版,第1211页。

② 《康熙字典》(标点整理本),上海辞书出版社2014年版,第177页。

③ 斩衰,也叫“衰斩”。《资治通鉴·魏文帝黄初元年》载:“三年之丧,自天子达于庶人。故虽三季之末,七雄之敝,犹未有废衰斩于旬朔之间,释麻杖于反哭之日者也。”

宗、本家、族、期亲(朞亲)、命妇、前夫、守志、外姻、卑幼、同姓等。这些被赋予特殊法律含义的家族关联性词语是清代有关家庭法律的重要组成部分,而置于"律首而载丧服,乃所以明伦纪,而使司刑者按服制之轻重,为法之权衡也"的家庭伦理关系的语言现象[①]是中国古代从唐代直到清代晚期封建宗法立法构建的重要组成部分,也是清代以前的历代统治者用刑事手段调整民事法律关系的"诸法合体"的主要法律形式。

美国学者何伟亚(James L. Hevia)在论及中国古代文化词语翻译时指出,从事古代法律汉语的翻译者用英文翻译这些词语时,其所提供的译文应尽可能体现中国封建法律特有的感情色彩,旨在让西方人通过阅读这些翻译的词语,真切地感受到中国古代法律文化的独特魅力。[②] 严格意义上讲,与文学翻译不同的是,法律翻译是一种政治行为,译者在用译文语言重构另一种语言的法律文本过程中,其遣词造句会不由自主地受到某种情感倾向的驱使。正如罗伯特・E. 黑格尔(Robert E. Hegel)所说的,在中国古代法律文件的翻译过程中,弄清涉案人员每个人的社会关系至关重要。[③] 表3-3是《大清律例》中部分家族性词语的翻译比较,笔者仅仅重点观察小斯当东和钟威廉两位译者对其中一些词语的理解阐释和翻译处理,并结合相关佐证材料实事求是地评介和分析有明显差异的译文。

**表3-3 《大清律例》中部分家族性词语的翻译比较**

| 原文 | 小斯当东译文 | 钟威廉译文 | 律条 | 说明 |
|---|---|---|---|---|
| 宗室 | agnatic group | the same clan | 305 | |
| (女)归宗 | return to her (his) clan | return to her (his) father's family | 109 | |
| 本宗 | a relation by blood | in the same clan | 272 | |
| 同宗 | a kinsman | the same clan | 78 | |

---

① 参见马建石、杨育棠主编:《大清律例通考校注》,中国政法大学出版社1992年版,第63页。

② 参见[美]何伟亚:《怀柔远人:马嘎尔尼使华的中英礼仪冲突》,邓常春译,社会科学文献出版社2002年版,第37页。

③ See Robbert E. Hegel, *True Crime in the Eighteenth Century China*, Washington, University of Washington Press, 2009, p. Ⅷ.

续表

| 原文 | 小斯当东译文 | 钟威廉译文 | 律条 | 说明 |
|---|---|---|---|---|
| 乱宗 | guilty of confounding family distinction | causing confusion in the clan | 78 | |
| 本家 | the rank | family; the same household | 47、88、180 | |
| 期亲 | relations in the first degree | relatives of the second degree | 38 | 同“朞亲” |
| 服制 | degrees of relationship and of mourning | degrees of mourning | 300 | 另见第319条、第320条 |
| 斩衰 | 译文语焉不详 | first degree of mourning | 176 | 同“斩缞” |
| 齐衰 | (mourning for) relations in the second degree | 未译 | 丧服图 | 正服图 |
| 大功 | (mourning for) the second degree | the third degree of mourning | 272 | |
| 小功 | relations in the third degree | the fourth degree of mourning | 272 | |
| 缌麻 | the fourth degree of mourning | the fifth degree of mourning | 3、272 | |
| (皇家)袒免亲 | members of august family of the Sovereign | relatives of the Emperor of the degree of mourning called tan wen | 3 | |
| 命妇 | a widow... received honorary rank from the Emperor | a woman with a title of honour | 105 | |
| 守志 | to continue single | to remain chaste | 105 | |
| 外姻 | all marriages between persons who through another marriage | all relatives within the degrees of mourning in the external (female) line or by marriage | 108 | |
| 同居之人 | their sons... with(out) any regard to the place of residence | those living in the same household | 254 | 小斯当东译文与原文差距太大 |

续表

| 原文 | 小斯当东译文 | 钟威廉译文 | 律条 | 说明 |
|---|---|---|---|---|
| 同姓（婚姻） | marriage between persons having the same family name | marrying someone with the same family surname | 107 | |
| 皇亲国戚 | persons privileged by their royal blood | relatives of the Emperor | 5 | |

下面笔者选择表3-3中的部分典型词语及其英文进行比较分析：

(1)宗室。针对该词的释义有三：①宗庙。②宗族，同宗族之人。③特指与君主同宗族之人。犹言皇族。[①]《大清律例》里的"宗室"既指古代封建社会几千年来所维系的，以男性为脉络的家族谱系血缘纽带，也指与君主同宗族之人，具体所指要看法律条款的语言环境。表3-3中所选的"宗室"一词，指的是同一宗族的成员。小斯当东译文的"agnatic group"和钟威廉译文的"the same clan"虽然都表达了"家族"的基本概念，但还是存在细微差别。"agnatic"一词的英文解释是"a kinship system in which an individual is identified with his or her father's lineage. It generally involves the inheritance of property, names, or titles through the male line. A person's patriline (father line) is their father and the fathers of his male descendents before him"，强调的是男性或父系为主导的家族关系，"the clan"的英文解释是"group of people related by blood or marriage"，指称比较模糊。根据对两者的观察和比较分析可以认为，从中国古代法律传统和古代法律语体风格上综合比较，小斯当东译文在整体上明显优于钟威廉译文。

(2)斩衰。斩衰是古代法律要求对逝者服丧三年的规定，也是中国古代历代立法规制的主要五种丧服制度中最重、服丧期最长的一种。汉语工具书和相关文献对其作出两种权威解释：①旧时五种丧服中最重的一种。用粗麻布制成，左右和下边不缝。服制三年。子及未嫁女为父母，媳为公婆，承重孙为祖父

① 参见汉语大词典编辑委员会汉语大词典编纂处：《汉语大词典》，上海辞书出版社1986年版，第4759页。

母,妻妾为夫,均服斩衰。先秦诸侯为天子、臣为君亦服斩衰。[1] ②《丧服》(记载我国古代宗法制度的重要文献)记载:"斩衰裳,苴绖(音 jū dié,指专用于系在古代丧服上的麻布带子),杖,绞带(绳带),冠绳缨,菅屦者。"《大清律例》的具体规定是,诸侯及臣下为天子,子为父,父为长子等,服斩衰者,法律规定居丧期为三年,但实际服丧的只有 25 个月。小斯当东或许是对原文不甚了解,因此译文里根本没有相应的英文表达,形成翻译的缺位现象,造成原文信息的严重流失。钟威廉将"斩衰"翻译为"first degree of mourning"(回译为"服丧的第一等"),大致表达了原文的含义,但仔细分析比较原文与译文后发现,译文读者很难体味到原文法律语体的庄重性和严肃性。

(3)期亲,即"五服"丧服制中的"齐衰",低于最高等级"斩衰"。期亲是中国古代社会载入法律文件规定的家族或家庭成员必须遵守的法律条款,指服丧一年的亲属。[2] "期"的本意是指一周年、一整月,如期年、期月、期服(古代丧服名,要穿一年)。清代学者徐灏的《说文解字注笺》解释道:"日月之行,大凡二十九日有奇而会,谓之合朔,是为一月。十二月则一周天复会于故处,谓之期,是为一年。"[3]所谓"期亲"是指古代丧服制度中,生者必须依法按照丧服制度为本宗的祖父母、伯叔父母、兄弟、嫡孙、在室姑、姊妹、众子、长子妇、侄、在室侄女,以及夫的父母在者,其妻、妾要为其父母、正妻子、在室己女,已嫁为祖父母、父母等,都要服齐衰期一年。总之,期亲就是按照古代法律规定,生者为前面所讲的"亲戚圈"逝者服丧一年的称谓,换算成服丧等级,属于第二等。根据前面的解释,可以对两种译文作出基本判断:小斯当东译文的"relations in the first degree"明显提升了原文根本没有的丧服低等级,显然是对原文的严重误解;钟威廉译文的"relatives of the second degree"至少在丧服等级的理解上忠实地表达了原文的意思。

(4)命妇。有关"命妇"有两种代表性解释。第一种解释是:古代妇女之有

---

① 参见汉语大词典编辑委员会汉语大词典编纂处:《汉语大词典》,上海辞书出版社 1986 年版,第 9044 页。

② 参见汉语大词典编辑委员会汉语大词典编纂处:《汉语大词典》,上海辞书出版社 1986 年版,第 9292 页。

③ 汉语大字典编辑委员会编:《汉语大字典》,四川辞书出版社 2010 年版,第 2084 页。

封号者。宫廷中妃嫔等称内命妇,宫廷外臣下之母、妻称外命妇。命妇享有各种仪节上的待遇。一般多指官员之母、妻。[①] 第二种解释是泛称受有封号的妇女。命妇享有各种仪节上的待遇,一般多指官员的母、妻,俗称“诰命夫人”。综合以上材料可以得出,命妇是封建社会有法定封号的妇女,享有法律赋予的特殊地位及相应待遇,分为内命妇和外命妇两大类,其最早源于周代,唐代以后纳入国家法律制度,一直沿用到清代。对此,笔者能够查到的英文翻译有:①woman with a title conferred by emperor, usu. the mother or wife of an official。②a widow... received honorary rank from the Emperor(小斯当东译)。③a woman with a title of honour(钟威廉译)。

(5)守志(亦为“守节”)。“志,意也;心之所之也;德也。”[②]守志,谓女子不改嫁,坚守自己的志向,[③]古代妇女丈夫去世不改嫁的守节行为和思想理念。古代文献里有许多相关记载。例如,《左传·昭公十三年》载:“我先君文公,孤季姬之子也,有宠于献。好学而不贰……亡十九年,守志弥笃。”《后汉书·逸民传》载:“王霸,字儒仲,太原广武人也,少立清节。及王莽篡位,弃冠带,绝交宦……隐居守志,茅屋蓬户。”可以看出,守志或守节最初应该是道德范畴,后来提升到立法层面,《唐律疏议》《宋刑统》《大元通制》《大明律》《大清律例》均将其作为家事法律的内容之一。如《明会典》规定:“凡民间寡妇,三十以前夫亡守志(不改嫁)者,五十以后不改节(节操)者,旌表门闾(表彰其家族),除免本家差役。”《大清律例》的律文和例文比以往的法律规定得细致,法律上更加宽容,赋予了“孀妇”较多的婚姻自由,夫家与娘家不得随便干预,“违者,杖八十”。[④] 华莱士为《唐律疏议》里的“守志”给出的翻译是“remain true to her vows”,小斯当东译为“to continue single”,表达了“继续保持单身”这一基本事实,即使在法律条文的具体语境中,也难以让读者感觉到古代道德和法律上的威严感。相比之下,钟威廉译文里的“to remain chaste”(回译为“保持贞洁”)能够让译文读者结合法律条文,明显地体悟到中国古代立法者对妇女“守志”

---

① 参见辞海编辑委员会编:《辞海》(缩印本),上海辞书出版社 2000 年版,第 1490 页。

② 《中华大字典》(缩印本全二册),中华书局 1978 年版,第 713 页。

③ 参见汉语大词典编辑委员会汉语大词典编纂处:《汉语大词典》,上海辞书出版社 1986 年版,第 4705 页。

④ 参见马建石、杨育棠主编:《大清律例通考校注》,中国政法大学出版社 1992 年版,第 446 页。

的法律支持。笔者认为将其翻译成“preserve chastity after the death of her husband”“not remarry”“chastity” “faithful”“preserving chastity”等比较符合原文含义。

# 第四章　《大清律例》法律术语的英译比较

法律由法律语言构建而成,法律术语是法律语言的精髓所在。法律的内在精神是通过法律术语体现出来的权力化语言符号结构体。中外法制发展史研究成果所揭示的人类法律共性特征(universality of human legal legacy)显示,每一个封建朝代所赖以调节其社会矛盾的相关法律制度,无论是当朝政府立法者的原创性法律(initiatively created law)还是从前朝继受而来的传统法律,除使用被赋予一定法律含义的普通语言作为了解法律基本精神的必要"粘合剂"以外,真正宣示法律控制意图的语言表现形式是一套集中反映统治者法律意图的重要"法律关键词"或法律术语,形成对全体社会成员权利和义务均有广泛约束力的语言控制权力(controlling language power)。质言之,如果说某一社会成员的权利和义务深深地植入法律语言本身的结构中,没有语言就无从理解法律,①那么法律语言中最为重要的部分就是集中反映每一时代表达法律实质内容的法律术语。

《大清律例》的律文主要来自《大明律》,尤其是在"详译明律,参以国制"和"满汉互参"指导思想下形成的,其绝大部分法律专业术语都是继受于明代法律,只是清代统治者结合清代社会"因时制宜"的具体情况,按照"律例内有满、汉文义互相参差"的基本原则,为了法律术语和其他法律语言表达形式与清代法制"划一"的需要进行了"斟酌损益"。另外,笔者在《唐律疏议》《宋刑统》《大明律》等法律文本中都能看到《大清律例》中许多法律术语对中国几千年法律及其语言文化历史的继受与传承。因此,《大清律例》的外文译者无论其语言和文化背景如何,应该敏锐地意识到需要有足够的法律术语来传达他们

---

① See John Gibbons, *Language and the Law*, London, Longman Group UK Ltd., 1994, p. 3.

希望传播的法律思想。[①]

西方汉学研究者认为,法律术语是法律语言词汇体系中的核心词汇,体现了法律体系的典型特征。然而,目前(东西方)法律术语翻译中存在很多不足之处。[②] 古代法律典籍中的法律术语对外翻译亦复如此。鉴于此,本章比较的主要是小斯当东和钟威廉两位译者为《大清律例》中法律术语所给出的英文翻译,间或参考和比较笔者收集到的《唐律疏议》和《大明律》中的相应译文,以期最大限度地追索不同译者对原文同一术语的理解与翻译。

## 第一节 《大清律例》法律术语的基本分类

术语是各门学科中用以表示严格规定意义的专门用语。[③] 术语属于社会语言现象的专门语的范畴,通常指一类专有的词汇,是某门学科中的专门语词。[④] 法律术语(legal term or legal terminology)是结构形式固定、意义相对单一、专门用于表达特殊法律含义的语言符号体。法律术语是对法律的研究对象、宗旨、方法、定理的概括性表达,是法律专业学科中严格表述法律规定意义的法律概念和法律义项的专门性法律用语。法律术语是在立法语言和司法语言中频繁使用,且在法学研究中具有法学专门含义的固定词语,是构成法律语言的最具专业特色的词语,也是法律语言和法学语言研究的主体。正如法学教授孙笑侠所强调的,正是一系列众多法律术语的存在才形成了法律语言。[⑤] 法理学、法哲学、法律解释学、法律语言学以及法律翻译学都离不开对法律术语的阐释和研究。在法律术语翻译解释中,最重要的问题在于,译者如何解读不同法律体系下法律术语在不同法律领域中特殊法律意义的传达,或如何准确无误

---

① See Michael Lackner et al. , *New Terms for New Ideas*: *Western Knowledge and Lexical Change in Late Imperial China*, Leiden & Boston, Brill, 2001, p. 2.

② 参见刘金龙:《中西法律文化交流视角下的翻译史研究——〈从词典出发:法律术语译名统一与规范化的翻译史研究〉评述》,载《中国翻译》2014 年第 3 期。

③ 参见汉语大词典编辑委员会汉语大词典编纂处:《汉语大词典》,上海辞书出版社 1986 年版,第 4390 页。

④ 参见龚益:《社科术语工作的原则与方法》,商务印书馆 2009 年版,第 50 页。

⑤ 参见孙笑侠等:《法律人之治——法律职业的中国思考》,中国政法大学出版社 2005 年版,第 79 页。

地将植根于源语民族法律文化中的法律语言形态及法律意义转化为译入语法律文化背景下读者所能接受的同等法律概念。《大清律例》的多数法律术语无论在语言形式还是在法律意义上均继受于前代传统的法律语言,其翻译的基本特点主要表现在所指法律意义能有效地传递给当代读者,最大限度地做到通俗易懂。

中国古代法律文化中的"罪"与"非罪"不同于现代刑法的"犯罪"与"处罚",古人甚至将道德与犯罪混淆在一起。[①] 古代法律所采取的主要手段是"以刑止刑",要实现的"法治"目标是"以杀止杀",即使一般的民间家庭教育,也强调"怒笞不可偃于家"(《吕氏春秋·荡兵》)。以"以刑去刑"为目的的法律观念必然导致法律的刑法化和民法的刑罚化。[②] 研究中国古代法律语言史可以发现,死、刑、杀、绞、斩、鞭、笞这些法律术语或法律词语成为中国古代法律的常态性语言符号,即使"男女不以礼相交"之类纯属民事交往的行为也免不了以刑法手段予以处理。概言之,中国传统的法律虽有关于民事、婚姻、家庭、诉讼等方面的规定,但这些内容都被刑法化了。[③]

中国古代传统刑事法律术语总量上超过了民事法律术语。虽然直到清代晚期,古代法律及其语言系统中的"刑大于民"也没有发生根本性变化,但中国古代存在民事法律关系显然是不争的事实。正如黄宗智先生所言,不要以为清代只有一部刑法,没有民法内容。与民事有关的规定总共有 80 多条,300 多例,其中有关继承方面的具体法律规定就有 1100 余字,相当详细。[④] 为此,笔者仍可以将《大清律例》的法律术语分为刑事和民事两大类。

## 一、刑事法律术语

《大清律例》是古代典型的诸法合体的法律文件,即将统治者意欲调整的各种不同社会及其法律关系的规则集中统一到一个法律文本之中。因此,与之相应的刑事法律语言分布在整个法律文本的 47 卷 436 条的大部分条文里。

① 参见张中秋:《中西法律文化比较研究》,中国政法大学出版社 2006 年版,第 89 页。
② 参见张中秋:《中西法律文化比较研究》,中国政法大学出版社 2006 年版,第 90 页。
③ 参见付子堂主编:《法理学进阶》,法律出版社 2005 年版,第 321 页。
④ 参见黄宗智:《清代的法律、社会与文化:民法的表达与实践》,上海书店出版社 2007 年版,第 7 页。

"刑律"一卷中明确标有"刑""恶""罪""罚""死刑""自首""犯人"等刑事法律概念字样的有216条,占总条文数的近一半。笔者还发现,每一条例文中的刑事法律语言出现频率也远远高于其他条款。本节对小斯当东和钟威廉两种英文翻译文本中的法律术语比较研究亦主要集中在前述216条,涉及刑事实体法律意义上的术语和刑事诉讼程序法律意义上的相关法律术语。另外需要说明的是,有学者还将法律术语分为本域专用术语和借域通用术语,进而提出"纯术语"、"一般术语"和"准术语"的术语类别划分概念。但"纯术语"究竟降低多少程度就成为"一般术语"或"准术语"并没有一个明确的标准,比较含糊笼统。① 鉴于此,笔者不去纠缠于标准不明确和模糊不清的各种争论,而是将《大清律例》刑事法律术语划分为刑事罪名的术语、刑事诉讼法的术语和刑事司法与执法程序方面的术语三个基本类型。

(一)刑事罪名的术语

刑法上的罪名是立法者根据犯罪人员的具体犯罪行为、犯罪特征及性质所创制的一套刑法术语和法律语言概念,是罪与非罪本质特征的反映和概括,也是以罪状内容为基础并对该罪罪状特征高度概括的结果。②《大清律例》里的罪名术语分布情况有两类:一是分散性。也就是说,分布在不同的法律条款中,包括一些本属于民事法律的条文之内,如谋叛、谋反、谋大逆、内乱、恶逆、轻罪、重罪、大不敬、不义、不睦、盗、强盗、窃盗、监守自盗、劫囚、抢夺、欺诈、发冢、共谋、谋杀、故杀、刺字、斗殴、谋害、保辜、干名犯义、坐赃、骂詈、纵容犯罪、犯奸、犯罪人、凌虐罪囚、诈传诏旨、亲属相奸、官吏宿娼、买良为娼、赌博、失火、首犯、从犯、发原籍、造意、杀人、戏杀、斗杀、过失杀人、枉法、殴杀、聚众作乱、劫掠人民、奸夫、强奸、宿娼、和奸等较为常见的刑事法律术语。二是集中性。也就是说,某一法条所涉及的具体刑事法律规定事项较为复杂,刑法(罚)概念表述较多,相关法律术语的信息安排比较集中,导致该条法律集中出现大量的刑法术语。如"凡犯十恶、杀人、盗系官财物,及强盗、窃盗、放火、发冢、受枉法、不

① 参见王东海:《古代法律词汇语义系统研究:以〈唐律疏议〉为例》,中国社会科学出版社2007年版,第91页。

② 参见陈忠林主编:《刑法分论》,高等教育出版社2007年版,第6页。

枉法赃,诈伪、犯奸、略人、略卖和诱人口,若奸党及谗言佐使杀人、故出入人罪,若知情故纵、听行、藏匿、引送、说事过钱之类,一应实犯,虽会赦并不原宥"。(《大清律例·名例律》)

(二)刑事诉讼法的术语

现代法律意义上的刑事诉讼(criminal procedure),指的是根据刑事法律特定程序揭露、证实和惩罚犯罪的行为方式和活动过程。[①] 19 世纪以前来华的西方人大多认为,中国古代没有独立的司法制度,因此相应的司法语言比较单调简略,无论民事诉讼程序还是刑事诉讼程序的语言相对都比较贫乏。事实上,西方人的观点并非完全准确,如《大清律例》的"诉讼"条款部分,就有律文 12 条,例文近 90 条,且专门规定了刑事诉讼的法律事项,其中就有大量关于诉讼主体、诉讼客体、诉讼过程、诉讼机关的法律专业术语。如比较典型的有鞫狱、断罪不当、原告人、原告、诉讼人、被论、被告、官司出入人罪、辩明冤枉、科断、断罪、秋审、朝审、决罚不如法、验尸、狱囚、推事、诬告、推问、听告、听讼回避、词状、词讼、越诉、告举、衙门、狱官、诬告人、有司、约问、治罪、问罪、衙役、追问、断付、依法决罚、民词、陈告、控诉、申诉、受理、捉获、告理、告状、置簿立限、免罪、时限、亲告乃坐、投匿名文书告人、告理归结、连坐、发原问官司、理断不当、督抚、审结、回避等关于诉讼程序的法律术语。

(三)刑事司法与执法程序方面的术语

广义上的司法指的是一个国家的司法机关(the judicial organs of the state)及司法组织(judicial organization)在办理诉讼案件(lawsuit cases)和非讼案件(non-contentious cases)过程中的执法活动,狭义的司法指国家司法机关在办理诉讼案件中的执法活动。《大清律例》里有关司法程序的术语有着自己的特色,尤其主要表现在刑事诉讼方面,如听讼、鞫训、追捕、追问、捕限、拒捕、捕告、捕获、押解、脱监、牢狱、拘执、越狱、反狱、狱期、囚徒、锁杻、稽留、司狱官、失囚、拷讯、鞫问、笞、杖、徒、死、迁徙、发遣、充军、流刑、枷、绞、斩、监候、立决、判决、勾问、自首、赦免、收赎、拘役、加刑、减罪、免罪、连坐、囚禁、依法推问、该当官

① 参见周振想主编:《法学大辞典》,团结出版社 1994 年版,第 424 页。

吏、官司、狱官、狱卒、教唆词讼、申冤、干名犯义、依法从重论、受而为理、坐、知而听行、盘诘、捉获解官。其中,有些表达执法过程的古代法律术语,如追捕、拒捕、越狱、自首、口供、大赦、常赦、赦免、拘役等在现代法律语境里也司空见惯。

## 二、民事法律术语

《法学词典》对"民法"的解释是,调整一定范围财产关系和人身法律规范关系的总和,主要规定由于经济利益而形成的权利义务关系,是社会生活经济条件在法律上的表现。[①] 在中国古代,田土、钱债、户婚等法律规范虽然早已产生,但都编入刑律之中。学者们普遍认为,中国古代没有现代意义上的"民法"这一概念,但自下而上的民事案件及其处理并非少数。或者说,古代官方缺乏西方标准意义上的民法。[②] 事实上,中国古代民事法律关系是客观存在的,且每个省府都有几个民事审判机构。[③] 20 世纪初来华的英国律师贾米森对《大清律例》观察和分析了解之后认为,《大清律例》是一部刑民混杂的综合性法律文本,刑法上所处理的部分案件在西方法学里其实就是民法问题,中国古代历史上从未有过民法。[④] 事实上,《大清律例》中有关民事法律关系的常用法律词语和法律专业术语在清代官方法律文件中并不少见。《大清律例》虽然没有明文界定或规定何为民事或刑事条款,但却存在大量与民事有关的法律规定,与民事司法实践共同构成了清代民刑不分、诸法合体的法律整体形式。通览《大清律例》不难发现,作为纷繁复杂、层次多样的法律文件,《大清律例》整体文本也的确涵盖了诸如家庭婚姻、赡养抚养、债权债务、财产继承、口角斗殴等纯粹民事法律关系的法律条文规定。总之,清代民事诉讼法规将民事案件主要区分为婚姻、田土、钱债、赌博、盗窃及斗殴等类型。[⑤]

根据法学家马作武教授的研究,《大清律例》与民事法律相关的条款可概

---

① 参见《法学词典》编辑委员会编:《法学词典》(增订版),上海辞书出版社 1984 年版,第 247 页。

② 参见邓建鹏:《失礼的对话:清代的法律和习惯并未融汇成民法》,载《北大法学评论》2009 年第 1 期。

③ 参见[法]弗朗斯瓦·魁奈:《中华帝国的专制制度》,谈敏译,商务印书馆 1992 年版,第 82 页。

④ See George Jamieson, *The Chinese Family and Commercial Law*, Shanghai, Kelly and Walsh Co. Ltd. ,1921,p. 1.

⑤ 参见邓建鹏:《清代健讼社会与民事证据规则》,载《中外法学》2006 年第 5 期。

括成三大类，每一类均有具体法律条文佐证，并有与之相适应的术语符号：第一类，纯粹民法范畴的法律。如《大清律例·户律》中关于典卖田宅、钱法、收粮违限等有关民事条文的规定。第二类，民事与刑事法律混合的条款。如《大清律例·户律》"男女婚姻"条文中既有"倍追财礼"的民事法律规定，又有"杖八十"或"笞五十"刑事法律的惩罚规定。第三类，用民间礼制调节"民人"之间关系的民事法律条款。主要表现在《大清律例·礼律》中的法律规定，如"凡乡党叙齿及乡饮酒礼，已有定式。违者，笞五十"。由此可见，包括清代律例在内的中国古代法律都有民事法律条款的法律规定，只是不如现代法律那样有泾渭分明的刑事和民事法律条款。也就是说，中国古代法正是由于有一套属于自己的比较完整的调节手段、责任与制裁体系，才能在一定的程度和意义上确认和保护私人所有权、债权和公平交易的安全，维护正常的民事经济秩序。①

据不完全统计，《大清律例》有关民事方面的大部分法律术语主要集中在第 8 卷至第 15 卷中的"户役""田宅""婚姻""钱债""仓库""市廛"等门类之下的条款里面，共 82 条。另外，第 1 卷、第 2 卷、第 6 卷、第 7 卷也夹杂着少量民事法律术语。由于古代法律关系民刑混杂，民事和刑事的处理方法和处理结果相互龃龉，有时候难以从语言上作出十分清楚的分类。尽管如此，为便于研究，笔者还是将此类法律术语归纳为家族关系、债务关系和其他关系三大类。

（一）家族婚姻关系民事法律术语

中华法系的传统法律运行机制所遵循的是一套以国家和家族为本位的二元结合的法律体系。② 比较而言，中国古代法律家族性以及与其相关的法律术语表述的比例往往远高于包括英美法在内的其他法系。《大清律例》的家族婚姻关系民事法律术语主要有祖父母、父母、子、孙、家长、伯叔、弟、姪（侄）、嫡子、长子、养父母、亲生子、养子、本生父母、宗族、归宗、立嗣、尊卑失序、收养、兄、弟、笃废、定（订）婚、庶出、过房、依礼聘嫁、婚书、聘财、倍追财礼、财礼入官、追还财礼、妄冒相见、违期、典娶、离异、居丧嫁娶、命妇、父母囚禁嫁娶、同姓为婚、亲属相奸、大功、小功、缌麻、袒免、期亲、外姻、出妻、改正、追还完聚、义

① 参见马作武主编：《中国传统法律文化研究》，广东人民出版社 2004 年版，第 180 页。

② 参见张中秋：《比较视野中的法律文化》，法律出版社 2003 年版，第 72 页。

绝、"七出"、"三不去"、服制等。这些家族性法律术语除了父母、婚姻、离异等在现代法律里仍在继续使用的那些外,大部分已经废弃。

(二)政府税收及民间债务法律术语

《大清律例》中表述税收债务关系的常见民事法律术语有私擅用财、财物、典买、置买田宅、契、典卖、典主、放赎、花利、业主、取赎、财产、年限、田主、弃毁人器物、债务追偿、私物、官物、物价、违禁取利、私放钱债、违约、私债、赁钱、本价、主婚、嫁娶违律、收粮违限、应纳税粮课物、揽纳税粮、虚出通关硃(朱)钞、纳户、钱债、买主、卖主、买卖、价钱、出价、毁约、文案、毁损房屋、原典买主、荒芜田地等。明清时期的政府专门收税机构为"课税司"(tax department)。"商贾、侩屠、杂市,皆有常征……凡民间贸易田宅,必操契券请印,乃得收户。"(《明史·职官》)

(三)其他民事关系的法律术语

《大清律例》中还有一些具有中国古代法律特色的术语,如户、籍、庶民、良家男女、凡人、良民、牲畜、给亲完聚、奴婢、骂人、收留、豪民、孤老、稼穑、同居、赋役、扰民、人民、别立户籍、鳏寡孤独、故意、本利、市廛、费用、牙行、牙保、收养、部民、印信文簿等。

## 第二节 《大清律例》法律术语的基本特征

翻译家黄友义先生在谈到中国文化中的术语内涵及其对外翻译时认为,几乎每一条术语背后都是几千年的文化史,要想将5000多年的思想用简单的外文表达出去,首先要自己理解中华传统文化思想。《大清律例》的法律术语反映了对古代法律语言的传承与清代法律语言创新的双重特性,同时也体现了中华法系固有的法律语言特色,是中华民族法律精神和法律智慧的象征性专业符号体。德国语言学家洪堡特(Wilhelm von Humboldt)认为,语言仿佛是民族精神的外在表现,民族的语言即民族的精神,民族的精神即民族的语言,二者的同一程度超过了人们的任何想象。语言是一个民族从事任何一项人类活动的工具。①

① 参见[德]威廉·冯·洪堡特:《论人类语言结构的差异及其对人类精神发展的影响》,姚小平译,商务印书馆1999年版,第52页。

法律是一个民族的重要精神文化产物，一个民族制定和传播法律的首要工具是该民族的语言。可以认为，没有语言就没有严格意义上的法律存在。正如美国当代法律语言学者威廉·M. 欧巴尔(William M. O' Barr)和美国北卡罗来纳大学法学教授约翰·M. 康利(John M. Conley)在其合著的《正义言辞：法律、语言和权力》(*Just Words：Law，Language，and Power*)中所写的，从司空见惯的现实生活来看，无论从书面语还是口头语看，法律就是语言。[①] 表达民族法制精神的是该民族成员共同使用的法律语言及其使用规则系统，反映该系统中基本特征的是法律专业术语。

社会存在是法律存在的土壤，每一个法律存在于复杂的社会和政治框架里，并对特定群体的历史、用途和习惯作出反映。[②] 以语言作为主要传播媒介的各种法律及其表现形态为社会文明发展生长出良性果实提供可靠保障。法律制度是现实社会的积极反映，法律语言是法律制度文本化和条款化的物质外壳，法律术语是串联法律条款和法律文本并最终揭示法律制定者意欲表达法律意向的关键词。法律术语与其他行业术语的根本区别，在于前者所表达意义与社会生活的方方面面息息相关，社会生活的不断发展为法律术语不断充实、丰富和发展提供了生生不息的源泉，后者则与人们的日常生活相去甚远。中国古代法律语言系统中的法律术语，构成了中国古代法律语言形式与意义相结合的古代法律术语体系。研究某一时代法律术语的特征，实际上是从一个特定角度审视特定时代法律术语所揭示的法律语言现象。

总体而言，《大清律例》数以千计的法律专业术语，其形式和内容的基本特征既具有人类法律语言的共性，又具有中华法系法文化传统的独特个性。《大清律例》中"律"部分的法律术语特征体现了中国历朝历代法律术语的共性特点，"例"中的法律术语是根据不同形势的需要，因时因地创制出来的产物。一定程度上讲，关注《大清律例》的法律术语特征，就是关注整个清代法律制度的特征。笔者将《大清律例》中法律专业术语的基本特征归纳为五个方面。

---

① See John M. Conley, William M. O' Barr, *Just Words: Law, Language, and Power*, Chicago, University of Chicago Press, 1998, p. 3.

② See Anne Wagner, "Translation of the Language of the Common Law into Legal French: Myth or Reality", *International Journal for the Semiotics of Law* 16, 2003, p. 180.

## 一、法律术语的继受性

法律发展历史长河中,法律体系继受性的外在形式之一是对既往法律语言符号体系的直接或间接继受与传承。中国古代大量法律术语是传统法律语言符号体系中最根本的表达要件,蕴含着法律思想的精华。① 因此,其中许多法律术语为历代立法者所沿用继受,陈陈相因、代代相传又不断创新发展,经久不衰。如我国古代文献里"法制"一词,《礼记》就有"命有司,修法制"。商鞅也主张"法制明则民畏刑"。② 清代法律文本中的大多数法律术语,如刑法、缓刑、公罪、私罪、自首、凌迟处死、化外人、审判、丁忧、存留养亲等都是从清代以前的法律语言传承继受而来的,但清代的法律也有自己的发展创制,如秋审、朝审、旗人等。这些昭示中华法律典籍的语言遗产和中华法律典籍自身话语体系反映了我国古代法文化特征的法律典籍语言遗产(language heritage of the traditional classical legal works in ancient China)的本质特征,也是我国现代法律语言产生的渊源。

语言的词汇反映社会现实,因此处于不断变化之中。新词不断被创造,表达新的事物和关系,旧词词义也不断地发生变化或承载新的意义。因此,译者必须谨慎地使用术语,使术语能够恰当地表达出源语文本制作时所具有的预定意义。③ 早在清朝皇太极早期就已经形成了"参汉酌金,渐就中国之制"的"法治"路线,并率先将明代的法律即《大明律》翻译到其法律和法令中,供普通百姓遵守。清军入关以后,其法律的制定与完成就是在"详译明律,参以国制"的指导思想下继受完善而成的。所谓"详译明律",基本上就是全译明律,或者完全抄袭明代的法律文本框架,只是在体例上有些改动,同时在小字注释中,添加了清代的一些法律规定,对明律的清代适用性进行重新解读,再加上清代的法律规定。虽然明代法律也绝非明朝政府的立法创新,也是从以前特别是唐宋法律体系继承而来,但明代改变了自《法经》起沿袭 1800 多年的古代法典结构体

---

① 参见刘红婴:《法律的关键词——法律与词语的关系研究》,知识产权出版社 2012 年版,第 22 页。

② 参见何勤华等著:《法律名词的起源》(上),北京大学出版社 2009 年版,第 53 页。

③ 参见[美]苏珊·沙切维奇:《法律翻译新探》,赵军峰等译,高等教育出版社 2017 年版,第 231 页。

系，创立了以“六部”分类的体例。而《大清律例》虽历经修订，但都注重保持明律原貌，以此满足贵族的封建专制统治。① 可以认为，像清代那样如此大规模照搬明代法律是中国古代法律发展史上极为罕见的现象。笔者对比《大清律例》“八议”中的“议亲”这一术语的继受可以看出，清代的法律基本上是全文照搬明代的法律语言，明代的法律又是在《唐律疏议》的基础上继受而来，只是现代点校本中个别标点的位置有所不同。比较唐、明、清三朝对“议亲”的界定：

一曰议亲。谓皇帝袒免以上亲及太皇太后、皇太后缌麻以上亲，皇后小功以上亲。（《唐律疏议》）

一曰议亲[谓皇家袒免以上亲及太皇太后、皇太后缌麻以上亲，皇后小功以上亲，皇太子妃大功以上亲。]（《大明律》）

一曰议亲[谓皇家袒免以上亲，及太皇太后、皇太后缌麻以上亲，皇后小功以上亲，皇太子妃大功以上亲。]（《大清律例》）

从以上所引用的三种律文及其律内小注②的法律解释语言可以明显看出，《大清律例》里包括“议亲”在内的一系列法律术语的适用范畴大都从前朝法律继受而来，只是在法律适用范围上有所扩大，尤其是在清朝的具体案例“临时酌量，特与加恩”③法律语言信息的基础上加以增损完善，充分说明清代统治者为了维护当朝统治者利益，在“祖宗之法不可更改”的前提下所作出的补充规定。换句话说，根据清代统治者的实际需要原封不动继受下来的法律术语，以律内小注的形式进行因时制宜的实用性疏解。如《大清律例》第 12 条“以理去官”，在唐律和明律仅作为题标，没有任何解释，但在清律里就有“以理，谓以正道理而去，非有别项事故者”的律内小字解释，指因为任期已满、精简机构、裁汰冗员、年老生病等正常原因而免去官职，而不是因为犯罪、受处分等“事故”革去官职。清代法律规定，官员凡因正常原因免去官职，仍可享受与现任官员同样的特权待遇。如果官员犯罪，“以职官犯罪律拟断”，即享有“非经奏闻，承审官不许擅自勾问；承审官获准推问，依律议拟后，非经奏准，不许判决”等司法特权。因此，清代在传统法律语言及其专业术语的继受过程中也有

① 参见（清）沈之奇：《大清律辑注》（上），法律出版社 2000 年版，第 6 页。

② 这里的“律内小注”，指括号里的文字。

③ 参见张晋藩主编：《清朝法制史》，中华书局 1998 年版，第 231 页。

许多发展和创新。笔者研究历时性法律语言的同时,更关注其共时性发展特征。

## 二、法律术语意义的准确性

历代立法者对法律语言准确性追求的最高目标主要表现在对法律术语含义的"唯精义是求"(丁韪良语)上。清代著名法学家沈家本所著长达2000多页的《历代刑法考》大量篇幅都集中在考证古代的法律及其语言或重要法律术语的准确含义。为此,沈家本对法律术语和其他法律语言的准确表述提出了明确的要求:"律者,民命之所系也。其用甚重,而其义至精也。是今之君子所当深求其源,而精思其理矣。"①这里所讲的"命",即法律语言尤其是法律术语所涉及的重要法律意义及其所发挥的法律语言效力,专指用来规范老百姓的"动作礼义威仪之则"(《左传·成公·成公十三年》)。因此,法律术语形式的选择及其法律意义的最终厘定均要求既要"深求其源",也要"精思其理","逐段、逐节、逐句、逐字概为祥慎点次",②最终使其所表达的意义信息准确无误地传达给法律语言的受众,达到法律语言信息传递效果的最佳化。

法律术语意义的准确性,指每一个法律术语必须承载确切的法律所指意义,不能模棱两可,或一语数解。法律术语所指称的对象、适用范围、支配对象都是特定的,不允许任何个人作任意解释,法律术语的使用更是如此。正如美国法学教授、国际法律语言协会第三届主席劳伦斯·M.索兰(Lawrence M. Solan)在其法律语言学术专著《法官语言》(*The Language of Judges*)一书中所认为的,法律专业语言尤其是普通语言转化而来的法律专业术语,其所要表达的法律意思应确保准确一致,才能最大限度地避免歧义,才能尽量使专业术语和法律专业知识不会被那些没有深入研究过法律的人所误解。③ 承载着法律重要概念意义和法律制度核心观念的法律术语是法律规范或法律制度建构的基石。准确理解法律语言的根本,在于准确理解和运用法律术语。法律语言专家潘庆云教授在论述准确使用法律术语时写道,法律人要用精确的词语表达法

① (清)沈家本:《历代刑法考》,中华书局1985年版,第2207页。
② 参见(清)王明德:《读律佩觿》,法律出版社2001年版,第4页。
③ 参见[美]劳伦斯·M.索兰:《法官语言》,张清、王芳译,法律出版社2007年版,第164页。

律概念，应当熟悉法律语言的词语结构和句法结构特点，尤其要准确运用法律术语和辨析普通词语，最大限度地保证法律语言的准确性。① 进言之，承担着表达法律调控重要指向性意旨作用的法律术语也受制于目的论，因此法律文本的作者试图通过符合目的的专业术语的定义限制日常用语的不确定性可能造成的误解。②

中国古代的法律人虽然没有接受过现代法律人那么多的法律语言理论知识的指导和启发，但无论是古代公权机关、立法人员还是“律学博士”对准确使用和解读包括法律术语在内的法律语言的重视几乎在每一个朝代的法律文本中都能找到。《唐律疏议》《宋刑统》《大明律》《大清律例》都设计有专门法律条款，以法律的形式对准确解读法律语言的官民规定了奖励制度，并对“挟诈欺公，妄生异议，擅为更改，变乱成法”的官吏给予严厉处罚，同时也鼓励普通老百姓积极学法、懂法和宣传法律，并以法律的形式规定相应的奖励措施。如《大清律例》第61条专门对“百司官吏”和“百工技艺，诸色人等”准确解读法律作出了明确的奖惩规定，要求官吏“务要熟读，讲明律意”，违反者要受到“罚俸”或笞刑处罚；“百工技艺，诸色人等”普通“民人”如果能够“讲解通晓律意”，既能知律，必能守法，即使不幸致罪，则非有意故犯，③也可以减轻罪罚；凡是熟悉或通晓法律意义的普通老百姓，如果触犯“十恶”以外的任何轻重罪行，按律都能获得一次免予处罚。④ 所谓“通晓律意”或“能讲明律意”，其最重要也是最难解读的一部分就是既需要有深厚的法律语言知识，也需要有准确理解法律的专业知识，才能够准确地理解法律专业语言及专业术语。

## 三、涵盖范围的广泛性

中国古代法律传统社会制定法与习惯法多元并存的格局是中华法系“诸

① 参见潘庆云：《跨世纪的中国法律语言》，华东理工大学出版社1997年版，第92页。

② 参见[德]魏德士：《法理学》，丁晓春、吴越译，法律出版社2005年版，第90页。

③ 参见(清)沈之奇：《大清律辑注》(上)，法律出版社2000年版，第161页。

④ 《大清律例》第61条：“凡国家律令，参酌事情轻重，定立罪名，颁行天下，永为遵守。百司官吏务要熟读，讲明律意，剖决事务。每遇年终，在内在外各从上司官考校。若有不能讲解，不晓律意者，官罚俸一月，吏笞四十。其百工技艺，诸色人等，有能熟读讲解，通晓律意者，若犯过失及因人连累致罪，不问轻重，并免一次。其事干谋反、叛逆不用此律。若官吏人等，挟诈欺公，妄生异议，擅为更改，变乱成法[即律令]者，斩[监候]。”

法合体"特征的又一体现。[①] 制定法与习惯法多元并存的语言表现之一，就是法律术语的平民化与通俗化，涵盖范围尽量广泛，最大程度上使"百工技艺，诸色人等，有能熟读讲解，（均能）通晓律意"。因此，作为传达法律第一重要工具的法律语言及其专门术语自然也会根据被统治者的思想变化和时代要求作出及时的反映。换言之，中国古代诸法合体的立法传统文本建构意象使其法律术语所涵盖的社会行为范畴、法律管辖范围十分广泛，法律术语从"家"到"国"的结构主义逻辑关系都纳入法律语言统辖，涉及面变得复杂化，甚至过于琐碎。究其法律思想史渊源，至少可以追溯到春秋战国时期的思想家们对广大庶民进行"明刑弼教"的"民本主义"理念。如《尚书·大禹谟》载："汝作士，明于五刑，以弼五教，期于予治。"即统治者要用"刑""法""治"这些法律术语晓喻"人民"，[②]使人们都知法，畏法而守法，最终达到教化所不能收到的效果。"道之以政，齐之以刑，民免而无耻；道之以德，齐之以礼，有耻且格。"（《论语·为政》）孔子将"政""刑""民"视为自上而下法律逻辑关联的三位一体，其最终落脚点是普通老百姓生活的各个方面。于是，一些属于日常生活语言的表达形式往往被纳入法律术语范畴，并被赋予特定的法律意义。如管仲对"法"的原初解释是"法者，天下之程式也，万事之仪表也"（《管子·禁藏》）。这里的"程式""仪表"等日常语言实际上成了法律准则和法律规范的法制隐喻，意在指明"法"是各种社会关系的固有调整系统，是衡量天下人言行是非、功过、曲直的客观标准和必须遵守的行为规范。由此可见，这些本不属于法律语言范畴的词语便成为理所当然的法律术语。同样，墨子的"百工为方以矩，为圆以规，直以绳，故百工从事，皆有法所度"（《墨子·法仪》），孟子的"不以规矩，不能成方圆"（《孟子·离娄上》）中，方、矩、圆、绳、规、百工等老百姓耳熟能详的普通词语在墨子和孟子构建的语境中显然成了法律术语或法学术语中司空见惯的法律性隐喻。

清代的法律是以刑为主、刑民结合并涉及外事往来等众多领域，充分体现了"诸法合体"的古代传统法典特质。笔者从《法学词典》《法学大辞典》《北京

---

① 参见龙大轩：《道与中国法律传统》，山东人民出版社2004年版，第126页。

② 古代社会的"人"和"民"不是一个概念。"人"就是指人的生物个体和思想、文化、教育个体，而"民"则是指社会的最底层。与"民"相类似的还有"众""庶""黎"等概念。它们都是指最底层的大众百姓。

大学法学百科全书》等法律辞书中收录的古代法律术语看，中国法制史发展历程中，从夏代较为单一的昏、墨、贼、杀等少数法律术语到《大清律例》的文字狱、凌迟、斛、嫁、娶、债、妻、妾、子、孙等一系列庞杂繁复的法律术语，涵盖了从“国”与“家”到个体的全方位社会生活语言表达。不夸张地讲，中国古人在法律语言创制理念中所表现出来的巨大智慧远远超出了现代法律人的想象。

## 四、法言法语的通俗性

只有法律语言通俗易懂，才能将封建统治者的立法思想及其所调控的社会行为范畴完完全全贯彻到每一个社会成员。“用老百姓的语言立法”素来是封建统治者所恪守的语言使用基本原则，也是除立法者和统治者外，古代的律学家们解律和疏律的主要目标。清代律学家沈之奇认为，法律语言应当通俗易懂，也就是“律文简易，意义该括”。[①] 秦汉以来的法律语言传承历史过程中，包括法律术语在内的法言法语的通俗化和平民化一直是几千年来中国立法传统及法律制定者重点关注的对象。秦汉以来对法律语言的注解或义疏传统虽流派纷呈，但皆是为了使用以传播法律的律言“通达于市井”，并最终成为中国古代律学文化及法律语言解释的嚆矢，其学术成果素来为现代法律解释学和法律语言学频繁引用。

法律语言的通俗易懂也是中国古代帝王所关注的重要话题。清代各朝帝王都有专门针对法律语言通俗性的敕令和“批语”，如雍正皇帝在《大清律集解·序》中写道：“使万民聚而观之，是知先王立法定制，将以明示朝野，俾官习之而能断，民知之而不犯，所由息争化俗而致于刑措也”。笔者可以清楚地发现，清律的语言，即使是用于立法文本中的法律语言也比同时代其他体裁的语言更加通俗易懂。或许是清代立法者和立法授权者都不自觉地遵守着一条法律专业语言使用者的“天律”——法律术语在（法律）语言层面，人们必须考虑相关社会的普通语言，特别是法律人之间的语言所赋予法律、法律建制和法律文化等术语概念的特殊意义问题。[②]

---

① （清）沈之奇：《大清律辑注》（上），法律出版社2000年版，第8页。

② 参见［比利时］马克·范·胡克：《法律的沟通之维》，孙国东译，法律出版社2008年版，第21页。

## 五、法律术语的家族性

学者普遍认为,中国古代法律的特征很大程度上都表现在家族主义或家国本位的概念上。研究古代法律及其语言表现形式,家族、婚姻、宗族、尊长、家法等被写入法律文本的词汇是任何一个研究者都永远不可回避的重要事宜。[①]其具体表现在比如对民事行为的处理要么不做任何规定(如契约行为),要么以刑法加以调整(如对于财产权、继承、婚姻)。[②] 自西汉以来,以董仲舒为代表的儒家法学思想家尊崇"罢黜百家,独尊儒术"思想,强调以"春秋决狱"的司法理念和"春秋之治狱,论心定罪。志善而违于法者免,志恶而合于法者诛"(《盐铁论·刑德》)的儒家实用理性法律哲学,将亲亲、尊尊、礼治、德治奉为立法思想圭臬。因此,儒家传统立法原则坚持"德礼为政教之本,刑罚为政教之用"。[③] 中国古代法制史和历代法律语言中,家族性法律术语遍布法律文本,体现了国家本位与家族本位的妥协和"家国天下"的有机统一。

《大清律例》作为中华法系的典型代表,彰显国家本位和家族本位的"忠"与"孝"及与之有关大量条款,在整个法律文本中占有重要位置,和与之有关的法律术语总量相比,其数量远远超过了该法律所调控的其他范畴的法律术语。如置于《大清律例》首位的一组重要法律术语——"十恶"(谋反、谋大逆、谋叛、恶逆、不道、大不敬、不孝、不睦、不义、内乱)一直被视为破坏封建专制制度的核心——君权、父权、神权和夫权的"重罪十条"。另一组同样居于首位的法律术语是"八议"(议亲、议故、议贤、议能、议功、议贵、议勤、议宾),是封建法律保护上层建筑官员的特殊法律规定。为此,清代雍正皇帝还专门强调:"八议之条……我朝律例虽仍载其文,而实未尝照此行者,盖有深意焉"。所谓"盖有深意",言外之意,一方面要求皇亲国戚和达官显贵率先奉法,一切听命于皇帝的指令;另一方面,一旦有人违反这些条款,就是"十恶不赦"的重罪,根据所犯罪行的"情弊"等分,最高可以处以斩或绞等极刑。

---

① 参见瞿同祖:《瞿同祖法学论著集》,中国政法大学出版社 1998 年版,第 4 页。

② 参见[美]德克·布迪、克拉伦斯·莫里斯:《中华帝国的法律》,朱勇译,江苏人民出版社 2008 年版,第 2 页。

③ (唐)长孙无忌等撰:《唐律疏议》,中华书局 1983 年版,第 1~3 页。

与“十恶”和“八议”两个涉及较为模糊的家族法律术语相比,《大清律例》反映家族尊卑的法律术语分布在“户律”“礼律”“刑律”的“人命”“斗殴”“骂詈”“诉讼”“犯奸”中,与家族有关的术语共有13卷,占整个法律文本总卷数近一半。纳入法律术语的家族词语除祖父母、父母、子、孙、媳、养父母、生母、慈母、出母、继母、嫡母等外,还有宗、族、大功、小功、缌麻、期亲、袒免、服制、斩衰、齐衰、期年等,体现了“父为子隐,子为父隐,直在其中矣”的精神。也可以说,正是家庭主义(familism)[①]构成了理解中国传统法律与道德的核心概念。

## 第三节 《大清律例》法律术语英译比较概况

中国古代法律术语不仅蕴含着深远而庞杂的中国古代法律语言和法律文化旨意,同时也反映了源远流长的中国古代法律语言文化基本特性。根据美国从事法学和法律语言学研究的专业人士冈萨雷兹(Roseann D. Gonzalez)等人的观点,在科技、社会科学、法学等文献的翻译中,术语概念的把握与翻译是译者工作的重点之一,译者不仅有责任把原生语言的意思准确地保留下来,而且要把确切的术语、风格和语调保留下来。[②] 16世纪以来,国外学者在翻译中国古代法律典籍语言时,首先面对的难题也是古代法律术语。译者需要体会具体的法律语境,一方面要着力审视法律术语在外语表达上的确切性和得体性,另一方面还要搜集所译术语的其他相关信息,最大限度传达该术语的内在含义。

《大清律例》是在继承和发展清代以前法律传统和法学文化传统基础上构建而成的法律词语系统,亦是一个蕴含丰富的法文化价值的术语体系。除了一脉相承的汉民族法律语言能够完全阐释其法律精神实质以外,域外其他民族语言能否准确传达《大清律例》语言中所展现的法律文化精神一直是中外法学和翻译界学者们争相探讨的重要问题。纵观小斯当东和钟威廉两种译文对《大清律例》术语的翻译处理,可以总结为以下三个方面:

---

① 指强调家庭和家属感情的社会结构形式。

② 参见[美]冈萨雷兹等:《律海同传》,岳文译,中国华侨出版社2006年版,第213页。

## 一、法律术语基本含义的处理

笔者粗略统计，在《大清律例》436 条律文中涉及的法律术语数以千计，其中相当一部分是中华法系千年传承的特殊法律语言文化现象。这些颇具中国古代专属性特色的法律术语所蕴含的是中国特有的法律文化，这些术语在没有相同或相似法律文化发展经历的西方法律语言中很难找到与之完全对应的法律术语表达。

例如，《大清律例》里“存留养亲”（简称“留养”）这一典型的法律术语指对于犯死刑、流刑等重刑犯，如果该罪犯家中有需要其奉养的直系血亲，则准许死刑犯在家侍亲缓刑，准许流刑犯在家权留养亲，等到被奉养人去世后，再依据法定程序服刑的制度。存留养亲制度在北魏时期开始，在唐朝时期定型完善，一直延续到明清，经历了千年之久的制度发展与完善。这是在中国封建社会特定土壤中确立的一种比较人性化的“家”与“法”相结合的法律制度。笔者查到与此法律术语相关的三种英文翻译：①system of permitting culprit to support lineal elders。②Indulgence of Offenders for the Sake of Their Parents。（小斯当东译）③Persons Convicted of Offences Who are Permitted to Remain to Care for Relatives。（钟威廉译）比较而言，三种译文虽然都没有完全表达出原文的法律意蕴，但小斯当东的译文从术语形态和意义上看，优于其他两种译文，特别是关键词“indulgence”（the remission by the pope of the temporal punishment in purgatory that is still due for sins even after absolution）更加接近原文的法律意义。

表 4-1 是从《大清律例》第 33 卷《刑律 · 犯奸》中选取部分法律术语，将小斯当东和钟威廉两种英文翻译进行对比。从两种译文的比较研究中可以看出，在同样的法律语境中，面对我国古代的同一个法律术语，小斯当东和钟威廉的理解和翻译处理却各不相同。

**表 4-1 《大清律例》中《刑律 · 犯奸》部分法律术语翻译比较**

| 原文 | 小斯当东译文 | 钟威廉译文 |
|---|---|---|
| 和奸 | criminal intercourse by mutual consent with an unmarried woman | fornication with consent |

续表

| 原文 | 小斯当东译文 | 钟威廉译文 |
|---|---|---|
| 奸妇 | the woman | the adulterous woman |
| 强奸 | an assault with an intent to commit a rape | fornication with force |
| 犯奸 | criminal intercourse in general | fornication |
| 奸事 | a criminal intercourse | fornication |
| 奸夫 | adulterer | the adulterous lover |
| 亲属相奸 | incest; criminal intercourse between relations | fornication between relatives |
| 奸家长妻 | being guilty of a criminal intercourse with (the) master's wives | fornication with the wife of the household head |
| 凡奸 | ordinary cases | ordinary fornication |
| 媒合人 | the person who negotiates the transaction | broker |

另外,笔者还选取了与小斯当东同时代的马礼逊所编的《汉英词典》中与表4-1所列同类之法律术语及其英文翻译,经过比较发现,马礼逊对这些古代法律术语基本含义之理解和翻译与前面两位译者有时有共同之处,有时却是大相径庭。如和奸(fornication by mutual consent)、强奸(by violence forcing a woman to have intercourse)、刁强(a woman be reduced by artifice; to yield herself to illicit intercourse)、犯奸(illicit intercourse of the sexes)、奸事(adultery including fornication and adultery)、亲属相奸(persons related having incestuous commerce)、诬执翁(falsely charging a husband's father with the crime of incest)、奸家长妻(committing adultery with the master's wife)、奸部民妻女(debauching the wives and daughters of those under one's government)、居丧及僧道犯奸(people in mourning, and priests or priestesses of the Budh and Taou sects, having illicit intercourse)、良贱相奸(the superior and respectable classes of society, and the mean, immoral and degraded classes, having illicit intercourse with each other)、官吏宿娼(officers of government passing the night with whores)、买

良为娼(buying the daughters of virtuous parents to employ them as whores)、纵容妻妾犯奸(conniving at a wife or concubine committing adultery with other man, that the husband may sell her to another man—or retain her if he likes)等。

通过上述比较分析可以发现,译者对原文法律术语进行翻译首先要考虑是否能够准确把握原文术语的基本信息。这些术语外译的处理得当与否直接影响法律术语翻译的质量,进而影响法律含义的准确表达。另外,从前面对中国古代法律术语的不同译文看,古代法律术语翻译也需要规范化,保持古代法律术语翻译的统一性,尽最大可能避免因"各自为政"所导致的翻译乱象。

## 二、法律术语文化差异及其翻译

语言的历史和文化的历史是相辅而行的,它们可以互相协助和启发。法律术语是法律文化的集中体现。法律术语差异较明显的体现是不同法律文化背景下法律术语的相互翻译转换。屈文生教授认为,法律术语翻译从根本上讲就是向本土法律文化意识形态输入异域法律文化的意识形态。因此,法律翻译者作为操纵者所起的主导作用还表现在译者对法律发达国家法律文本的选择,译者撰写的译序或译后记,译者添加到翻译文本中的脚注或尾注等解释性文字上。[①] 的确,在不同法系的翻译转换中,法律翻译者的文化意识观是做好法律翻译的重要基础。

法律语言文化的历史发展总是与法律文化发展形成胶柱关系。美国文化学家爱德华·霍尔(Edward T. Hall)在《无声的语言》(*The Silent Language*)一书中论述跨文化交际过程中存在文化缺失造成的障碍时谈道,译者在和其他国家人们之间的交流过程中所形成的龃龉,许多情况下源于对不同文化了解的缺乏。(因此)不同文化之间的交流,首先需要加强的是对其他国家语言、历史、政治和风俗习惯的认知。[②] 东西方法律文化生活所呈现的法律文化差异或法律文化鸿沟是跨文化法律交际中始终存在的一种文化缺失或文化缺项现象,也是长期横亘在法律文化翻译者面前的主要障碍。

---

① 参见屈文生:《法律翻译研究的视角与思路——对法律翻译若干重要方面的梳理和理性评价》,载《江西社会科学》2010 年第 2 期。

② See Edward T. Hall, *The Silent Language*, Greenwich, Fawcett Publications, 1959, p. 10.

表 4-2 所列举的法律术语大都是中国古代法律语境中独具特色的法律性语言文化符号。经过比较分析,笔者发现西方人在用他们的语言进行翻译转换过程中,虽然都花了大量功夫去理解和阐释,但不得不承认每一种看似忠实的译文实际上都经不起推敲。

**表 4-2 《大清律例》中部分古代中国特色法律术语翻译比较**

| 原文 | 小斯当东译文 | 钟威廉译文 |
|---|---|---|
| 衙门 | the tribunals of government | yamen |
| 服制 | the degrees of mourning | the degree of relationship |
| 期亲 | the first degree of mourning | the second degree of mourning |
| 缌麻 | the fourth degree of mourning | the fifth degree of mourning |
| 小功 | the third degree of mourning | the fourth degree of mourning |
| 大功 | the second degree of mourning | the third degree of mourning |
| 嫡母 | the father's principal wife | rightful mother [the father's official wife] |
| 继母 | the father's wife substituted in the place of the principal wife after her death | the father's subsequent [official] wife [i. e. the woman married as an official wife after the first official wife dies] |
| 慈母 | the father's wife substituted in the place of the natural mother upon her death | the caring mother [a concubine charged with the care of a child whose mother has died] |
| 养母 | the adopted mother | an adoptive mother |
| 归宗 | be returned (sent back) to his family | return to his clan |
| 嫡子 | (his) heir | a son of the official wife |
| 嫡妻 | first wife | his official wife |
| 庶长子 | the eldest son by the other wives | the eldest son of his concubine(s) |
| 按察司 | the judicial department | the provincial administrative commission |
| 布政司 | the revenue department | the surveillance commission |
| 理藩院 | the tribunal Lee-fan-yuen① | the Court of Colonial Affairs |

① This tribunal might be styled the office or department for foreign affairs, but its chief concern is with the tributary and the subject states of Tartary. (小斯当东原注)

续表

| 原文 | 小斯当东译文 | 钟威廉译文 |
|---|---|---|
| 发配 | be banished | be exiled |
| 刑部 | the supreme court of judicature | the Board of Punishments |
| 兵部 | the supreme board for military affairs | the Board of War |
| 户部 | the supreme court for affairs of revenue | the Board of Revenue |
| 刺字 | be branded | be tattooed |

## 三、术语与非术语的翻译问题

法律术语是立法语言的重要组成部分,法律术语的命名和选用在法律工作中具有重大意义。[①] 法律术语的使用有利于维持法律秩序的稳定。法律语言中的非术语,是指介于法律术语和一般语言之间的法律词语。虽然笔者至今还没有发现人们对古代和现代法律的术语和非术语关系进行过明确界定,但笔者认为大体上可从三个方面区分二者的差别:

首先,法律术语结构形式的固定性和非法律术语结构形式的灵活性。作为术语学体系重要组成部分的法律术语,结构形式上有固定要求,一般不允许插入其他语言成分,古今法律术语莫不如此。如古代法律里的犯罪人、凌迟处死、枷刑、文字狱、就地正法等插入任何一个语言成分,都不能称其为术语。非法律术语则可以在词语中加上其他成分,如《大清律例》的法律词语"降级"可以说成"降三级","发遣"可以扩充为"依律发遣"或"发遣至烟瘴之地","枉法"可以说成"受财枉法""受他人之财""受财不枉法""不枉法赃"。

其次,法律术语所指意义的法定性与非法律术语意义的多元性。前者指法律术语的结构和意义均由立法者在法律文本中创制并作出直接的法定解释,如《大清律例》里的不睦、骂詈、十恶等,其形式上固定不变,意义上直接采用"律内小字"解释。如"不睦"的法定解释为"谓谋杀及卖缌麻以上亲,殴告夫及大

① 参见陈炯:《法律语言学概论》,陕西人民出版社 1998 年版,第 54 页。

功以上尊长、小功尊属”，内容上有严格的法定意义，超越普通语文词典基本含义的解释，且具有特定的法律解释主体与接受客体。后者则指在法律意义和非法律意义之间可以有多元解释，如《大清律例》里的杀、斗殴、斗杀、举发、凡斗、家长等既可以在法律意义上解释，在一般语境中也有较广泛的意义。

最后，法律术语含义的单义性与非法律术语含义的多义性。事实上，无论是司法文书还是立法文件，法律术语的运用和解释大都呈单义性，或者为了限定某一法律术语的单义性，许多法律文本用“本法……指……的含义”规定，明确某一术语在法律文本中的含义，如枭首、死刑、凌迟。相反，有些法律词语原本取自日常生活语言，只是当作法律言词使用时附加上了较为确定的（法律）义涵，①而回归其他语境中，意义会发生很大的变化。如杖，在《大清律例》中仅仅指刑具（如“杖重于笞，用大竹板”）或执行杖刑（如“杖一百”），其他语境中却有作名词的手杖、棍棒、拄杖、擀面杖，或作动词的依靠、持执、拄着（如“必操几杖以从之”《礼记·曲礼上》）等意义。

通过上文的简单叙述可知，不同文化成员之间在交流过程中出现语码转换错误（wrong codes）司空见惯。古代法律文化中术语与非术语的形成与跨语言翻译，与其说是异域法律语码符号的相互转换，不如说是法律文化之间的交流与对接。中国古代法律典籍术语和非术语的英文翻译是中国法律文化与英美法律文化及法律语言文化之间的转换。如古代法律语言中司空见惯的法律术语及非术语“法”。“法”从形态和意义上看，从来都不是一个单一的、明确的、单向度的概念。② 站在现代的角度考虑古代汉语“法”的所指范围，几乎包括与“法”有关的所有范畴：第一，指各种法律文件。第二，指不同法律形式。第三，指法学研究。第四，指法律载体。因此，古代汉语的“法”可以根据具体法律和法学语境，分别译成 law、act、code、statute、constitution、regulation、rule、convention、decree、order、parliamentary law、common law 、customary law、rules of order、jurisdiction、provision、statutory law、civil law、criminal law、procedural law、legal science、legislative study、legal history、provisional regulations、administrative

① 参见宋北平：《法律语言规范化研究》，法律出版社 2011 年版，第 188 页。

② 参见刘昕杰：《“中国法的历史”还是“西方法在中国的历史”——中国法律史研究的再思考》，载《社会科学研究》2009 年第 4 期。

regulations(rules)、rescript 等。作为其他语言环境中的非术语,其基本含义则是作名词的标准、方法、办法、措施、法子、方式、措施、模式、榜样、范式、规律等,也可以是作动词的学习、仿效、模仿、效法、取法等,其相应的英文翻译有approach、way、method、methodology、means、measure、measurement、emulate、emulation、simulate、simulation、learn from、imitate、imitation 等。

## 第四节 《大清律例》法律术语翻译的标准和原则

原则是从自然界和人类历史中抽象出来的一套解决或处理问题的规范,所反映的是人的主观世界和客观世界事物运动的本质规律。从翻译行为本身的角度来看,原则就是用来反映人们在从事口译和笔译过程中,在翻译心理准备过程中和具体履行翻译职责时应当把握的某种被格式化或条款化的准绳。从这个层面上讲,翻译原则通常具体表现为主观思想的一些人为的外化条款。通常情况下,翻译原则一旦被制定出来,就具有一定的约束力。因此,只有正确地反映客观规律的原则才具有指导意义,普通意义上的翻译原则如此,特殊目的的法律翻译亦复如此,古代法律术语翻译更是如此。翻译原则是译者翻译过程中应当遵守的准则,是历经千年的翻译历史发展过程的产物,具有广泛的指导性和普遍的适用性。事实上,由翻译普遍原则衍生出来的特殊翻译原则理论上应接受普遍翻译原则的指导。①

### 一、古代法律术语翻译的基本原则

法律术语的翻译原则是法律翻译者对其翻译实践活动中的经验教训总结,也是穿梭于不同法律语言之间的翻译实践者自我反省和自我总结后的理论升华。由于各门专业学科翻译有其自身的规律,翻译人员对所译专业文献的感悟不同,因而提出了许多关于翻译的原则、标准、方法、条件等问题的真知灼见。广泛意义上的法律翻译是人类的一种自觉性高智力化的行为,是受客观条件限制并在主观能动支配下冲破限制的一种互动性“语言游戏”,需要遵守起码的

① 参见熊德米:《英汉现行法律语言对比与翻译研究》,湖南人民出版社 2011 年版,第 98 页。

“游戏规则”，狭义的法律术语翻译尤其如此。

西方翻译理论家蒙娜·贝克（Mona Baker）认为，术语是以符号形式表达的不同概念整体、概念特性、概念活动和概念关系的一种人造语言（artificial language），术语与普通名词和专有名词一起共同构成一种语言的词汇，是特殊专业领域的特殊概念。贝克认为，专业术语的存在与其所依附文本的社会形态和地理环境等均有密切关系，在目标语言中往往难以找到与原文对应的术语（parallel variant in the target language）。因此，术语翻译人员应当从前人总结的翻译理论原则中寻求一种更加行之有效的翻译原则，指导术语形式和内容的翻译。① 在众多翻译理论中究竟选择哪家之言来指导古代法律语言翻译实践，同样是翻译者无从回避的一大难题。换言之，以法律术语为轴心的古代或现代法律文本翻译应该采取哪些原则、遵循哪些标准，学界一直众说纷纭。② 笔者认为，就法律术语翻译而言，奈达及其合作者所推崇的对等或等效翻译理论具有一定的实践指导意义。

集语言学、翻译学和翻译实践研究于一身的美国学者奈达在其《翻译科学探索》（*Toward a Science of Translating*）、《翻译理论与实践》（*The Theory and Practice of Translation*，与塔伯合著）以及后来的《语言与翻译：翻译中的语境》（*Language and Culture*：*Context in Translating*）等翻译学理论学术著作中，将信息论（information theory）、语境学（science of context）、符号学（semiotics）、诠释学（hermeneutics）以及接受美学（receptive aesthetics）等诸多学科的基本理念创造性地应用于翻译理论与实践研究之中。综合观察分析可以发现，这些理论与跨语言文化翻译极具关联性，其对语际翻译中各类文体的语言在具体翻译理论与实践研究过程中所追求的内容与形式功能对等表现效果进行了一系列较详细的推理性阐述。归纳起来，大致可以分为以下三个方面：

第一，形式上的表面错位与实际内容上的等效。两种完全不同形态的语言翻译转换过程中如何恰当地消解可能出现的意义缺位（absence of sense）问题，使两种语言所传达的实际内容暗合，是所有译者追求的共同目标，也是跨语

---

① See Mona Baker, *Routledge Encyclopedia of Translation Studies*, Shanghai, Shanghai Foreign Language Education Press, 2004, pp. 260-261.

② 参见张法连：《法律语言研究：法律英语翻译》，山东大学出版社 2014 年版，第 66 页。

言交际的最高境界。质言之,译入语与译出语转换过程中在语言形式上出现缺位现象时,在保证译文意义功能与原文相同的前提下,译者在语言形式上可以采用传达同样信息效果(the informative effects)的表面错位。

第二,语言形式冲突与翻译处理。不同语言翻译过程中,原文语言形式与译文语言形式出现根本性龃龉,或两种语言形式根本无法对应,译者可以在译文中"摹写"(imitation)源语语言形式,使译文读者接受外来语言的表达形式并逐渐变成译入语文化。

第三,不同语码转换与调整。译者可以根据解码程度(different degree of decoding)差异适当调整译文语码(the target code),使其与源语信息传通路径相适应。采用这几种方法的最终目的是较高程度地传达原文语码系统所要表达的意义内容,尽可能避免原文信息的流失。

笔者可以将上述理论概括为对翻译行为具有一定广泛约束力的语言形式要求和意义质量要求,并用以指导和评价以《大清律例》为代表的古代法律典籍里的法律术语翻译和现代法律的术语翻译。

### (一)古代法律术语翻译的形式要求

法律术语的法律含义决定法律术语的形式构造,法律术语的形式对法律术语的内容宣示和理解都有重要的辅助作用。法律的制定是为了"凭黎元而树司宰,因政教而施刑法"。[①] 要对"黎""元""施刑法"达到"政"与"教"的双重效果,法律术语的意义与形式对法律制定、实施和宣传在语言权利上始终发挥着积极作用。换言之,构成法律术语的法律意义内容和符号形式要件必须使"黎元"和"司宰"均能"得其要",才能使法律起到真正意义上的"轻刑明威"和"明刑弼教"的作用。

法律语言体系中一部分词汇由法律专业语汇构成,一部分词汇由非法律语汇组成。后者一旦进入了具体法律文本,就成了具有特定法律意义的专门术语,原来的意义随着法律文本的制定而被赋予了新的法律意义。某一民族语言构建的法律文本是专门用途文本的一种特殊形式,其最重要的表达工具形式上虽然表现为法律语言及其专业术语,但其法律语言背后却是某一个民族社会法

① 曹漫之主编:《唐律疏议译注》,吉林人民出版社 1989 年版,第 14 页。

律发展历史轨迹的真实写照,所反映的是一个民族的法律精神。因此,法律在语域传输过程中如何从形式到内容全方位地移植到其他法律语境应当重点纳入法律翻译者的考量范畴。

正如美国著名语言学家萨丕尔(Edward Sapir)曾经指出的,语言的内容与形式有着不可分割的联系,任何语言符号表面形式背后总是蕴含某种丰富复杂的东西。也就是说,语言的存在不能脱离社会,语言是流传下来的、决定使用者生活面貌的风俗和信仰的总和。语言作为一种集体表达的艺术审美,其语音、节奏、象征、形态等是不能和任何别的语言全部共有的。英国语言学家帕默尔(L. R. Palmer)在《当代语言学引论》(*An Introduction to Modern Linguistics*)中亦表达了类似观点,认为语言的形式和意义两者既忠实地揭示了一个民族的全部历史和文化,也忠实地反映了它的各种游戏和娱乐、各种信仰和偏见。语言的历史和文化的历史相辅而行,它们可以互相协助和启发。[①] 法律术语尤其是法律典籍中的法律术语翻译,要求译者在译文语言形式上要遵守原文法律术语形式的语言游戏规则,实现两种术语形式上的对应性。

鉴于以上基本陈述,兹将古代法律术语翻译的形式要求概括如下:

第一,古朴性。

法律术语的符号形态是法律语言中最能体现法律旨趣,且看得见也摸得着的物化表现形式,其背后所蕴含的是表达不同法律渊源或不同法律体系的法律语言符号体,是真实反映不同法律文化专属性特征的"活化石"。法律语言中最为关键也是其他法律语言文化中难以复制的部分,就是饱蘸某种独特法律生活面貌,反映一个民族的全部法律历史并与法律文化相辅而行、互相协助和启发的法律术语。无论在东方还是西方法律语言中,尤其是立法语言中最为集中的法律术语承载了各自古老的法律传统,除了意义之外,还有与之相适应的术语形式——虽然在完全不同的语言形式之间的转换并非易事。因此,从古代法律术语翻译的角度看,问题的关键在于法律译者在保留原文法律术语法律思想不变的情况下,如何才能在异域法律术语形式上寻找到同样的术语来表述相同

---

① 参见[美]L. R. 帕默尔:《语言学概论》,李荣等译,商务印书馆 1983 年版,第 139 页。

的思想,尽可能重塑原文古色古香的术语形态。①

中国古代法律术语丰富多样,只是某些法律汉语术语构词机制与法律英语术语构词机理在形态上反差太大,最终导致两种法律术语形态出现较大的裂痕,无法通过翻译予以完全弥合。当然,现行的立法语言中仍然有一些法律术语如法、狱、宪、罚、律、诉、罪、贿等来自古代法律语言,而且至今仍大体上保持原来的形态和含义。汉语词汇形态构建发展的倾向之一是原来的单音节法律术语变成了双音节法律术语,如法律、法令、监狱、宪法、起诉、上诉、申诉、被告、原告、犯罪、罪刑、法定等这些表达人类法律共性且“古已有之”的法律术语在英文翻译中基本上都能找到与之在形式上相等或相近的对等术语。

法律英语术语虽然没有法律汉语术语悠久的发展历史,却也有一些用于法律语境中相对古老的专用法律词汇形态,这些词汇往往被学者称为法律术语,如 hereafter(此后)、hereby(由此)、herein(于此处)、hereinabove(在上文)、hereinafter(以下)、hereof(关于此点)、herein(此中、于此)、hereon(于是)、hereafter(此后)、hereunder(在下面)、hereto(至此、于此)、therein(在其中)、thereof(在其上)、thereby(因此)、whereby(靠哪个)、wherein(在那方面)、aforesaid(上述)和 aforementioned(上述的)等。这些古体词在口头语和其他文体中比较少见,但在现代英文法律文本里可以经常见到,尤其是在契约、合同英语中。使用这些词,一方面避免了过多关键词语的重复,能做到表述简洁、语义精炼,另一方面能使法律语言更加准确、严密。了解法律英语术语的这些基本语体特点,对于理解法律英语文本、准确翻译具有极为重要的意义,如果能够将这些古色古香的法律英文术语较好地运用到法律汉语英译中,将会使所译法律英语的行文更加庄重、正式、严肃,从而起到很强的法律文体效果。

第二,专属性。

法律术语形态上的专属性,就是指法律术语对阅读者所产生的视觉效应不同于阅读其他语域的术语所产生的影响。法律专业工作者使用的法律专业语言,作为一种特殊语域的语言表达体系必然充斥着被称为“专属性语言”的法律行业特殊话语。这些专属性法律话语除了使用法律专业术语(如原告、被

① 参见[古罗马]西塞罗:《国家篇·法律篇》,沈叔平、苏力译,商务印书馆 2009 年版,第 98 页。

告、上诉、合议庭等)、法律界惯用语(如情节严重、诉讼请求、维持原判等)外,还包括特定语言形式化的表达。这种语言表达中剔除了个人的感情色彩,语法结构复杂而严密,与其他场合的语言明显不同。[①] 也就是说,从法律观念产生某个法律术语的词语形式意义到具体的法律意义,再到跨越时空的法律词语法律性体验意义,[②]词语(术语)意义体验者在其认知过程中可以自然而然地想象并感受到其所散发出的某种无法抗拒的“魔力”,并由此产生敬畏之情。如人们一旦阅读到中国古代专属性法律术语“杀千刀”(凌迟)、刖刑、劓刑、车裂等就会明显感觉到这是属于古代的法律。在古代法律典籍英译过程中,译者也应当让目标语读者在视觉上体验到与原文术语读者同样的感觉。

美国匹兹堡大学博克-塞利格逊(S. Berk-Seligson)教授认为,法律翻译的专属性主要体现在法律语言及其形式结构的实际性和有效性,要求法庭口译人员和法律文献翻译者保持其个人对促进法制管理公信力的专业性高标准。[③]笔者的理解是,实现不同法律语言之间的转换以及异域法律意义和法律观念的有效移植是法律专属语言翻译的首要职责,但实际情况是,某些法律术语概念被翻译成另一种语言时,即使翻译令人满意,也不可能克服所有问题。[④] 法律术语翻译过程首先是两种法律术语比较认知的过程,或两种法律文化的比较认知的过程,也是对两种法律术语进行不断诠释和形式比较转换的过程。不同法律体系中法律术语之间形式上的翻译转换,本质上就是不同法律体系及承载该法律体系的语言文化之间的最大限度对接。对接过程中是否存在信息流失,采用何种方法弥补翻译中可能造成的流失,是法律翻译实践产生以来人们关注最多的问题。

笔者经过对现有译文进行比较观察发现,就法律术语汉英翻译而言,跨越古代法律典籍术语翻译障碍,保持译文法律术语专属性的重要方法,可以概括为四个主要方面:一是对中国古代法制史和法律术语传统形式的基本了解;二

① 参见戴庆厦:《社会语言学概论》,商务印书馆 2004 年版,第 66 页。

② 参见宋北平:《法律语言》,中国政法大学出版社 2012 年版,第 208~209 页。

③ See Berk-Seligson Susan, *The Bilingual Courtroom*, Chicago, The University of Chicago Press, 1990, p. 219.

④ 参见[德]伯恩哈德·格罗斯菲尔德:《比较法的力量与弱点》,孙世彦、姚建宗译,清华大学出版社 2002 年版,第 161 页。

是掌握构成古代法律符号体系的古代汉语构词基础；三是把握东西方法制历史及其术语形式构建的基本线索；四是具备扎实的英汉法律语言转换能力和翻译批评能力。前两者是指汉语法律术语的内部关系，后两者是指汉语法律术语与其他语言法律术语的交流转换及其评价关系。

第三，简洁性。

准确的术语表达往往与简洁精炼的术语形式相关联。较为完美的术语翻译要求译者在目的语中找出对应形式结构，代替源语中的结构形式。法律术语翻译形式上做到简洁凝练是古今中外法律术语构建的基本要求之一。无论是法律术语的创制者还是法律术语的翻译者都应当遵守“简洁凝练”这一基本原则。

对中国近代法律翻译做过巨大贡献的美国传教士丁韪良曾经将原文创作者和译文的解读者分别比喻为“掘井者”和“管道工”。他认为，如果说（原文）科学的创造者凿了一口自流井，翻译家就是在安装输水灌溉的管道。[①] 德国法哲学家考夫曼（Arthur Kaufmann）认为，法律规范是一种有实际性、有效性语言结构形式，是一种以达到在同一个社群生活之人意见一致或理解对手为目标的沟通技术。[②] 法律语言是法律关系主体之间法律思想意识交流的重要媒介和关键词。弄清人们使用语言形式所表达的思想内涵，明白语言与外部世界存在的关系，如语境关系、社会关系、人际关系以及语言使用者在某种特殊文体下用通俗易懂和简洁凝练的法律语言形式去表达他国法律语言的深层含义，是法律语言形式翻译者不可或缺的手段。但问题在于，译者通常所面临的是充满异国法律意蕴的法律语言形式及一套或许在另一种语言形式中无法进行对应的法律术语。因此，在所能使用的工具书毕竟与时代发展不完全同步的情况下，需要译者运用法律语言创制的专业知识和高度概括的语言技巧，创造出既能表达专业知识又能体现高度凝练简洁而且相对通俗易懂的法律术语形式——这对任何译者都是不小的挑战，古代法律典籍的法律术语翻译尤其值得译者思考。

① 参见［美］丁韪良：《花甲忆记——一位美国传教士眼中的晚清帝国》，沈弘、恽文捷、郝田虎译，广西师范大学出版社 2004 年版，第 216 页。

② 参见［德］阿图尔·考夫曼、温弗里德·哈斯默尔主编：《当代法哲学和法律理论导论》，郑永流译，法律出版社 2002 年版，第 298 页。

例如，中国传统法律文化里面的"秋审"是清朝的一种审判制度，从明朝发展而来。明朝的朝审制度被清朝继承后，又有了发展变化。清朝政府的立法者将明代继承而来的朝审制度改革扩充为两种——朝审和秋审，这两种审判方式形式基本相同，只是审判的对象有区别。"秋审"这一法律专业词语仅由两个汉字组成，可以说是中国古代法律术语形式简洁性上最具代表性的法律术语。笔者看到《大清律例》的小斯当东和钟威廉两位译者在翻译处理古代法律术语简洁性问题上明显存在比较大的分歧。小斯当东的译文"execution at a particular period in the autumn"，其形式上虽然与原文差距较大，但其所传达的法律意义理解起来相对较容易，与笔者在《新汉英法学词典》上看到的解释性英语译文"a system of death trials in the Qing Dynasty"异曲同工。钟威廉的译文"the Autumn Assizes"在形式上与原文术语形式相同，基本上还原了原文法律术语简洁凝练的构词结构美——虽然"Assizes"的英文解释与汉语原文"审(判)"在严格法律意义上并不完全对等。

第四，凝固性。

凝固性本意是指物质从液态变为固态的相变过程及其结果，可以借鉴描述法律术语的结构形态。这一原理所表述的专业术语凝固性，一般可以理解为人们根据社会需要，采用普通词语所创制的结构固定凝结、语义专业化的固定词汇或词语组合。也就是说，词语形态固定的词组在结构上具有固定性，词序上一般都不能变动，词义理解上具有整体性。固定性词组的各个词之间往往不能插入其他语言成分，也不能拆开作单个字的个别解释。

凝固性法律术语是由广大群众通过长期实践认定或形成的，不是由权威机构或专家来约定，是一种不约而同式的特殊约定形式。① 法律术语结构形式的凝固性是法律语言规范性词语结构的基本要求，是全体公民在使用其语言的过程中都应该遵守的基本原则，体现了法律语言适用具有广泛民族性且不同于其他文本的特殊语体风格。法律术语的凝固性这一法律语体风格形式决定了古今中外法律语言专业词语，尤其是专业术语结构修辞手段上的特殊表现。因此，法律语言在专业术语选择上必须服从这一基本要求。例如，在中国现代的

① 参见戴昭铭：《规范语言学探索》，上海三联书店 1998 年版，第 48~49 页。

民事法律事务中,法官在审理民事案件或制作民事判(裁)决文书过程中对涉案当事人的称呼一般不用指称模糊随意的人称代词"你"、"我"、"笔者"或"他们",而是用"原告""被告""双方当事人"等较为凝固性的法律术语形态。同样,法律英语术语中 law enforcement (法律实施)、repeal rescission[撤销(判决)]、nonretroactive character(不溯既往)、application for protective measures(保全措施申请书)、right of portraiture(肖像权)、right of personality(人格权)、right of termination(终止权)、justifiable right(正当防卫)等凝固性法律词语结构在表达一个固定的法律概念时,中间同样不能插入其他语言成分,否则意义会发生变化。

(二)古代法律术语翻译的质量要求

法律翻译和其他文类的翻译一样,高质量的译文是译者始终追求的终极目标。法律语言翻译中最重要的部分就是法律术语的翻译。现代法律语言翻译实践证明,翻译中一字之差,谬之千里,有时甚至会给当事人造成难以想象的严重后果。法律典籍翻译虽然没有现代法律翻译较高的法律性要求,但基本的质量要求仍然是必不可少的。就目前笔者所涉猎的法律典籍汉英翻译看,其中的法律术语翻译虽然大多数都能传达原文的基本内容,但存在的问题也不少。其主要原因是译者在翻译过程中,由于对古代法律专业语言把握程度不够及其专业知识的欠缺,往往习惯于用自己熟知的普通术语代替法学专用术语,或用普通常识代替法学专业知识,导致表述上的"词不达意",或表面词语形式上貌似对等,实则相去甚远,或导致翻译学上的"伪对等"(deceptive equivalence)现象。因此,笔者认为,以下三个方面应该作为法律术语翻译的基本质量要求:

第一,准确性。

法律语言是宣示权利和义务的重要工具,是表达统治者意愿的典型性意识形态语言现象,因此,法律起草中准确无误地使用语言,对减少错误理解具有极其重要的作用。事实上,代表法律语言"脊梁"的法律术语所揭示的是涉法当事人的各种权利关系,无论是单语解释还是跨语言法律术语含义传通均有较严格的要求。也就是说,每一个术语都有相对准确的含义,要最大限度地排除意义阐释的模糊性或歧义性,古代法律术语翻译更应如此。

法律术语的语际翻译者与法律术语的语内解释者一样,要严格按照法律条文字面的通常含义解释法律,既不能缩小也不能扩大,必须紧紧抓住原文立法宗旨和立法意图去准确解读原文法律术语的"法之所谓",跨法律语言翻译过程中"不得出以意妄议",尽可能"固以尽理为法,而上求尽善,则诸下牵文就意,以赴主之所许,是以法不得全"(《晋书·刑法志》)。至少从翻译理论上讲,任何被翻译的法律术语都要传达与原文法律术语相同的法律效果,就如古人所言,"苟入于文,则循而行之……大臣小吏各守其局,则法一矣"(《晋书·刑法志》)。也就是说,法律翻译者就像法律解释者一样,要在"法欲必奉"的心理认知前提下翻译法律,其译文才能做到法律意义的统一性,最终达到准确传达原文的目的。

法律术语含义的准确性具有单一性,不能说一指二,更不可一罪数名。美国法哲学家安德雷·马默(Andre Marmor)认为,检验法律语言是否被准确理解的基本方法是,要判断某人理解的法律词语或法律术语意义恰不恰当,就要看他能否将所理解的法律词语所表达的规则准确地解释给另一个人。① 我国唐代的佛经翻译家玄奘在谈到翻译的指导思想时写道,翻译既须求真,又须喻俗。"求真"指翻译的准确性,"喻俗"指读者能理解译文。从晋代佛经翻译者释惠远的翻译原则看,既不能"文过其意",也不能"理胜其辞",最好"以此考彼,殆兼先典"(《三法度经序》)。德国法哲学家、刑法学家拉德布鲁赫在《法学导论》里以专章专节论述法律语言的准确性和通俗性时写道,法律语言及其术语是一种形式简练、意义准确的专业性语言表达系统,与讨人喜欢的口似悬河的表达方式是完全不同的。法律语言及其术语不追求华丽辞藻和丰富多彩,只求法律意义的准确,这种被称为"清醒的贫困"语言表达方式曾经受到许多文人雅士的青睐与模仿,据说司汤达每每通过阅读几页《拿破仑法典》的条文来帮助自己准确创作。② 因此,法律术语的跨语言翻译也应当遵循上述有关法律语言运用的基本规律。

---

① 参见[美]安德雷·马默主编:《法律与解释——法哲学论文集》,张卓明、徐宗立等译,法律出版社2006年版,第231页。

② 参见[德]拉德布鲁赫:《法学导论》,米健、朱林译,中国大百科全书出版社1997年版,第25~26页。

克罗地亚里耶卡大学法律系教授沙尔切维奇(Susan Šarčević)的《法律翻译新论》(*New Approach to Legal Translation*)一书是目前国内学者较为普遍研读借鉴的法律翻译论著。作者用了不少的篇幅谈论法律术语翻译问题,认为法律翻译及其研究的重心大都聚焦于法律术语,法律翻译人员在实际翻译过程中遇到的最大困难在于两种法律术语的龃龉与冲突(terminological incongruency)。因此,翻译者必须超越法律体系造成的法律语言矛盾冲突,在译文中寻求潜在术语可接受性(acceptability of potential equivalent terms),①以准确传达原文术语的法律意义。

在中国古代法律典籍翻译过程中,法律专业术语翻译的质量检验标准之一是判断译文与原文法律术语是否能够和它们所表达含义的内涵和外延相一致。②

第二,等效性。

翻译学上的等效(equivalence)是指任何能用一种语言表达的东西都能够用另一种语言来表达,在语言之间和文化之间能通过寻找翻译对等语,以适当的方式重组原文形式和语义结构,从而进行等效交际。③ 丁韪良在其翻译的美国著名外交官、国际法学者惠顿(Henry Wheaton)的《万国公法》(*Elements of International Law*)凡例中写道:“译者惟精义是求,未敢旁参己意,原书所有条例无不尽录,但引证烦冗之处,少有删减。”④但根据杨焯博士的研究,丁韪良及辅助其翻译的“华士”在翻译过程中为了实现译者心目中的等效性,并没有遵守“原书所有条例无不尽录”的翻译原则,而往往采用删除的手段屏蔽原作的某些观点。⑤

语言是法律权利得以实现、运用、复制以及间或受到挑战和被推翻的根本机制。⑥ 翻译的等效性或对等性自 20 世纪 50 年代由雅各布森(Roman

① See Susan Šarčević, *New Approach to Legal Translation*, Hague, Kluwer Law International, 1997, pp. 229-331.

② 参见孙寰:《术语的功能与术语在使用中的变异性》,商务印书馆 2011 年版,第 156~157 页。

③ 参见谭载喜:《翻译学》,湖北教育出版社 2000 年版,第 139 页。

④ [美]惠顿:《万国公法》,[美]丁韪良译,中国政法大学出版社 2003 年版,“凡例”第 1 页。

⑤ 参见杨焯:《丁译〈万国公法〉研究》,法律出版社 2015 年版,第 178 页。

⑥ 参见[美]约翰·M. 康利、威廉·M. 欧巴尔:《法律、语言与权力》,程朝阳译,法律出版社 2007 年版,“序言”第 2 页。

Jakobson)提出以来,一直是译界共同研究的重要话题。等效论在西方译论界的影响不亚于严复的"信、达、雅"在中国译界的影响。尽管人们对对等性翻译提出了不少质疑,也有人提出相应的对应性(correspondence),但"对等"和"信、达、雅"翻译概念犹如民法上的"帝王条款"(king clause),长期被视为当代翻译理论研究的经验性理论标准,倍受众多译者和译学理论研究者的尊崇。问题是,对于法律文献的翻译是否能够将等效性原则纳入衡量检验译文质量的标准?答案是肯定的,但是有区别。

文学翻译和法律翻译所强调的等效性原则的重要区别在于:第一,前者关注译文读者的美学感受,后者关注的却是法律语言的具体影响力,即译文法律语言应具有与原文法律语言相同的"语力"(language power)。第二,不同法律语言之间的法律语际翻译涉及不同法律文化渊源、法律文化差异,两种法律符号单位之间根本不存在完全对等的表达,或者说很难找到完全等同的词语。[①]因此,法律翻译寻求的不是语言间词语的完全对应,而是基于法律文化体系的框架寻找近似词语,并得到译文法律语言的认同才能达到与原文相同的法律效果,在意识形态上取得等效性。第三,法律词义范围的等效性。法律语言只是表达法律的工具,不同语言之间的信息转换过程中有些词常常无法从字典中找到确切的译文,[②]遑论法律信息的等效传译了。第四,由于法制发展历史不同和法律政治体制的差异,许多法律词语的含义在异域法律文化中没有相应的表达符号,如英美国家的 equity(衡平法)、charter(特许状)、jury(陪审团)、lay judge(非职业法官)等英美法系独有的称谓在法律汉语中根本没有类似的表达,其相应的汉语译文能否在汉语的读者(甚至是专业读者)中引起相同的法律效果是难以判断的。同样,属于中华法系的当代法律语言也有许多西方法律文化所没有的表达方法,英文里难以找到相应的表达,致使有学者认为很多情况下,现实生活中翻译的完全对等不可能做到,有时候甚至无法想象。[③] 如联产承包责任制、协警、保安等中国特色的法律语言翻译成英文后很难在英美人

① 参见张法连主编:《法律英语翻译》,山东大学出版社 2009 年版,第 120 页。

② 参见傅伟良编著:《法律英语翻译看这本就够了》,石油工业出版社 2010 年版,第 23 页。

③ See Christianne Nord, *Translation as a Purposeful Activity: Functional Approaches Explained*, Shanghai, Shanghai Foreign Language Education Press, 2001, p. 9.

之中产生同中国人等值的法律效果。第五,法律翻译中的"假朋友"现象,即英汉法律语系中照字面意义翻译的词语,实际含义却并非如此,如 leading case 的翻译是"首要案例",而 leading question 却应该翻译成"诱导性提问",industrial tribunal 译为"劳资纠纷裁判庭"。显然,望文生义的翻译不仅不能达到等效的法律效果,有时会造成极大的失误。如法律英语的 enterprise crime 通常误译成"企业犯罪",而事实上该词的意义相当于"organized crime",因此,准确翻译应为"有组织犯罪"。injunction 不是某些词典上所讲的"禁令""命令",而是英美法院系统所签发的"强制令"或"法院强制令"。

澳大利亚格里菲斯大学社会法律研究中心高级讲师曹菡艾(Deborah Cao)认为,法律术语是法律语言明显的语言特征,也是法律文献翻译处理中最难的问题。法律体系的差异导致翻译过程中无法在另一种法律词语中找到与之对等的表达,使语言和法律上变得复杂不堪。[①] 因此,法律翻译要达到译文法律语言与原文等效的最佳办法是译者首先要熟悉法律专业语言,了解所要翻译的具体法律文本,条件允许的情况下翻译前最好阅读有关参考资料,如相关法律专业书籍、法律词典、法典、法学论文和法律文献,直到对原文有透彻的理解,再给出最佳的等效法律翻译。

第三,专业性。

法律语言翻译的专业性(professionalness)主要指法律术语翻译过程中要凸显法律专业特色。此处所讲的法律术语翻译的专业性,指翻译人员在翻译专门用于立法文本和司法程序中的专业语言时尽可能使用表达法律专业概念的法律专用词语。[②] 法律术语是构成法律规则系统的"骨架"和精髓。因此,熟悉任何一部法律的关键在于熟悉或掌握体现该法律的重要术语,这也是检验法律翻译者所译法律术语是否专业的重要指标。

对于法律专业翻译人员而言,首先,专业化翻译语言的使用首先表现为一丝不苟的翻译作风。严谨的翻译作风一直是法律专业翻译者奉为圭臬的行为准则和应尽的义务。法律文件的翻译最主要的要求应当是严谨。国际译联在

---

① See Deborah Cao, *Translating Law*, Clevedon, Multilingual Matters Ltd. ,2007, p. 53.

② 参见刘红婴:《法律语言学》,北京大学出版社 2003 年版,第 42 页。

20世纪70年代就明确规定，译者应遵照文字翻译工作者协会制定之标准，提交忠实而严谨的译本。[①] 实践证明，严谨法律翻译的首要任务是抓住原文法律精神实质，准确理解原文所表达的实际内容及目的，并在翻译语言上特别注重叙事逻辑上的连贯及表达上的明晰与畅达。[②] 法律专业译者在翻译作风上要对自己严格约束，以求实谨慎的态度和忠实求信的翻译方法，将原文法律精神传达给译文读者，即在翻译过程中尽可能做到辞义之间无所"颠倒附益"。

其次，要做到语言表达的专业性，严格区分法律语境中普通词语的法律含义。面对一个在日常生活中司空见惯的词语，任何一个负责任的法律翻译人员首要考虑的问题就是严格区分法律语境和一般语境，避免出现"假朋友"现象。如 consummate/consummation 在一般语境中的意思是 perfect、complete/completion 等，通常翻译成"完成""结束""完结"等，但在法律语境尤其是刑事法律中基本含义为"达到犯罪目的""完成犯罪行为"等，如 consummated crime or offender、consummation of fornication，严谨的法律翻译应为"既遂罪、既遂犯"和"奸淫既遂"，如果翻译成"完成犯罪、犯罪结束"或"强奸完毕"，则与严谨的法律翻译大异其趣。法律汉语英译中，由于法律汉语本身有很强的张力，语义灵活多变，因此在法律语言的表达上必须措辞严谨，才能在法律语言形式上有效传达法律意义，有的法律翻译通常按照字面意义进行，容易造成英语本族语读者理解困难。如我国通常将"醉驾"翻译成"drunk driving"，含义模糊甚至存在严重歧义。其实笔者在英语里可以找到完全相同法律规定的英文表达：美国刑法中的"醉驾"是 drive in intoxication，加拿大刑法中的"醉驾"是 drive in an alcoholic state。笔者认为我们的翻译完全可以借鉴英语国家的相同表达。

法律汉语中的许多词语或术语时有英译的"假朋友"现象。导致翻译失误的主要原因一方面是没有完全对应的英文词语，另一方面是译者的疏忽或望文生义。如我国刑法里的"累犯"有两层含义：一指犯罪行为，二指犯罪分子。我国现行英文本译成"recidivist"，有的工具书却译为"repeat crime"。按《布莱克

① 参见[美]斯蒂芬·康格拉特-巴特勒编：《国外翻译界》，赵辛而、李辛编译，中国对外翻译出版公司1986年版，第137页。

② 参见廖七一等编著：《当代英国翻译理论》，湖北教育出版社2001年版，第68页。

法律词典》的解释,recidivist 指“one who has been convicted of a crime more than once”(repeat offender),接近我国刑法规定的构成要件。如果指犯罪行为,则应翻译为“cumulative offense”(offense committed by repeating the same act at different times)。

## 二、《大清律例》法律术语翻译的标准

翻译家林语堂认为,跨语言翻译是一门语言转换的艺术,需要翻译者个人具备相当之才艺,还要接受一定的翻译标准和翻译原则指导,更主要的是进行大量的翻译实践,因为艺术素来是没有成功捷径的。译者对翻译标准和原则及手段应有正当的见解。笔者认为,针对中国古代刑民混合的法律术语群及其翻译,更需要译者在把握不同性质法律术语翻译标准和原则方面下足功夫。笔者从英汉比较的角度考察《大清律例》不同译本中法律术语的翻译,目前比较可行的办法就是按照明确标有刑、罚、恶、罪以及钱、粮、婚姻、礼仪、买卖、借贷等具有刑法和民法话语标记的法律词语或法律专业术语,追寻相应法律术语分布状况及不同译者的英文表达特点,并从译入语的外部语言形态和内在意义的传达两个主要方面,按照古代法律术语翻译的基本标准和原则分别比较考察小斯当东和钟威廉两位译者的译文,探寻中国古代法律专业术语翻译的得与失,旨在为后来的译者总结出应当吸取的教训和遵循的普遍规律。

中国古代有些法律术语不仅具有内部形式,①而且也有外部形式。前者是讲古代法律术语有其十分丰富的法律语言文化内涵和历史背景,如赭衣、枭首、法、律等都具有悠久的法律语言历史文化渊源;后者是讲,包括法律词语在内的古代汉语从单音节词到双音节词,再到多音节词的演变过程中所形成的词语音韵节奏美,在许多法律术语中也有明显的体现,如《大清律例》中监守自盗、朦胧奏请、割襟为亲、依律断罪、贪赃枉法等法律术语读起来铿锵有韵,既彰显了法律的威严,又不失法律语言的音韵美感,对法律文书质量的提高有不容忽视的作用。② 将这些彰显古代法律汉语专属意义和独特节奏美的法律术语用其

---

① 参见姜剑云:《法律语言与言语研究》,群众出版社 1995 年版,第 85 页。

② 参见宁致远主编:《法制语文》,中国法制出版社 1996 年版,第 97 页。

他语言完全传达出来，实现意美、形美的双重结合，一直是翻译者追求的理想目标。《大清律例》法律术语的翻译可遵循以下三个方面的标准：

(一) 文字凝练简洁

法律术语意义及结构的凝练简洁，指的是在翻译过程中译者也应当遵循法律语言专家们所归纳出的有关法律语言的使用原则，即把表述较为复杂但又经常使用的语句浓缩成简洁的语词并固定下来，约定俗成地运用，①其中包括在译语中采用凝练简洁的文字。法律语言尤其是法律术语的简洁性与凝练性并非只是现代社会的立法要求，事实上古代社会对此早已有所意识，近代思想家们也多有深刻认识。② 法律术语翻译凝练简洁的要求源于法律语言自身的特性，1804 年颁布的《法国民法典》(French Civil Code)就因其简洁凝练的语言美获得后代学者的一致赞赏。

中国古代律学一直将法律语言的简易明白作为学术研究的主要范畴。唐代律学家房玄龄认为，法律语言应当清楚明白，如此可以有效预防犯罪，也可以杜绝法律官员为一己私利而曲解法律。唐太宗曾言："国家法令，惟须简约，不可一罪作数种条。格式既多，官人不能尽记，更生奸诈，若欲出罪即引轻条，若欲入罪即引重条。"③由古代汉语构成的古代法律术语作为记载古代法律语言文化之符号系统的典型代表，更是以其"文约而意丰"的简洁凝练形式著称于世。正是古代法律语言及术语"微言大义"所蕴含的丰富法律文化思想给法律术语的翻译带来不少困难。换言之，在古代法律典籍中的术语与英文同等术语之间的等值交流转化过程中，译者无法完全翻译的当然是文字无法转达的内容，同样也是文字添加给语言的内容。

法律术语翻译既要求法律意义高度浓缩、结构形态凝练简洁、语音语调干净利落，又要求法律术语形态特有的语音节奏、词语结构和意义表述等在译文中达到意、音、形多元复现的效果。也就是说，在法律术语形态转换过程中，由于东西方法律术语形态的差异，译者不仅要在意义传递上"取明深义，故词句

① 参见刘红婴：《法律语言学》(第 2 版)，北京大学出版社 2007 年版，第 63~65 页。

② 参见林喆：《法律思维学导论》，山东人民出版社 2000 年版，第 205 页。

③ (唐)吴兢撰：《贞观政要 · 赦令》，中华书局 1978 年版，第 251 页。

之间,时有所颠倒附益,不斤斤于字比句次,而意义则不倍本文”(《天演论·译例言》),还要关注法律术语意义和法律精神的忠实传达,尽其所能兼顾译语术语形态转换的视觉美学效果,使原文术语与译文术语在意义和形态上形神兼备。笔者认为,从翻译美学的角度看,优秀的法律翻译者在处理古代术语翻译问题上也可以最大限度地达到许渊冲先生所提的“三美”(three beauties)——意美、音美、形美(beauty in sense, sound and form)的原则。①

表4-3选取了《大清律例》中的一些典型法律术语,几乎每一个术语都“言简而义丰”。可以认为,小斯当东和钟威廉都在尽力表达原文的法律含义,有些术语译文的实际效果值得肯定,但也有一些术语的翻译,无论从意义上还是形式上看都有值得商榷的地方。

**表4-3 《大清律例》中典型法律术语翻译比较**

| 原文 | 小斯当东译文 | 钟威廉译文 |
| --- | --- | --- |
| 五刑 | Description of the Ordinary Punishments | the Five Punishments |
| 笞刑 | a moderate correction inflicted with the lesser bamboo | the punishment of beating with the light bamboo |
| 杖刑 | punishment is inflicted with the lesser bamboo | the punishment of beating with the heavy bamboo [zhang] |
| 徒刑 | temporary banishment | penal servitude |
| 流刑 | perpetual banishment | the punishment of exile |
| 死刑 | death | the penalty of death |
| 绞刑 | strangulation | strangulation |
| 斩刑 | decollation | beheading |
| 秋审 | execution at a particular period in the autumn | the Autumn Assizes |
| 朝审 | the sentence passed upon each individual being first duly reported to, and ratified by, the Emperor | the Court Assizes |

① 参见许渊冲:《诗书人生》,百花文艺出版社2003年版,第375页。

续表

| 原文 | 小斯当东译文 | 钟威廉译文 |
|---|---|---|
| 十恶 | Offences of a Treasonable Nature | the Ten Great Wrongs |
| 谋反 | Rebellion | Plotting Rebellion |
| 谋大逆 | Disloyalty | Plotting High Treason |
| 谋叛 | Desertion | Plotting Treason |
| 恶逆 | Parricide | Gross Unfilialness |
| 不道 | Massacre | [Acts that are]not in Accordance with the Way [Dao] |
| 大不敬 | Sacrilege | Great Lack of Respect |
| 不孝 | Impiety | Lack of Filial Piety |
| 不睦 | Discord | Discord |
| 不义 | Insubordination | Failure to Fulfill One's Duty |
| 内乱 | Incest | Internal Disorder |

(二)保持古色古香

《论语》的菲律宾译者丘文明(John B. Khu)等人在谈到古代典籍术语的现代英语翻译时认为,不得不考虑保留原文术语的古色古香。① 法律文化及法律语言承载着几千年的中国法律文化传统,是研究古代法律文化的"活化石",法律术语是其中最重要的部分,是体现"活化石"的"原始生物"。古代法律术语翻译过程中如何使"活化石"栩栩如生地跃然纸上,让古代法律术语(词语)描述的古代法律制度呈现在今人眼前,是每一个从事古代法律翻译的译者责无旁贷的工作,也是判断古代法律翻译成功与否的标准之一,同时又是古代法律翻译批评者应当关注的问题。

法律术语是蕴含法律专业语义的固定词语形式,是包含某种特殊领域意义的"三合体"(事物—名称—意义)。按照孙寰先生的观点,人们对术语的研究同对其他语言单位特别是词汇单位的研究一样,从形式结构与内容结构两个方面进行分析。② 在法律语言翻译领域,法律的特定抽象思维和法律的物态化理

① 参见[菲律宾]丘文明等编著:《〈论语〉英译·今译》,世界知识出版社1997年版,第20页。

② 参见孙寰:《术语的功能与术语在使用中的变异性》,商务印书馆2011年版,第29页。

念的翻译转化核心都是以法律翻译术语为存在形式。在古代法律术语翻译过程中也应当将如何保持译文法律术语与原文法律术语“古味”的契合纳入翻译研究的考量。换言之,法律翻译并不是用目的语中的概念和制度来替换原来法律体系中的概念和制度的简单过程。在古代法律翻译过程中,译者除了关注那些数量繁多的语义专一、结构固定、词性灵活的法律术语外,也要关注“译味”或古代法律汉语术语“译古味”。

中国法律典籍语言中的法律术语翻译一方面要尽可能做到忠实于原文法律意义,另一方面也意味着在形式上有某种程度的“叛逆”。法律翻译与法律典籍的关系较为复杂,译者既要有对法律翻译职业的崇敬之情,也要具备对法律翻译的鉴别和批判能力。典籍翻译者犹如精雕细刻的木匠,需要仔细观察,也要体验操作,鉴别原文精细微妙的语义差别,同时在龃龉抵牾的目标语中寻求替代物。典籍翻译者对所译典籍持崇敬、批判和语义鉴别的态度是对原文作者负责,在目标语中寻求替代物,就是在译语保持与原文意义相同的基础上,在语体风格的翻译上也要尽量与原文保持最大限度的近似性。

中国古代法律典籍中的法律术语翻译,在译文术语保持与原文术语基本含义相同的前提下,译者在专业词语选择和术语构造两个方面应当着力考虑最大限度地保持原文术语的风貌,使译文读者从语言符号的视觉感官上体悟到源语固有的古色古香,这不仅是翻译者要关注的问题,也是翻译批评者判断译文优良与否的重要依据。表 4-4 是关于《大清律例》第 3 条中“八议”的翻译比较,从中可以看出,小斯当东和钟威廉两位译者试图用现代英语翻译还原中国古代法律文化中的法律基本含义,但在通过选词和术语构造还原具有中国古代特色的法律术语上,小斯当东更加注重与原文保持最大限度的相似性,读起来简洁凝练,让读者感受到原文应有的风格。比较而言,钟威廉作为美国研究中国古代法律文化的现代学者,强调自己采用完全直译的方法翻译《大清律例》,但从表 4-4 的比较中可以发现,至少在形态上没有做到完全直译。同时,在选词和术语构造上他将原文的解释也翻译出来,并将其与术语放在一起,使原文凝练简洁的术语变得冗长拖沓分散,与原文术语结构形态有太大的分离,一定程度上影响了术语结构固有的凝练美。由此可见,由于东西方语言结构的差异,中国古代法律术语的西方语言翻译转换既要做到与原文术语意义保持一致,又要在结构形态上反映出古代汉语的凝练简洁,还需要做大量的思考和研究工作。

**表 4-4 《大清律例》中法律术语"八议"的翻译比较**

| 原文 | 小斯当东译文 | 钟威廉译文 |
| --- | --- | --- |
| 八议 | the Privileged Classes | the Eight [Categories of Persons Whose Cases are to be Especially] Considered |
| 议亲 | the Privilege of Imperial Blood and Connections | consideration [of cases involving] relatives |
| 议故 | the Privilege of Long Service | consideration [of cases involving] old [servants of the Emperor] |
| 议功 | the Privilege of Illustrious Actions | consideration [of the cases of those who] have great merit |
| 议贤 | the Privilege of Extraordinary Wisdom | consideration [of the cases] of the virtuous |
| 议能 | the Privilege of Great Abilities | consideration [of the cases of those] with great ability |
| 议勤 | the Privilege of Zeal and Assiduity | consideration [of the cases of those] who are industrious |
| 议贵 | the Privilege of Nobility | consideration [of the cases of] persons of high rank |
| 议宾 | the Privilege of Birth | consideration [of cases of those who are regarded as] guests |

为了进一步说明这一问题,笔者再将华莱士的《唐律疏议》译本中部分相同术语的英文翻译列出,以供读者对比参考:deliberation for relatives of the emperor(议亲)、deliberation for old retainers of the emperor(议故)、deliberation for the morally worthy(议贤)、deliberation for ability(议能)、deliberation for achievement(议功), deliberation for high position(议贵)、deliberation for diligence(议勤)、deliberation for guests of the state(议宾)。正如苏联翻译理论家费道罗夫(Federov)基于别林斯基(Belinsky)的研究所说的,十全十美的译

本比起十全十美的原著,其可能性要小得多。①

(三)译语通俗易懂

通俗易懂且不失庄重是立法语言技术要求的一个方面,立法既是为了具体实用,也是为了人们能够自觉遵守,因而立法语言应该是在各种语言文字中便于超越人们之间的文化程度、职业、经历等界限,而为各种不同的人或社会主体所认识和理解的一种文字。② 法律语言是在民族共同语系统中摄取一部分用于法律语境并被法律人赋予特定法律意义的专用语言,或者说,法律语言是取之于民并在此基础上用之于民的特殊目的语言。封建立法为避免"法在有司,民不周知",一直强调遵循的原则是法律要做到"以明不欺",最终目的是"刊布中外,使臣民知所遵守"。的确,笔者从中国历代语言材料中发现,秦汉以后出现的骈俪文、明清以来的"八股文",包括历代经、史、子、集中的文言文大都佶屈聱牙,但历代的法律文本所使用的语言即使现代人读起来也不会有太大障碍,而且有些术语如事主、自首、犯罪、罪犯、伤人、斗殴、在逃、教唆等一直沿用至今。

另外,封建立法者为使法律条款词语通俗易懂,"理明辞顺,无取更张",还特意在《唐律疏议》《大明律》《大清律例》等法律的条文中添加注释,"律内小注,释难明之义,解达未足之语气,句斟字酌,实足补律所未备"(《大清律例·凡例》)。由此可知,为了使法律规范通俗易懂,古代立法者在法律语言的易懂易解上下了不少功夫,不仅为后世立法者树立了榜样,也是古代法律文献及其法律术语翻译(包括语内翻译和语际翻译)的典范。下面以《大清律例》中的法律术语"理藩院"的两种译文为例着重探析法律术语翻译的通俗易懂问题。

理藩院是清朝崇德元年(1636 年)设立的管理少数民族地区及负责对俄交流事务的最高权力机构。先看小斯当东的译文。小斯当东用"tribunal"加上汉语拼音"Lee-fan-yuen"试图向读者表明,英文里面没有类似的机构表述,只好

① 参见[苏联]费道罗夫:《翻译理论概要》,李流、邓诚、张化鹏等译,中华书局 1955 年版,第 66 页。

② 参见曹海晶:《中外立法制度比较》,商务印书馆 2004 年版,第 316 页。

用“音译+意译”的方式作为传达原文含义的权宜之计。但是问题在于，“tribunal”与汉语“理藩院”的近似度如何？tribunal 的英文释义有：①an assembly (including one or more judges) to conduct judicial business。②a group of persons empowered to decide a specific issue according to the law, arbitrate in a dispute etc.; a bench or seat for judges, magistrates etc. (《朗曼当代英语词典》)。③a court or other adjudicatory body; the seat, bench, or place where a judge sits [《布莱克法律词典》(第9版)]。对比前列英文释义可知，二者的近似度不高，该译法虽通俗，但易使英语读者产生误解。与小斯当东不同的是，钟威廉将理藩院翻译成“the Court of Colonial Affairs”，可回译为“殖民地事务法院(庭)”，显然没有概括出理藩院的基本职能。这种译法也是通俗易懂，但译者却没有准确传达出理藩院处理少数民族地区事务的基本职能，使用“court”一词更是缩限了该机构的权限，这种译法也会使英文读者产生政治上的误解。

根据前面的分析可知，虽然两种译文产生的时代不同，但两位译者对原文的理解及翻译存在的问题基本相同——都误读了原文所要表达的含义。

### 三、《大清律例》法律术语翻译的原则

泰勒的“翻译三原则”、严复的“信、达、雅”以及我国古代翻译文论中的“文与质”“求真与喻俗”“旧瓶与新酒”“五不翻”“三不易”等传统而朴实的翻译理论与原则都蕴含十分丰富的翻译学哲理，具有较好的翻译实践指导意义。这些早期的翻译理论强调的一个重要方面就是形式翻译与内容翻译的辩证关系。源语形态的翻译或者源语的形式翻译是古今法律语言或法律术语翻译研究共同关注的话题。

古代法律术语属于古代法律词语范畴，法律词语翻译比较研究必然涉及不同译者对法律术语标准的理解问题。对法律翻译深有体悟的陈忠诚教授从法律汉语翻译成法律英语的角度提出过一些包括法律术语翻译在内的法律词语翻译原则，颇有见地。陈教授的翻译原则是，文字要求简洁明确，含义不得模糊。遇到意义模糊或意义和形式完全不同的原文，具体方法是仔细探究其实质

含义,从而根据其实质含义而不是只根据其含糊或不同的文字进行翻译。[①] 从法律汉语词语结构形态上看,使用古代法律典籍语言的法律词语与使用现代法律语言的法律词语相比较,前者单音节词的数量远远超过后者,这给现代译者的法律术语翻译带来一定的困难。古代汉语法律术语“重意轻形”,而英语法律术语形态意义兼具方能达意,翻译过程中在形态转换上常常会令人感觉困难重重,笔者在翻译实践中感同身受。

(一)法律意义的准确性

准确性是立法语言的灵魂和生命,也是立法政策和立法意志记载、表述和传递的第一要义。立法政策不准确,表达得不精确,会使传递的信息具有先天缺陷。很明显,对法律语言来说清楚准确地传达立法意志,让人们非歧义性地正确理解,这是最根本的要求,一切有悖于明确表意的手段和方法都在摒弃之列。[②] 立法语言的准确性历来被视为立法者使用语言的根本要求。法律语言意义表述上的准确性主要指在一般法律词语和法律专业术语的使用过程中,要求概念明确,表述清晰,没有歧义现象。[③] “法令明白,百姓晏然。”(《魏书·刑法志》)“明白”即准确使用法律语言。古人早就清楚法律之“明白易晓”与社会安定、不滋生奸邪的天然法律逻辑关系。至少从《唐律疏议》到《大清律例》都有专门的法律条文规定,官员不能准确讲读律令,情节严重的要“递降叙用”。反之,“百工技艺,诸色人等”(普通老百姓)如能够准确解读法律,可免“十恶”以外的所有罪罚,“不问轻重,并免一次”。[④] 立法宗旨决定了在法律语言的用词尤其是专业术语的使用方面必须十分重视其含义的准确性。

一部法典或法律,一项法律条文,一份法律文书如果不能使其调整对象理解或正确理会,立法者难于将公民或诸如当事人的法律关系人纳入法的轨道。[⑤] 因此,要求从事翻译工作的读律之后生在通晓两国文字的基础上做到对原文法律语言的心领神会,做到法律意义和法律词语表达两者兼顾,直到“审

---

① 参见陈忠诚:《法窗译话》,中国对外翻译出版公司 1992 年版,第 139 页。

② 参见孙潮:《立法技术学》,浙江人民出版社 1993 年版,第 65 页。

③ 参见王洁主编:《法律语言学教程》,法律出版社 1997 年版,第 44 页。

④ 参见(明)雷梦麟:《读律琐言》,法律出版社 2000 年版,第 94 页。

⑤ 参见林喆:《法律思维学导论》,山东人民出版社 2000 年版,第 199 页。

其声似，声入心通，查其融会，撮其命义，试其辞达”。对此笔者的理解是，在翻译过程中准确使用语言，不仅是对历代立法人员和法律规则实施者的基本要求，也是对法律翻译或法学翻译者的根本要求。从事不同法律体系之间法律术语翻译转换的法律翻译者，尤其要求一丝不苟地审读原文，使原文法律意义所赋予的权利和义务准确无误地再现给译文读者，使译入语的读者在阅读译文时产生与阅读原文相同的感受。

笔者比较研究《大清律例》两种译文后发现，虽然小斯当东和钟威廉两位译者所处时代跨越了近两个世纪，但为了将《大清律例》的法律术语及其语言形式准确地传达给英文读者，两位译者都在自己的理解范围之内，分别在清代当朝“华士”和曾留学美国的当代中国法学专业人士的帮助下付出了巨大的努力。尽管如此，许多古代法律汉语所具有的表达形式在英文翻译中仍然捉襟见肘，有些翻译甚至蹩脚不堪。为此，钟威廉在其英文版《大清律例》序言中仅仅就家庭关系的词语翻译问题不无遗憾地写道：

The translations of Chinese relationships are very awkward but is believed that they are accurate. The difficulty arises from the differentiation made by Chinese between relationships through males and females. Hence we translate father's brother's son rather than first cousin.

术语的准确性在于术语是否能够和它们所表达的概念内涵和外延相一致。[①] 在注重儒家传统礼教的《大清律例》中有关家族关系的词语错综复杂，这些词汇占了整个法律文本所使用法律词汇相当大的比例。古代法律文本中出现如此多的家族词语，在英美法系的法律文本中实为少见，这些词语在英文中没有相应的表达，以致此类家族性法律词语（或术语）的英文翻译蹩脚不堪。《大清律例》纳入清政府法律调整范围内的家族关系词语，如弟侄孙、曾元孙、堂祖父母、堂侄孙、姊侄孙、袒免亲等属于蒙娜·贝克所说的具有特殊文化概念的词语，译入语中没有与译出语词语直接对应的词。如英美立法机构的“Speaker”（议会或立法机构的议长），在许多语言（如俄语、汉语和阿拉伯语

① 参见孙寰：《术语的功能与术语在使用中的变异性》，商务印书馆 2011 年版，第 156 页。

等)中均没有对应的词语表达。[①] 还有学者持有更为理性的观点,认为由于法系不同、语义参考系不同,故而很难在不同法系内使用的法律术语之间建立起完全对等的语义关系。[②] 因此,家族词语作为《大清律例》中特殊形态的法律术语在和英语进行语际转换的过程中,小斯当东和钟威廉两位译者为做到准确地传达原文都付出了努力。读者可以通过表 4-5 比较两位译者是否准确再现了原文所要表达的法律意义。

**表 4-5 《大清律例》中部分家族词语的翻译比较**

| 原文 | 小斯当东译文 | 钟威廉译文 |
|---|---|---|
| 祖父母 | paternal grandfather or grandmother | paternal grandparents |
| 外祖父母 | paternal grandfathers and grandmothers | maternal grandparents |
| 皇亲国戚 | persons privileged by their royal blood | relatives of the Emperor (or of the imperial relations by marriage) |
| (皇家)袒免亲 | members of august family of the Sovereign | relatives of the Emperor of the degree of mourning called tan wen |
| 缌麻 | the fourth degree of mourning | the fifth degree of mourning |
| 大功 | the second degree of mourning | the third degree of mourning |
| 小功 | the third degree of mourning | the fourth degree of mourning |
| 五服 | the degrees of mourning | the five degrees of mourning |

### (二)法律效果的对等性

法律语言学中大多数的对等词是为了表达译入语法律制度中不存在的概念而创造出来的,而自然对等词则是在译入语法律制度中实际存在的术语,旨在最终取得法律效果上的对等性。[③] 法律语言作为一种专业性操作语言,既可以使法律人成为一个特殊的职业语言交流的共同体,也可以使这个特殊的职业群体因为有共同语言而成为统一的论辩共同体、交往共同体、知识共同体和法

① See Mona Baker, *In Other Words: A Coursebook on Translation*, Beijing, Foregn Language Teaching and Research Press, 2000, p. 47.

② 参见王道庚编著:《新编英汉法律翻译教程》,浙江大学出版社 2006 年版,第 9 页。

③ 参见[美]苏珊·沙切维奇:《法律翻译新探》,赵军峰等译,高等教育出版社 2017 年版,第 203 页。

律文化共同体。作为古代历史上某一个国家、地区甚至某一族群法律制度中揭示特殊法律事件、法律关系、法律行为和法律程序的专属性所指符号及其所指对象的法律典籍中的法律术语，反映的是历史上不同法律制度背景下不同法律习俗、法律历史沿革、法律历史文化和法律社会演变中赖以存续的经济基础和上层建筑所形成的法律思想和法律效力，同时也体现了古代某一时期上层建筑的法律诉求。

德国当代哲学家、语言学家伽达默尔(Hans-Georg Gadamer)谈到典籍翻译时写道，典籍翻译是将某一典籍作品推介到不同时代，对典籍作品的永恒性和超时代性的认识是一种永恒的现实与每一种不同地域的现实对接。[①] 法律典籍和当代法律文本一样，都产生过实实在在的社会调节功能或法律的威慑作用。中国古代历史上的法律典籍形成了与之相适应的一系列法律术语概念及独特的词语结构体系，内容特征是刑民不分、诸法合体。中国古代法律典籍术语的对外翻译与当代法律翻译一样，也要注重法律术语内涵意义及法律信息效果的传递。

东西方法律体系差异的直接体现是表达各自法律观念的法律语言符号体系的巨大差异，即源于印欧语系的英语所表达的是英美法系的法律观念意义，源于汉藏语系的汉语所表达的则是中华法系的法律观念意义，二者包括法律术语在内的法律语言系统大相径庭。因此，中国古代法律术语与异域语言之间交流存在着固有差异，因不同法律意义空白(semantic zero existing in various legal systems)或法律语义缺损现象而无法找到对应的表达形式，从而在翻译上留下不少遗憾。如《大清律例》里的“凌迟处死”就是中国古代特有的法律术语，古代法律英语里没有与此相对应的表达。因此，从早期来华的传教士到20世纪专门研究中国古代法律的专家对“凌迟处死”或“凌迟”的理解和翻译都各不相同。麦都思(W. Medhurst)翻译成“lingering execution”，[②]罗伯特·黑格尔给出了 execution by dismemberment (lingchi)、lingering death、death of a

① See Hans-Georg Gadamer, *Truth and Method*, London, Sheed and Ward Ltd., 1975, p. 288.

② See Walter Henry Medhurst, *China, Its State and Prospects*, Washington, Croker & Brewster, 1838, p. 117.

thousand cuts 等不同表达，[①]而在《大清例律》的翻译中，小斯当东将其译为"death by a flow and painful execution"，钟威廉译为"death by slicing"，也没有完全准确地表达原文的含义。

（三）语言表述的专业性

翻译人员不可能成为所有领域内的专家内行，专业术语过多、专业难度较大造成理解和翻译上的困难。[②] 因此，合格的法律翻译人员不仅要有卓越的语言理解和表达能力，还要有广博的百科知识和有关领域的法律专业知识。[③] 法律典籍英译者在翻译转换中既要克服理解和翻译上的困难，也要具备扎实的古代汉语或良好的古代法律典籍语言修养，更要有较好的法律专业知识和法律英语翻译基础，才能正确地理解源语并将其有效地转换成符合古代法律汉语意义及与之相适应的术语意义和形态。鉴于此，语言表述的专业性专指中国古代法律术语翻译过程中，译者应尽量站在古人所处社会的角度最大限度地使用专业语言，让读者跟随译者一同穿越时空，获得古代法律术语所传递的法律信息，以此彰显原文专业语言所要表达的意义。古代法律语言的译者要尽量以古人的语言让读者感受到原文法律语言的力量，其难度可想而知，有时甚至无法从另一种语言中找到与原文基本等值的专业语言表达，从而不得不寻求其他表达方法，使译文的读者感受到译文与原文具有相同的法律效果——从某种意义上说，在专业语言翻译中做到完全对等只是一种理想化状态。

中国当代法学家们谈到法律翻译时认为，法律翻译必须是原本的，没有任何附加和再创造的空间，是一种保守而严格的复制艺术，许多情况下是一种知其不可而必为之的思想文化传递过程。[④] 笔者赞同"翻译有时是一种知其不可而必为之的思想文化传递过程"的观点，但"法律翻译没有再创造的空间"这一观点，尤其是对古代法律术语翻译而言似乎值得商榷。的确，跨越不同法系、不

---

① See Robert E. Hegel, *True Crime in Eighteenth Century China*, Washington, University of Washiongton Press, 2009, p. 22.

② 参见李长栓、陈达遵：《联合国文件翻译教程》，中国对外翻译出版有限公司 2014 年版，第 128 页。

③ 参见李克兴、张新红：《法律文本与法律翻译》，中国对外翻译出版有限公司 2006 年版，第 226 页。

④ 参见米健：《法律翻译的现状与问题》，载《法制日报》2005 年 11 月 24 日，第 11 版。

同时代的法律术语翻译需要在意义上保持原本，然而异域法律语言中又很难有相应的专业词语，如果翻译人员进行严格的“复制”，势必导致翻译的“假朋友”现象。

小斯当东在《大清律例》英文版序言中谈到某些法律术语翻译的困窘时，不无遗憾地指出，该法律文本中的某些法律术语，英语里根本找不到与之毫无二致的专业词语来表达，最终只有选取与之意义相近的专业词语，以求译文意义上尽可能达到与原文异曲同工（analogous to the original）的法律效果。法律术语翻译的专业性是中外法律语言翻译传通中最重要的部分，也是令法律翻译人员最头痛的部分。如果对法律一知半解，对法律术语不熟悉，或者不了解相关法律术语的真正含义，翻译时用一般意义上的用语，更有甚者用口语或俚语来代替专门的法律术语，一方面会损害法律的严肃性，另一方面也会引发相应的法律纠纷。[①]

---

① 参见邓大鸣、贺筠：《论法律翻译与法律意识》，载《理论与改革》2008年第3期。

# 第五章 《大清律例》法律句子的英译比较

法律句子(法律书面语)是古今中外法律人在制定立法文本、撰写司法文书和处理其他法律文本过程中,用来表达法律的基本意义单位。一言以蔽之,法律语言交际依靠句子来完成,而完成的质量取决于句子的组织、安排的优劣。① 法律语言中的句子虽然不乏其结构上的某些特殊性或属于民族共同语句子系统的变体(sentential variant),但是法律语言句子系统必然要受制于民族共同语句子的基本法则和结构规律。古今法律人或法学专家研究法律句子及其结构特征,旨在捋清法律意义表达过程中法律意识或法学研究信息如何准确有效地传达到法律或法学受众。法律语言中的句子一直是法律实务界和法学领域共同研究的重要内容。享誉世界的英国法学家、法官阿尔弗雷德·汤普森·丹宁(Alfred Thompson Denning)在《法律的训诫》(*The Discipline of Law*)一书中用相当长的篇幅论述了当代法律人掌握法律语言中法律专业词语和法律语句的重要性,并说自己经常去文法学校,培养自己的语言能力。为此,他用大量的法律事件和法律事实的句型结构状态论证了法律专业人员遣词造句和理解能力习得及其对理解法律含义的重要性,强调法律人不要按照语言的字面意思或句子的语法结构去理解执行法律,他们应该依据法律语言词句背后的立法者的构思和意图去行事。要想在与法律有关的职业中取得成功,就必须尽力培养自己掌握语言的能力。②

## 第一节 《大清律例》法律句子的基本特征

现代法律语言研究者认为,广义的法律语言——无论是立法语言还是司法

① 参见宋北平:《法律语言》,中国政法大学出版社 2012 年版,第 268 页。

② 参见[英]丹宁勋爵:《法律的训诫》,杨百揆、刘庸安、丁健译,法律出版社 1999 年版,第 24 页。

语言,其句子结构的构建都是源于民族共同语的句子系统。法律语言的句子结构有其自身的某些重要特点,尤其是立法语言中有些特殊法律专业句子结构的使用频率要远远高于其他文类,古代法律语言中的句子结构也不例外。随着法律语言研究的纵深发展,有的学者从古代法律典籍汉语句法的角度审视现代法律汉语句子的纵向生成渊源,也有学者从社会语言学、语用学、文体学和翻译学等多学科视角比较分析法律语言句法的横向构造机制及跨语言转换规律。

## 一、法律句子概说

句子是上接词语,下承句群、段落和语篇的一种连接体。根据句子表达的语气类型可将句子分为陈述句、疑问句、祈使句和感叹句。从结构类型上看,句子可以分为单句和复句,二者还可以继续划分为若干小类。句子语气类型的使用,句子结构形态的建构,取决于思想表达者的情感状态和意思表示的复杂程度,法律语言中的句子亦复如此。法律语言是不同于一般语言的具有权威性和约束力的法律载体,法律语句是法律人表达法律意义的最高层级单位。① 有学者认为,法律语言中的句子系统是法律人或法律职业者在全民通用语言的资源库里,根据法律事务的表述需要构建出来的一系列将法律语言与其他语言区别开来,超越常规使用的专门性句法形式,并由法律人赋予法律句子特殊的语言表达功能,以此作为立法、司法或其他法律语境中普遍使用的法言法语专业表述常态。法律语言中特殊句法的创造在于按照书面文本的表述需要形成一系列的习惯和规则,也成为法律语言学可以探究的内容。②

### (一)古今法律语句研究概况

法律语言包括语音、词汇、句法和篇章四个最基础的构成要素。法律语句是法律语言研究体系的重要组成部分,也是当代法学研究不可或缺的部分。法律语言学研究的重要分支就是法律句法的结构生成规律。法律涉及每一个人的权利和义务,必须让每一个社会成员理解法律语句所表达的法律含义。法律语言的句子表述在18世纪法国启蒙思想家孟德斯鸠眼里,是国家兴亡的重要

---

① 参见杜金榜:《法律语言学》,上海外语教育出版社2004年版,第1页。

② 参见刘红婴:《法律语言学》(第2版),北京大学出版社2007年版,第40页。

工具之一。他将立法者和司法者正确使用法律词语和句子提升到前所未有的高度,认为法律语言的含义不清,语句拙劣,罪文不明,足以使一个政府堕落到专制主义中去。孟德斯鸠在论证法律语言时认为,法律用语和法律句子结构不要弄得精微玄妙,要正确使用例外、限制条件和制约语句,法律语句的构造要质朴平易,用直接的说法要比深沉迂远的辞句易懂些,唯其如此,法律语句所表达的法律意义才能唤起每个人同样的观念。①

人们对法律语言与句子关系的普遍理解是,法律句子既是人们用来表达法律思想情感的最小结构单位,也是法律语言运用或法律篇章接续的基本单位。正如德国法学家魏德士(Bernd Ruthers)所讲,法学只是一门特殊的以解决法律价值判断问题为目的的特殊修辞学。法律的论证如果不能解决非法律工作者所理解的句法问题,其将失去法律专业人士与法律共同体(大众公民)之间的必要沟通。② 英文"rhetorics"的定义是有效使用语言的技巧或艺术(the skill or art of using language effectively),法律句子是法律语言修辞艺术的重中之重,即法律语言本身就是在"字斟"与"句酌"相互照应关联中选择和产生的。③因此,法律语言上广义的法律修辞(forensic rhetorics)包括法律语言句法各种表现形态,是法律语句清楚明白、前后统一、语力强劲的前提。④ 梁启超分析了中外"法文之工拙"后,写道:"英国硕学边沁,尝以法律之文句,比诸宝玉,诚重之也。法律之文句有三件:一曰明,二曰确,三曰弹力性。明确就法文之用而言,弹力性就法文含义言之。"⑤诚然,如果一个法律文本的法律文句佶屈聱牙或基本语言的理法不通,法律语句逻辑混乱,甚至法律语句显然无法让人们理解其立法原意,无法实现立法者的立法意图,⑥遑论达到所制定法律的广泛约束力,更为严重的是,法将演变为法律的"祭祀阶层"(eine Juristische

---

① 参见[法]孟德斯鸠:《论法的精神》(下册),张雁深译,商务印书馆 1963 年版,第 296~297 页。

② 参见[德]魏德士:《法理学》,丁晓春、吴越译,法律出版社 2005 年版,第 94 页。

③ 参见谢晖:《法律的意义追问——诠释学视野中的法哲学》,商务印书馆 2003 年版,第 508 页。

④ See William C. Robinson, *Forensic Oratory*, Boston, Little, Brown, and Company, 1893, pp. 243-245.

⑤ 范忠信选编:《梁启超法学文集》,中国政法大学出版社 2004 年版,第 181 页。

⑥ 参见[美]安德雷·马默主编:《法律与解释——法哲学论文集》,张卓明、徐宗立等译,法律出版社 2006 年版,第 81 页。

"Priesterkaste")的神秘科学。[①]

法律句子与其他文本语句一样,可以根据法律语言所表达的意义分为若干种类。美国法律语言哲学教授弗雷德里克·鲍尔斯(Frederick Bowers)根据具体法律语言语句的主题特征(topic attributes)将法律语句概括为三种基本表现形式:义务性语句(the sentence tells the one who is being obliged to do an act)、授权性语句(the sentence tells the one who is being permitted to do an act)和禁止性语句(the sentence tells the one who is being forbidden to do an act)。[②] 法律语言中的句法表现力及系统研究源于19世纪欧美国家的法学界,其中最具代表性的是德国、法国、英国和美国的法学家们对法律与语言关系的系统研究。中国的法律语言及其句法研究发轫于20世纪90年代初期,最初关注法律语言现象的主体是语言人。21世纪初期,中国法学界的学者开始研究法律与语言的关系,不仅关注法律句子形态对法律思想效力的表述,而且关注由不同法律句子构成的法律话语整体语力(the integral language power in a legal discourse)。目前,东西方学者对法律语言的关注虽然已经从单纯的法律词语的解读发展到不同法律文化的法律语言交流,但对于法律语句特性及规律的研究仍是法律与法律语言研究始终无法回避的话题。笔者研究古代法律典籍语言中的法律语句的生成及在翻译过程中的转换规律和技巧,除词语及其所负载的中国古代法律文化意义外,对以法律语句表现力为主要单位的研究也纳入法律语言整体研究的重要范畴。

理解法律语言的最小意义单位是由法律词语构建的法律句子。法律语言中法律语句在律法体系所揭示的是一种社团语言变体,[③]也是语言的社团变体理论在不同文类的实践和运用。社会语言学认为,法律人所使用的各种法律语句作为社团变体的句法形态之一,在保持其自身特点的同时应注重两个方面:一方面,与民族共同语语法规范相适应,并且适合民族共同语的语法规则。[④]

---

① 参见[德]魏德士:《法理学》,丁晓春、吴越译,法律出版社2005年版,第94页。

② See Frederick Bowers, *Linguistic Aspects of Legislative Expression*, Vancouver, University of British Columbia Press, 1989, p. 252.

③ See Ralph Fasold, *Sociolinguistics of Language*, Oxford, Blackwell Publishers Ltd., 2000, pp. 298–299.

④ 参见高名凯:《语言论》,商务印书馆1995年版,第138页。

另一方面，呈现出有别于民族共同语用句规律的变异现象，[①]尤其是具体反映在法律职业内部专业人士之间以法律专业语言进行高效率的沟通过程中，使法律人在拥有普通人共同拥有的现实语言世界和语言常识世界之外，还掌握了另一种独特的语言——法律话语。[②] 这种由法律母语所表达的民族法律世界常常被内化为一种特殊的民族法律语言文化精神。对此，善于思辨的西方法学家有过较为精辟的论述。德国当代著名比较法学家、图宾根大学和哥廷根大学法学教授伯恩哈德·格罗斯菲尔德(Bernhard Grossfeld)对民族法律语言与民族法律的内在精神关系进行过较为生动的比喻性阐释，认为每一个民族所使用的法律语言是构建该民族法律精神的基因，也是某一民族法律心理的内部反应，并作用于某一民族的"精神波长"，最终使每一个民族自身之内都有一个"和法律语言的发送器相同波长的接收器"。由此可见，语言对法律的影响无法估量。[③] 一个民族的法律语言与这个民族的法律是一种胶柱关系，或者说彼此具有不可分离的连带关系。法学语言和法律语言的句法研究是任何一个时期法律语言研究的重要环节。

(二)古代法律语句的构造范式

古代法律汉语典籍的翻译包括语内翻译和语际翻译，前者如将古代法律典籍语言转换成现代法律汉语，后者如将古代法律典籍语言(经现代汉语)翻译成法律英语。在这一过程中，首先要了解两种法律语言句法构建范式的异同。德国语言学家洪堡特认为，任何人都无法否认古代汉语具有一种惊人的高雅之美，它摒弃了一切无用的语法关系，只凭语言本身而不必凭借语法形式来充分表达纯粹的思想。他还认为，古代汉语句法的独特之处在于它比任何其他语言都更突出思想内容，将词与词的联系几乎完全建立在思想的序列和概念的相互关系之上。[④]

---

① 参见孙懿华：《法律语言学》，湖南人民出版社 2006 年版，第 84 页。

② 参见李旭东：《法律话语论——法律本位之研究》，山东人民出版社 2009 年版，第 35 页。

③ 参见[德]伯恩哈德·格罗斯菲尔德：《比较法的力量与弱点》，孙世彦、姚建宗译，清华大学出版社 2002 年版，第 162~164 页。

④ 参见[德]威廉·冯·洪堡特：《洪堡特语言哲学文集》，姚小平译，湖南教育出版社 2001 年版，第 95 页。

古代法律语句的构造范式,指古代立法者或司法人员在表达自己法律思想和法律意义的过程中通常采用的造句方法,同样也会体现在洪堡特所分析的汉语句法特征上。从现有关于古代法律语言发展的历史研究资料看,中国古代法律语言从秦汉简牍法律一直到清代立法文本,其基本句法形态并没有发生根本性变化。如湖北云梦出土的秦简中《秦律》规定:"斗决人耳,耐(判处耐刑);或与人斗,缚而尽拔其须眉,论何也?当完城旦(判处城旦刑);或与人斗,决人唇,论何也?比疻痏(比照打人造成青肿或破伤予以判刑)。"该条法律的句法与1500多年后《大清律例》里的许多句子及句子成分的结构排列方式几乎完全一样。同样,对于距今近300年的《大清律例》里所构建的大量法律语句,一般文化水平的人读起来几乎都没有太大的障碍。下面是《大清律例》和现行刑法中类似案件的立法语句比较。两者除所表达的法律规定意义不同以外,句法结构形态及传递法律处罚信息的方式基本是一致的。

**斗殴[相争为斗相打为殴]**

凡斗殴[与人相争],以手足殴人,不成伤者,笞二十;[但殴即坐]成伤及以他物殴人不成伤者,笞三十;[他物殴人]成伤者笞四十。[所殴之皮肤]……(《大清律例》第302条)

故意伤害他人身体的,处三年以下有期徒刑、拘役或者管制。

犯前款罪,致人重伤的,处三年以上十年以下有期徒刑;致人死亡或者以特别残忍手段致人重伤造成严重残疾的,处十年以上有期徒刑、无期徒刑或者死刑。(《刑法》第234条)

因此,有学者认为,虽然古今汉语的句法结构也有一些历史变迁所形成的差异,但古今汉语的句法基本结构是一致的。① 语言的结构以及它的文法构造和基本词汇是许多时代的产物。历史表明,语言具有很大的稳定性。② 尽管如此,《大清律例》在句法上继承前代法律语句的同时,也有自己的特点,特别是清代晚期补充的"例"的句法比"祖宗之成法"——律文的句法更加通俗易懂,整体句法形态上倾向于现代法律语言的句子结构。主要原因在于,唐代以

① 参见陈蒲清:《文言今译学》,岳麓书社1999年版,第180页。

② 参见[苏联]斯大林:《马克思主义与语言学问题》,人民出版社1953年版,第24页。

来白话文的兴起与普及对清代法律文本中法律语句倾向于大众化和平民化产生了很大的影响。笔者观察《大清律例》与清代通俗小说《红楼梦》《儒林外史》《官场现形记》《孽海花》《二十年目睹之怪现状》等所使用的句法发现,《大清律例》中除少数法律语句的特殊形态以外,其他法律语句形态都与同时代文学语言所使用的句法没有太大的差别。

外国法学研究者普遍认为,古今法律语言表述的法律意义单位(meaningful unit of legal language)都是法律的句子范式及其彰显出来的结构特点。笔者认为,如果没有法律语言和法律语句结构范式的各种表达形式,任何法律都只能是得了“失语症”。法律的优劣直接取决于表达该法律语言的优劣。语言对法律本身的重要性同样适用于法律工作者对语言驾驭能力的重要性。[①] 我国现代法学界从 20 世纪 80 年代末期开始大规模翻译引进国外法学研究著作,直到 21 世纪的今天,包括法律语句范式研究在内的外国法律语言研究思想对我国新一代法律人和法律语言研究者构建法律及其语言观念产生了不可小觑的影响。更为重要的是,国外法学家和法律专业人士对法律语言及其各种法律句子范式的研究不仅为中国语言学界的应用语言学者打开了一扇全新的大门,更是直接催生了中国法律语言研究队伍的产生。目前,一大批来自法学界、语言学界、翻译界的专家学者投入法律语言研究,其中最重要的研究方向就是古今法律语言中各类句法构建范式。笔者下文对《大清律例》句子基本特点的归纳研究,就是受到上述观念的影响和启发。

## 二、《大清律例》法律句子的基本特征

语言与思维存在密切的关联性,汉语思维方式决定了汉语遣词造句的特点。中华民族的思维方式决定了古今汉语词、句、段落甚至篇章构建方面总体上重悟性而不重形式推理,重整体把握而不重分析。[②] 洪堡特对汉语句法特性有比较恰当的理解。他认为,在汉语句子里,每一个词都排在那里,要去斟酌,要从各种不同的关系考虑,然后才能读下去,词语在句子结构中的具体含义

① 参见[德]魏德士:《法理学》,丁晓春、吴越译,法律出版社 2005 年版,第 71 页。

② 参见陈蒲清:《文言今译学》,岳麓书社 1999 年版,第 171 页。

常常要从上下文的意思中推导出来。[1]《大清律例》是在继承以前法律语言尤其是明代法律及其语言结构的基础上，结合清代社会“民人”日常行为的实际状况制定而成的。换言之，虽然“刑书所载有限，天下之情无穷”，但在法律语言及其句法系统整体上，《大清律例》一方面沿袭了千百年来的古代法律的词语、篇章和句法体系，另一方面也有清代自己的特色，如律文中的小字注解和例文中常见的被字句和使用并列连词之类的句子显现出典型的明清“白话文”或近代汉语的句法特点，有的句子甚至在现代法律汉语里也司空见惯。下文根据《大清律例》法律文本中使用的句法形态特点，对436条律文中使用频率较高的句法句子按其在该法律文本中的用途进行归纳分析。

（一）“陈述—判断—处理”句与“预设—后果—处理”句

立法语言中的法律逻辑推理式句子（sentences of reasoning in legislative language）是古今中外法律专业人士都会采用的法律句法形式，只是这些法律句子因时代变化而有所不同。西汉史学家、文学家司马迁的《史记·太史公自序》中对法律和道德在社会行为控制中所发挥的不同功能，用极其精炼简洁的语言做过如下精辟的论述：“夫礼禁未然之前，法施已然之后。法之所为用者易见，而礼之所为禁者难知。”中国古代传统的立法观念是德、礼、法结合。法律是规范，从某种程度上讲，道德伦理本质上也是一种义务性规范。[2] 因此，现代学者从道德准则和法律规范的角度对两者进行的解释是：礼能管事情发生之前，也就是管人的思想和动机，属于教化与预防；法的施行是在不该发生的事情已经发生之后，属于惩罚与弥补。可人们往往只看到法的作用，却认识不到礼的威力。上述观念反映在具体句法表现形态层面上，无论是“礼禁未然之前”还是“法施已然之后”均可以换算成与其相应的预防性语句，其基本句子形态为“预设—处罚”。司马迁的法律观念与亚里士多德提出的规劝性法律言辞活动和禁止性法律言辞活动及其逻辑语句基本一致，并与其句子逻辑形式相吻合。根据笔者的观察，《大清律例》里使用较多的句子是“陈述—判断—处理”

---

① 参见［德］威廉·冯·洪堡特：《论语法形式的性质和汉语的特征》。转引自申小龙：《中国语言的结构与人文精神》，光明日报出版社1988年版，第58页。

② 参见林喆：《法律思维学导论》，山东人民出版社2000年版，第222页。

句和“预设—后(结)果—处理”句两类。

1. “陈述—判断—处理”句

“陈述—判断—处理”型句子是法律范畴思维最基本的表现形式,也是法律范畴广泛使用的一种句类。[①] 对于《大清律例》众多立法句子中的“陈述—判断—处理”句,现代法律语言研究者将其统一为“假设—处罚”型或“假定—惩罚”型语句,也就是说,立法人员首先要陈述如果某种行为发生,法律执行机关或公权机关会根据法律条款既定的法律尺度去衡量该行为的违法程度,并综合其他因素依法作出相应的处理。法学界也将这种语句所表达的法律含义称为立法推定。也就是说,从立法的程序层面上讲,立法者所要进行的工作就是选择如何调整生活事实或保护何种利益并使之类型化,从而通过价值评价与取舍赋予某一类生活事实一定的法律后果。[②]《大清律例》的“陈述—判断—处理”句是该法律文本中最常见的句子。这种法律句子的主要表现是,立法者先陈述某种法律行为,再对该行为的法律后果作出法律判断,然后就前面所判断的法律行为应当承担的法律责任进行陈述说明。另外,这种句子还可以分为简单判断和复杂判断,前者通常为简单事实加法律责任后果判断,后者是在事实陈述后,另外再加上其他情况,然后对法律后果的法律责任进行说明。

**例1** 以应宿卫守卫人[下直之人]私自代替及替之人,各杖六十。以不系宿卫守卫人冒名私自代替及替之人,各杖一百。官员各加一等。(《大清律例》第185条)

**例2** 凡立嫡子违法者,杖八十。其嫡妻年五十以上无子者,得立庶长子,不立长子者,罪亦同。[俱改正](《大清律例》第78条)

**例3** 若僧、道不给度牒,私自簪、剃者,杖八十。若由家长,家长当罪。寺、观住持及受业师私度者,与同罪,并还俗。[入籍当差](《大清律例》第77条)

**例4** 其[应给衙门]不立文案,空押路引,私填与人者,杖一百,徒三年。受财者,[分有禄、无禄]计赃以枉法,及有所规避者,[或贩禁货通番,或避罪犯

---

① 参见孙懿华:《法律语言学》,湖南人民出版社2006年版,第92页。

② 参见杨建军:《法律事实的解释》,山东人民出版社2007年版,第274页。

出境]各从重论。(《大清律例》第221条)

以上四个法律语句例子都是《大清律例》里面比较典型的"陈述—判断—处理"句。例1的"以……各杖六十""以……各杖一百。官员各加一等",这里的"以"在古汉语中作介词用,基本意思是把、用、凭等。例2的凡字句是《大清律例》中较为常见的句法。凡字句通常有两种功能:第一种是表示预设或假设,即预设某种行为现象为立法者以法律规定的形式予以提倡、禁止或要求当事人作为法定义务履行,没有满足前面的设定或与前面设定的语义相背离,就会按照设定的法律进行规范或承担拟定的法律责任,与现代法律语句中常用的显性预设句"如……""如果……"相同。第二种是立法者对"天下臣民之言行利害关系"进行概括性、归纳性、总括性陈述,并针对违反所概括的行为制定出相应的指令性法律条文,这种规定通常有强制性、灵活性和鼓励性三大特点。例3是《大清律例》里相对常用的"……者"句,也有两种功能:第一种如本例句中表达陈述的句子,现代法律语句中不太常用;第二种是表达预设的语句,与现代法律语句中的"……的"或"……者"相同。例4是古代法律语句里常见的其字句,在古代法律语句中表达陈述语气(如本句),也可以表达预设关系或表示假设关系,相当于"如果……""如……""……的"之类的语句。

2."预设—后(结)果—处理"句

"预设—(法律)后果—处理"的三要素句是古今中外立法语言中最常用的句子结构模式。凯斯·R.孙斯坦(Cass R. Sunstein)教授在《法律推理与政治冲突》(*Legal Reasoning and Political Conflict*)一书中论及法律规范的句子构成的要素、标准、原则等特征时写到,"假定—法律后果—处理"句是许多法律规范都包含的明示或默示的假设性句子范式。① 对于其所说的"假定—处理"句,我国学者称为"预设—处理"句或"假定—处理—制裁"句,并认为这种三要素的模式主要是以刑法规范为模板理解所有的法律规范,②与英国近代法学家约翰·奥斯丁(John Austin)在"法律是主权者的命令"命题下提出的公式"命

① 参见[美]凯斯·R.孙斯坦:《法律推理与政治冲突》,金朝武等译,法律出版社2004年版,第29页。

② 参见李旭东:《法律话语论——法律本位之研究》,山东人民出版社2009年版,第65页。

令—义务—制裁”三要素异曲同工。① 我国学者还提出，三要素句子模式观点所宣示的法理学观念在于立法者在“定分以止争，防患于未然”之前，首先预设可能存在的某些违法行为，也就是古人所讲的“法者所以兴功惧暴也，律者所以定分止争也，令者所以令人知事也”（《管子・七臣七主》）。这里的“分”指权利或主权，即“创设权利，必借法律，故曰定分止争也”（梁启超语）。“定分”就是要确定名分，就需要确立某一具体社会生活中每一个人的权属关系规则，本着“法不溯及既往”的原则，以预设句子的形式对所要规范的行为厘定界限，将现实生活中的一切主观或非主观的行为纳入法律所预设的控制范围。也就是说，立法者需要根据已然的行为推定和预设未然的行为，制定相应的规则予以限制或制止。现代法律语言将这种预设关系的句法形态称为“预设—结果—处理”或“假设—判断—处理”和“假定—处理—制裁”句。② 潘庆云教授将此类句子归纳为两大类：“条件—法律主体—法律行为”和“条件—行为主体—行为—制裁”。③ 另外，也有学者称之为条件假设句，并将其分为一般假设复句、让步假设复句、有条件复句、无条件复句等。④《大清律例》在表达类似现代法律语言的条件或假设语气语句形态时，一般也有显性句和隐性句两种形态，前者通常采用“凡……者”“若……者”“如……”等句子形式，后者不用前述表示假设或预设的词语，这类句子在日常语言中被称为隐性条件句或隐性假设句。从前述有关法律逻辑的句子规范形态看，尽管几种句子结构形态有所差异，但都是立法者对事实类型的安排在法律规范中描述法定的事实构成——对典型的生活事实或利益状态所涉及的生活过程进行法律评价。⑤

对于笔者所提供的上述法律句子分类，目前法学界也有不同观点。例如，有学者认为以“假定—处理—制裁”的三要素式来认识法律规范，主要是以刑法规范为模板来处理所有的法律规范。由于并非所有的规范都提供制裁（例如私法规范就非常突出地体现这一点），提供积极的、鼓励性的法律评价的

① 参见[英]约翰・奥斯丁：《法理学的范围》，刘星译，中国法制出版社 2003 年版，第 10~14 页。
② 参见曹海晶：《中外立法制度比较》，商务印书馆 2004 年版，第 328 页。
③ 参见潘庆云：《法律语言鉴衡》，汉语大词典出版社 2004 年版，第 277 页。
④ 参见邱实：《法律语言》，中国展望出版社 1990 年版，第 148~150 页。
⑤ 参见[德]魏德士：《法理学》，丁晓春、吴越译，法律出版社 2005 年版，第 63 页。

法律规范也是存在的,这使得三要素说陷入困境。两要素说以"行为模式+法律后果"的方式较好地处理了三要素说所不能解决的问题。[①] 经观察发现,无论是显性的还是隐性的,"预设—后果—处理"句子形态在法律语言中适用范围最广,尤其大量出现在刑事处罚的语境中。就《大清律例》诸法合体且刑法主导的法律句子集合倾向而论,法律语句刑罚性句子远远多于其他类型的句子。

**例1** 凡在京、在外大小官员,有犯公、私罪名,所司开具事由,实封奏闻请旨,不许擅自勾问。(《大清律例》第6条)

**例2** 凡内外大小文武官犯公罪该笞者,一十,罚俸一个月。(《大清律例》第7条)

**例3** 犯罪已发[未论决]又犯罪者,从重科断。(《大清律例》第21条)

上述三个例句中,例1是表达陈述语气的句子,即直接陈述或说明法律规定的客观法律事项,相当于现代法律语言的禁止性语句。例2中"凡……者"句是较典型的"假设—处理"句或"假设—判断—处理"句,即法律预先设定某种行为,并对某种行为后果作出判断后再依法规定行为人应当承担的法律后果。这种句子在现代法律语言里是较为常用的法律语句表达方式。例3是没有连接词语的隐性"预设(假设)—处理"句,也是古今法律语言中常见的隐性"预设—处理"句。这种表面上看不见预设(假设)词语,而实际句法功能上所表达的为明确的假设或预设含义,是现代法律汉语中十分常见的句子形态。例如,"债权人与债务人协议变更主合同的,应当取得保证人书面同意,未经保证人书面同意的,保证人不再承担保证责任"(《中华人民共和国担保法》第24条)。汉语法律句法中的这种隐性假设条件句,英文翻译通常要将其显性出来。如前述担保法例句的译文为"When a creditor and a debtor agree to alter the principal contract, they shall have to obtain the surety's consent in writing; the surety shall no longer be liable if the contract is altered without his prior consent in writing"。另外需要强调说明的是,和现代法律汉语的"假设(预设)—判断—处理"法律语句一样,《大清律例》律文中的"假设—处理"句或"假设—判断—

① 参见李旭东:《法律话语论——法律本位之研究》,山东人民出版社2009年版,第65页。

处理”句等表示预设的法律语句在实际法律语篇的句法构建中,根据法律规范的具体要求和涉法事件的复杂程度及情罪轻重,在“凡”“若”“如”“……者”等连词引导的基本句法形态不变的情况下,从法律条文所表达的内容看,其主题句子中还有许多变数。如:

若将异姓外人乞养为子,瞒昧官府诈冒承袭者,乞养子杖一百,发边远充军,本家所关俸给,[事发]截日住罢。

若当该官司知[其搀越诈冒]而听行,与同罪。(《大清律例》第47条)

凡监临主守将系官钱粮等物[乃金帛之类,非下条衣服之属],私自借用,或转借与人者,虽有文字,[文字兼文约、票批、簿籍]并计[所借之]赃,以监守自盗论。(《大清律例》第125条)

从这两条法律句子结构可以看出,三个完全句都是在“预设—结果—处理”句的基础上增加了不同长度的信息,使句子承载更多的“法令之所谓”,因而句子的法律意义更加复杂丰富,并不会完全刻板地遵守某一种固定的句子结构形式。如第125条的基本句子框架是“凡……以……论”,句子内部“……借用”“或转借……”“虽……”“并……”等分句增加了相应的法律行为和法律信息,使“预设—结果—处理”的法律句子所承载的法律意义更复杂,句子长度亦随之发生变化。第47条的两个句子的结构情况也大致如此。由此可以发现,《大清律例》里的“若……”“如……”“凡……”“……者”等表达预设或假设概念的句法在预设性基本句子含义相同的具体情况下,由于每一句所涉及的法律事项不同,其所在的法律句子在法律意义的表达上,也会存在不同程度的差异,只是这种差别常常被人们有意或无意地忽略——尤其是英汉句子的翻译转换过程中,几乎千篇一律将“若……”“如……”“凡……”“……者”等翻译成“if”“when”或其他类似的条件句,其译文意义传达准确与否是值得法律翻译人员思考的重要问题。

### (二)“解释—说明”句与“律母”“律眼”句

《大清律例》法律语言中的“解释—说明”语句事实上与现代法律语言中大量司空见惯的义务性、禁止性和授权性等均含有命令性祈使句子结构不同,该文本中有许多并不表达命令性语气,而是表达解释性或说明性的法律语句,它们通常出现在律内小字注释中。这些句子的主要功能就是对法律语句中的法律事项或法律词语进行客观解释说明,属于现代法律语言意义上的法律语言的本体性解释,由于此类句子夹杂在律文的字里行间,因而也称作“立法解释”。另外,无论是以句子形式还是以其他形式出现的律内小字注释,其法律效力与条款主文等同。

清代律学家王明德在其所撰写的法学解释专著《读律佩觿》中,独具匠心地总结出解读古代法律语言的常用词语“律母”(以、准、皆、各、其、及、即、若)和“律眼”(例、杂、但、并、依、从、从重论、累减、听减、得减、罪同、同罪、并赃论、折半科罪、坐赃致罪、坐赃论、六赃图、收赎)引导的句子结构。两者所概括的古代法律语言及其句子结构现象对包括《大清律例》在内的古代法律语言的理解阐释、研究以及对外翻译都有极其重要的参考价值,其精妙在于对律条的文字解释与义理阐述透过文字的隔膜而得立法之精义。根据观察研究可知,法律汉语中的“律母“和“律眼”虽然属于词语范畴,但古代律学先贤们也将它们视为古代法律语言中的一种特殊句子形式。为此,笔者也将《大清律例》里的“律母”和“律眼”作为一个小节,对其进行专项性分析讨论,主要目的是了解此类语言现象在古代法律语言中的精妙之处及其立法之精义。

1.“解释—说明”句

现代法律文本里的“解释—说明”句通常是立法者根据其立法宗旨和立法意义,对立法文本里重要词语或法律专业概念的内涵和外延进行重要解释说明的句子,即人们通常说的立法解释。“解释—说明”句是《大清律例》和其他古代法律文本中较常用的句子形态,也是清代立法者对法律文本里重要法律概念、法律词语或法律事实的解释说明。因此,大多数情况下,此类法律语句既不规定权利义务,也不表达是非立场,只是对一些普遍的法律实施或是非问题进行说明。正如潘庆云教授所认为的,立法文句最大的特点是普遍性。这种普遍性是与法律语言内部其他领域的归属性相对立而存在的。因为立法文句表达的内容是法律规范,是要求人们普遍遵守的行为准则,它不针对个别人或事,它适用于整个社会范围或某个特定的领域。[1] 法律语言中的“解释—说明”句是

① 参见潘庆云:《法律语言鉴衡》,汉语大词典出版社 2004 年版,第 279 页。

古今法律句法系统中的常见表现形态。其基本功能是立法者就某一需要陈述或解释的法律问题,避免"法外理解"或"民间解释"可能造成对法律含义理解的偏差甚至误解,对其所使用的概念或词语以立法解释的形式加以限制或界定,或在法律文本中进行必要的律内解释,其功能等同于律文内其他条文。笔者在《宋刑统》《唐律疏议》《大元通制》《大明律》《大清律例》等古代法律文本中看到,中国古代法律条文里夹杂的一些律内小注在句子表达形式上通常不具有授权性、禁止性、祈使性或义务性功能,只是对条文内的某些可能会引起争议或易于龃龉的法律规定、法律事实、法律渊源以及法律语言现象等进行解释说明。由立法者以解释者的身份进行必要的说明所使用的句子通常是说明性的。

根据上面的论述,立法语言中的"解释—说明"句是对某种法律问题的陈述或说明,在法律文本中的使用频率仅次于使用频率最高的"假设—判断—处理"句,在立法语言中发挥的作用具有不可替代性。立法语言中的"解释—说明"句主要作用有两个方面:其一,文内解释作用。对立法文本中的某些法律专业词语或专业术语进行界定、说明和阐释,以最大限度地避免法律文本误解或曲解立法者的原初意旨。其二,立法者对法律原则的陈述。这种陈述清楚表明立法者对某一法律事件或法律行为的观点和态度,有时候对某些特定的法律行为作出判断,并直接给出义务性、授权性或禁止性指令。

正如前文所述,作为中国封建社会最后一个诸法合体的法律文本,除标点符号以外,《大清律例》的句法已经与现代法律语言的立法语句并无多大差别,其解释陈述性法律语句分布于整个法律文本中,发挥着其他语句无法替代的作用。通过观察,《大清律例》中陈述说明性法律语句具体分布情况主要有三种:

第一种是对文本中法律词语(包括法律术语)的解释,所解释句子的长短规模与被解释法律概念或专业词语含义的复杂程度有关系。引入类似句子的常用词语有系(或即是)、为、谓(或"谓如……也")、曰等,如下文所引例1、例6。这种说明句类似于现代法律语言句法中的"是""称……是""指""是指"等。

第二种是在法律语句中用律内小字形式,对法律条文中的法律问题作出解释,这也是古代法律文本中采用频率最高的解释形式。律内小字解释是《唐律疏议》《宋刑统》《大明律》《大清律例》等古代法律文本中较为普遍的立法解释形式,现代法律汉语里已废弃,代之以国家机关的立法解释和司法解释。

第三种是法律文本中立法者直接采用法律条文的形式专门就法律条文中涉及的法律问题或法律语言现象直接作出的规定性说明,也就是现代法学理论研究者所说的,法律语义的界限是由立法者设定的。① 一般情况下,古代法律文本里的这种条文性解释所具有的法律效力通常高于小字注释。

以上列举的三种主要解释说明性法律语句是古代立法技术中较为通行的法律解释方法,只是句子的实际表现形态有所不同。换言之,古代立法者所用的解释性句子规模或句法长度因语境或解释不同而有所不同,即短的解释有一两个字词,长的句子解释可达一两百字,具体表现取决于立法者对律文含义解释的难易程度。总体而言,古代法律汉语表达解释或陈述的词语要比现代法律汉语的同类词语使用频率低,但词语使用量要比现代法律汉语大。下面所选《大清律例》里较为典型的例句,每一个例句分别包括曰、其、系、谓、谓如、是、乃、皆所表达的句子类型,大都可以视为解释或说明性句子。

**▶曰**

**例1** 四曰恶逆。[谓殴及谋杀祖父母,父母,夫之祖父母、父母,杀伯叔父母、姑、兄、姊、外祖父母及夫者。](《大清律例》第2条)

**▶其**

**例2** 若[于途中]曾在逃,虽在程限内[遇赦],亦不放免。**其**逃者身死,所随家口愿还者,听。迁徙安置人准此[军罪亦同]。**其**流犯及迁徙安置人已至配所,及犯谋反、叛逆缘坐应流,若造畜蛊毒、采生折割人、杀一家三人会赦犹流者,并不在赦放之限。**其**徒犯在道会赦及已至配所遇赦者,俱行放免[流犯加徒者亦免加徒]。(《大清律例》第17条)

**▶系**

**例3** 凡官司差人[下所属]追征钱粮、勾摄公事。而[纳户及应办公事人]抗拒不服及殴所差人者,杖八十。若伤重至内损吐血以上及[所殴差人或

① 参见林喆:《法律思维学导论》,山东人民出版社2000年版,第248页。

系职官,或系亲属尊长]本犯[殴罪]重[于凡人斗殴]者,各[于本犯应得重罪上仍]加二等,罪止杖一百、流三千里。至笃疾者,绞[监候]。死者,斩[监候]。[此为纳户及应办公事之人本非有罪,而恃强违命者而言。若税粮违限、公事违错,则系有罪之人,自有罪人拒捕条。](《大清律例》第310条)

▶**谓**

**例4** 凡彼此俱罪之赃[谓犯受财枉法、不枉法,计赃与受同罪者。]及犯禁之物[谓如应禁兵器及禁书之类],则入官。若取与不和、用强生事、逼取求索之赃,并还主。[谓恐吓、诈欺、强买卖有余利、科敛及求索之类。]其犯罪应合籍没财产,赦书到后,罪[人]虽[在赦前]决讫,[而家产]未曾抄札入官者,并从赦免;其已抄札入官守掌及犯谋反、叛逆者,[财产与缘坐家口不分已未入官。]并不放免。(《大清律例》第24条)

▶**谓如**

**例5** 凡犯罪时虽未老疾,而事发时老疾者,依老疾论。[谓如六十九以下犯罪年七十事发,或无疾时犯罪有废疾后事发,得依老疾收赎;或七十九以下犯死罪八十事发,或废疾时犯罪笃疾时事发,得入上请;八十九犯死罪九十事发,得入勿论之类。]若在徒年限内老疾,亦如之。[谓如六十九以下徒役三年,役限未满年入七十;或入徒时无病,徒役年限内成废疾;并听准老疾收赎。以徒一年三百六十日为率,验该杖徒若干,应赎银若干,俱照例折役收赎。](《大清律例》第23条)

▶**是**

**例6** 若律该罪止者,诬告虽多,不反坐。[谓如告人不枉法赃二百两,一百三十两是实,七十两是虚,依律不枉法赃一百二十两之上,罪应监候绞,即免其罪。](《大清律例》第336条)

▶**乃**

**例7** 凡监临主守将系官钱粮等物[乃金帛之类,非下条衣服之属],私自借用,或转借与人者,虽有文字,[文字兼文约、票批、簿籍]并计[所借之]赃,以监守自盗论。(《大清律例》第125条)

### ▶皆

**例8　公取窃取皆为盗**

凡盗,公取、窃取皆为盗。[公取为行盗之人公然而取其财,如强盗抢夺。窃取谓潜行隐而私窃取其财,如窃盗掏摸。皆名为盗。]器物钱帛[以下兼官私言。]之类,须移徙已离盗所,[方谓之盗。]……马、牛、驮、骡之类须出栏圈,鹰犬之类须专制在己,乃成为盗。[若盗马一匹别有马随,不合并计为罪。若盗其母而子随者,皆并计为罪。](《大清律例》第280条)

上面例句虽使用不同的说明性关键词,但这些词语均充当句子中的动词,表达的意思大致相同。由于世界上即使同一种语言之内也没有绝对的同义词,因此,曰、系、谓、谓如、为、其、是、乃、皆等词在古代法律语言里的意思是一种陈述或说明关系,与现代法律汉语常用的"是""即""指"基本相同,所表述的可以是三种功能——陈述、判断或说明。

具体而言,例1的"曰"在《广雅》里的解释为"言也"。现代汉语意思为称为、说、说道、叫作、就是、即等。该词作为法律语言的专业词语,最早可以追溯到秦汉时期的法律文本,如"某里公士甲廿人偕里人士伍丙,皆告曰……"。①

例2中的"其"在古代法律汉语中常用的功能有三个:一是作代词,用作第三人称代词,表示领属关系,相当于他(们)、她(们)、它(们)(的)、我(的)、自己(的),可以指代人或物;二是作连词,表示选择关系,相当于"是……还是……";三是表示假设或说明,基本含义与假设性说明性连词"如果"类似。

例3中的"系"是古今法律汉语中出现频率较高的一个词,尤其在现代司法语言中经常使用,用来对某一法律案件、法律事实、涉法当事人身份进行陈述或定性说明。本条法律中一共用了三个"系"字,所表达的内容相同,均有现代法律汉语"是""为""判定"等基本含义。古代法律汉语的"为"字表达陈述语气,是古代法律语言里常用的词语。其基本含义有做、作为、充当、变成、成为、是、以为、认为等。尽管有学者认为,"为"字作为系词使用至六朝时代才大致确定,但笔者在古代法律(如《大明律》《宋刑统》等)或法学著作(如《商君书》《韩非子》《盐铁论》等)文本里都能发现,"为"用作动词或系词的情况非常

① 参见高恒:《秦汉简牍中法制文书辑考》,社会科学文献出版社2008年版,第24页。

多,如秦简《效律》载:“为都官及县效律”。这里的“效”指校验、核对。《效律》是秦代关于核验官府物资财产的法律。

例 4 中的“谓”有告诉、报告、称为、是等含义。许慎《说文解字》载:“谓,报也。”《世说新语·自新》载:“谓为三横。”

例 5 中的“谓如”在古代非法律语境中表示举例说明,如南宋文学家姜夔在其书法评论《续书谱·真书》一文中写道:“谓如东字之长,西字之短,口字之小,体字之大,朋字之斜,当字之正,千字之疏,万字之密,画多者宜瘦,画少者宜肥”。“谓如”在古代法律语言中的基本含义为犹如、例如、譬如等,通常出现在法律文本具体条文的小字注释中,对法律主文模糊不清的地方进行疏解和举例性阐释,或主要用来表达对法律条文中重要法律词语的说明。以上所列例句只是《大清律例》中较为典型的法律解释句子的表现情况,是在立法文本规模如此庞大的体系中有关法律解释的特殊句法形式,显然不能囊括所有解释性句法。

例 6 的“是”在古代汉语里有多重含义,但在古代法律语言中通常用来表达法律事实或对人物身份的认定、断定、承认、接受时的一种状态,或表示遵从,如《荀子》里就有“不法先王,不是礼义”。另外,古汉语的“是”虽然在秦汉法律语言中很少见,但在清代以前的各朝各代法律中较为常见,其在法律文本中所表达的法律含义与现代法律汉语里表示判断的词——“是”基本含义相同。

例 7 的“乃”在古代汉语的词典解释中,可以作动词、代词、副词、形容词等,在古代法律汉语中通常作动词用,与现代法律汉语“是”“就是”基本同义,起定义性或法律判断的作用。

例 8 的“皆”,《说文解字》载:“皆,俱词也”。意为都、全、全部、一切都等,在古代法律语言中比较常见,在现代法律汉语里也有类似的用法,尤其常见于立法语言,具有肯定性陈述功能。此外,古代法律汉语里常常用来引导表示说明性法律句子的词语还有“注云”“云”“议曰”“议”“疏”“疏议”等,这些词语引导的说明性语句主要见于清代以前的法律文本,如《唐律疏议》《宋刑统》《大元通制》《大明律》。

2.“律母”和“律眼”句

“律母”和“律眼”是构成古代法律语言句法的常见词语。古代律学家认为，要读懂法律，必须在“律母”和“律眼”的理解上先汇通融贯，而后“可言读法也”，只是清代以前没人将其系统归纳总结出来。因此，针对“律母“和”律眼”言简而意未悉，大多数人理解起来“愧然如盲”的问题，清代律学家王明德对这些词语进行了“特令详推，以广其义”，并将其集结归纳成两大类，加以通俗易懂地解释。王明德认为，这些词有助于普通百姓对律文句子含义的阅读和理解，并能在阅读法律条文时有意识地进行“合上下以比其罪，庶不至僭乱差忒”，[①]使法律的文义实实在在地传递到法律语言的受众。

美国法学家马默认为，早在古代，法律者就是仅用语言去打量世界秩序的人。[②] 只有通俗易懂的法律语言才能真正打动世界。法律语句的通俗易懂是法律语言的构建者，尤其是立法语言的构建者必须重点关注的问题。但就法律语言中的句子理解而言，“律母”和“律眼”句在法律语句的通俗易懂观念上有着特定的时代要求和特定的人群要求。笔者认为，“律母”和“律眼”构成的句子对清代及其以前的人可能较为通俗易懂，对现代人而言未必如此。换言之，由“律母”和“律眼”所构成的法律语句是中国古代法律语言的一种常态，也是古代法学家或律学家及其著作中所关注的重要法律语言现象，或者说这些都是律之关键词，对于领会律文至关重要。[③] 对此，我国当代著名刑法学家陈兴良教授指出，古代法学的表现形态主要是律学，而律学主要是以中国古代的刑律为解释对象，具有对语言的极度依赖性。尤其是中国古代律学中的研究方法，即对“律母”和“律眼”的提炼和阐释成为律学的主要内容。[④]

古代法律文件的句法中常常是由某一个词引出一个固定的法律语句。清代学者将引出这种句法的词叫作“律母”，并由此总结出古代法律文书中具有通例性质的“律母八字”——以、准、皆、各、其、即、及、若。“律母八字”可以说

① (清)王明德：《读律佩觿》，法律出版社 2001 年版，第 2 页。

② 参见[美]安德雷·马默主编：《法律与解释——法哲学论文集》，张卓明、徐宗立等译，法律出版社 2006 年版，第 462 页。

③ 参见陈兴良主编：《刑事法判解》(第 7 卷)，法律出版社 2004 年版，“卷首语”第 1 页。

④ 参见陈兴良：《法律是一种规范　法律的规范是以语言为载体的》，载《光明日报》2009 年 2 月 19 日，第 9 版。

代表了古代法律语句构造过程中避免不了的程序化常用法律专业词语,是古代立法语言中不可或缺的元素,是其他法律词语无法取代的构成要件。的确,笔者在阅读中国古代立法文本的法律条文过程中所接触到的法律语句表现形式虽然千变万化,但被称为“律母”的词语总是出现频率最高,而且在不同语境中具体含义不同,也是最难解释的词语。因此,历代法律文本的解释者几乎都要撰写专文讨论这些词的不同用法及具体法律意义。

清代王明德在《读律佩觿》中首先比较了律文与“八字”的关系——“正文为体,八字为用”,又将这八个字的具体功能分为两大部分,“以、准、皆、各四字,为用中之体。其、即、及、若四字,为用中之用”。[①] 不仅详细论述了“律母”的功能和用法,更重要的是在此基础上创造性地提出了“律眼”和“读律八法”,并就二者的功能及在法律语言中所拥有的特殊地位作了详细的论述,为后人阅读理解古代法律语言的词语和句法发挥了不可或缺的作用。对此,当代法史学研究者的评价是,从“律母”与“律眼”可以明显地看出,我国古代律学具有文理阐释的性质,可以说是一种法律语言学。律学对语言的依附性的特点,一方面使它具有应用性,另一方面也使它受到律文甚至语言的桎梏。[②]

何勤华教授在谈到中国古代律学家们的法律语言解释时指出,中国古代律学的精妙在于对律条的文字解释与义理阐述,自己现在对刑法条文的注释之粗疏、混乱、离题远远不如古代律学之精细、不紊、切义。[③] 何教授的这番话显然包含了对王明德归纳总结之“律眼”和“读律八法”的肯定。法学家谢晖对此也给予了很高的评价,称其为中国古典法律解释的方法智慧,他认为“读律八法”是法律理解和解释的高度的方法论抽象,也是对“律母”和“律眼”的总结,尤其是与纯粹法学之关注于法律之内在问题相去无远。[④] 由于法律用词的专门特征(即使在中国古代,也是如此),许多概念,或作为“律眼”或“律母”的字词,不要说对常人,即使对一些司法者在理解上也是一道难题,因此,就法律中

---

① (清)王明德:《读律佩觿》,法律出版社 2001 年版,第 3 页。

② 参见包振宇:《〈读律佩觿〉与扬州学人王明德法律思想述要》,载《扬州大学学报》2010 年第 1 期。

③ 参见(清)王明德:《读律佩觿》,法律出版社 2001 年版,第 2 页。

④ 参见谢晖:《中国古典法律解释的方法智慧——关注解释的合法性》,载《政法论坛》2005 年第 4 期。

的字词作出某种通俗性的说明便显得特别必要。[①] 由此可知,弄清“律母”“律眼”在《大清律例》中的作用,不仅有助于弄清律文本身的关键词及其所表达的特殊句子特征,而且有助于笔者较好地理解古代法律句子的含义。同理,在古代法律汉语的对外翻译转换研究过程中,译者能否正确理解“律母”“律眼”法律语句原文含义也是判断译文忠实与否的重要手段。

(1)“律母”句

据学者考证,“律母”在清代以前叫“例分八字”。南宋经史学者王应麟认为,其是由北宋文学家、史学家范镇明确提出的。范公曰:“律之例有八——以、准、皆、各、其、及、即、若。”(《宋史·艺文志》)也有人认为,“例分八字”在范镇明确提出以前就已经存在。[②] 换句话说,中国古代法律学者对“律母”之类词语的认识及其在法律语言中的功能性研究由来已久。从字面上看,“母”字在《说文解字》中的本义解释是:“母,牧也。从女。象怀子形,一曰,象乳子也”。《道德经》载“以为天下母”,引申为本源、根本、发源之所或根源、渊源、源泉等,亦称为“阳德之精”。如“天下有始,以为天下母。既得其母,以知其子;既知其子,复守其母,没身不殆”(《道德经》)。“母”通常被隐喻为天下万物生长和发展的总根源,笔者应当从万物中去追索这个总根源,把握事物的根本。因此,从古代法律语言的角度讲,“律母”是理解法律符号系统的根源,现代法学称之为法律渊源(source of law)。明清以来的不少律学著作都对“律母”有比较细致的研究,如王肯堂的《律例重笺释》、沈曾植的《海日楼札丛》等律学著作都对“八字之义”作了不同的阐释,只是解释范围较为狭窄,语言解释过于简略且不得要领,难以从真正意义上帮助别人理解这些词语法律原文的具体含义。如“律疏以者,与真犯同;准者,与真犯有间;皆者,不分首从,一等科罪;各者,彼此各同科此罪;其者,变于先意;及者,事情连结;即者,意尽而复明;若者,文虽殊而会上意。”(《困学纪闻注》)这是晚清进士翁元圻对“律母八字”的专业解释,与《大清律例》原文中粗线条性的小字注解的基本含义相比并没有实质性的差别。这种“法律解释同样需要解释”的现象直到清代律学家王明德

---

① 参见谢晖:《中国古典法律解释的方法智慧——关注解释的合法性》,载《政法论坛》2005 年第 4 期。

② 参见陈瑞:《“例分八字”考释》,载《政法论坛》2015 年第 2 期。

的《读律佩觿》面世才得到了很大改善。研究古代法律典籍语言的现代学者弄清“律母”的含义，一方面有助于从细节上理解古代法律语言，另一方面对古代法律汉语的对外翻译研究也会大有裨益。

为方便研究，笔者将“律母八字”进一步细化为“以、准、皆、各”和“及、其、即、若”两大部分，前者为“用中之体”，后者为“用中之用”。这些词无论对古人还是对现代人学习和研究法律语言都有重要意义，只有将这八个字的意义融会贯通，才能真正读懂律文。① 由于八字之义极其重要，《大清律例》将其放到第1卷，并以立法的形式对其基本含义给予详细说明。王明德的《读律佩觿》也是将其放在第1卷，足见其在古代法律语言里的重要地位。现在通读《大清律例》也可能对这八个字(词)的含义不一定完全理解，但根据该法律文本的律首八字之义，参考古代汉语语法工具书对这些词的语法分析，笔者将这八个字(词)的基本语法功能归纳成连词(如及、若)、代词(如其)、介词(如以)和副词(如皆、即)四大类。

本节所要讨论的是使用频率较高的字(词)——以、若、及和准在《大清律例》律文里的基本语法功能。

**►以**

“以”虽然在古代汉语和现代汉语中都是常用词，但其在古代汉语法律语境或其他语境中的使用广度和深度上远远超过现代汉语，尤其是在古代法律汉语里有较特殊的含义。“以”的基本用法包括：

①作动词，表示用、认为、以为、做、从事等，如“以，用也”(《说文解字》)。表示令、使等，如“向欲以齐事王攻宋也”(《战国策》)。表示凭借、仗恃等，如“富国以农，距敌恃卒”(《韩非子》)。

②作介词，表示拿、用、把、凭、靠等，如“以贤，则去疾不足；以顺，则公子坚长”(《左传·宣公四年》)。“以故法为其国与此同”(《察今》)。“盖以律非故杀”(《狱中杂记》)。“以君之力，曾不能损魁父之丘”(《列子·汤问》)。

③作连词，表示并列(连接谓语)，相当于“而”，如“是故治世之音安以乐，其政和；乱世之音怨以怒，其政乖；亡国之音哀以思，其民困”(《礼记·乐

① 参见马建石、杨育棠主编：《大清律例通考校注》，中国政法大学出版社1992年版，第48页。

记》)。

④作助词,用在单纯方位词或时间词之前,表示时间、方位、数量、质量、范围之类的界限,如表方位的"折伤以上,折伤以下"(《大清律例·纳赎诸例图》)。表范围的"朕自临御以来,钦恤刑狱"(《世宗宪皇帝上谕》)。用于句末语气助词,没有具体含义,如"夫黄雀其小也者,黄鹄因是以"(《战国策·楚策》)。

⑤作名词,表示缘故、缘由、理由等,如"何其久也?必有以也"(《诗经·邶风》)。"候疆候以"(《诗经·周颂》)。

⑥作代词,表示此、这、这个等,如"吕后泣曰:'妾为以一太子、一女,奈何弃之匈奴……"(《汉书·刘敬传》)。"以三者,身上也;河内,其下也"(《战国策·魏策》)。

⑦作副词,表示时间或某种程度,同已、已经、停止、太、过于、甚等,如"三月无君则吊,不以乎"(《孟子》)。"群公子之舍则以卑矣"(《史记·伍子胥列传》)。

笔者大致统计了一下,在《大清律例》全部律文里"以"共出现了826次,比其他"律母"词的使用频率要高得多,其引导的句子基本含义也更为复杂,理解起来有一定难度。另外,王明德在《读律佩觿》里以专项研究的形式特别论述了"以"的基本词性及含义,但其所论及的远不及律文中所要表达内容的范围。为此,根据"以"在《大清律例》里的使用情况,笔者大致可以将其在该法律文本里的词性及具体含义概括为以下三个方面:

一是动词。

**僧道娶妻律文**

不知者,不坐。若僧道假托亲属或僮仆为名求娶,而僧道自占者,以奸论。[以僧道犯奸加凡人和奸罪二等论。妇女还亲,财礼入官。系强者,以强奸论。](《大清律例》第114条)

本条律文的三个"以"都是动词,参见笔者上文所列基本用法的第1项,引导的是祈使句,基本含义是用、使用、利用、借用、依据等。"以……论"是古代法律语言的常用句法,相当于现代法律汉语的"按照……处理(处罚、判决)"。"以奸论"的意思就是按照或依据强奸罪判决。

二是代词。

凡僧道娶妻妾者,杖八十,还俗。女家[主婚人]同罪。离异。[财礼入官。]寺观住持知情,与同罪;[以因人连累,不在还俗之限],不知者不坐。(《大清律例》第114条)

本例句所引《大清律例》里的"以",是古代法律汉语里比较少见的指代用法,表示近指,相当于此、其、之、这等,也用来指疑问代词,如何处、哪里、什么等。本条法律中"以因人连累,不在还俗之限"的"以"在句中指代的是前句的"同罪",类似于现代法律汉语的"此罪"或"前款罪名"。

三是介词。

"以"在古代法律汉语中作为介词用的情况较为普遍。仅《大清律例》的律文中,"以"作介词的地方就达300多处,加上例文,总计不下500处,远远高于其他"律母"的使用频率,如"二罪俱发以重论""人户以籍为定""验畜产不以实""殴大功以下尊长"等。此外,笔者在清代以前的各朝代法律文本如《唐律疏议》《大元通制》《宋刑统》等的律文中也能看到"以"字的高频率使用情况。下面所引的是《大清律例》第30条部分律文,其中"以"的使用较为集中:

若一家人共犯,止坐尊长。若尊长年八十①以上及笃疾,归罪于共犯罪②以次尊长。[如无③以次尊长,方坐卑幼。谓如尊长与卑幼共犯罪,不论造意,独坐尊长,卑幼无罪,④以尊长有专制之义也。如尊长年八十⑤以上及笃疾,于例不坐罪,即⑥以共犯罪次长者当罪。又如妇人尊长与男夫卑幼同犯,虽妇人为首,仍独坐男夫。]

本条的律文中一共有六个"以"字,①和③是介词,所表达的是时间、方位、数量的界限。②④⑤⑥作动词,大致意思是用、依照、借用等。

另外,古代法律语言中颇为常用且词性复杂的"以"在现代立法语言中也是必不可少的法律词语,几乎每一个法律文本都会出现,其在不同法律文本里的使用频次,有的非常高,有的较低。如《刑法》有1477次,《中华人民共和国刑事诉讼法》(以下简称《刑事诉讼法》)有367次。从"以"及其相应的搭配使用的其他词语看,在现代法律语言里的语法功能上,绝大多数法律语境下都是用作介词,但少数情况也可以作动词,通常与其他动词连用,如"部队执行戒严任务或者处置突发性暴力事件时,以战时论"(《刑法》第451条),本条法律的

"以……论"与古代法律汉语中的意思基本相同。"以"还可以作副词,用在方位词前,表明时间、方位、方向或数量的界限,如《刑法》中"按本法规定的最高刑为三年**以下**有期徒刑""三年**以上**有期徒刑""犯罪分子意志**以外**的原因""管制的期限,为三个月**以上**二年**以下**"等。

**▶若**

古代汉语中,"若"字可以作名词、动词、代词、连词等。在古代法律语言中的主要功能是连词,相当于现代法律汉语的假设连词如果、如、假如、凡是、凡等。清代王明德对"若"的解释比较详尽:"若者,亦更端之词,乃设为以广其义,岁意会乎上文,而世变无穷,欲更端以推广之,连类以引申之,则不得不设为以竟其意,故用若。"[①]国外汉学家对古代汉语连词的研究始于早期来华的传教士。在19世纪初期,西方汉学家就将汉语的连字分为四类,即虚拟关系(subjunctive)、并列关系(copulative)、续接关系(continuative)和转折关系(disjunctive),表示虚拟或假设关系的重要连词是若、如、苟、虽。[②] "若"字相当于表示虚拟关系的连词。另外,古汉语语法学资料显示,古代汉语里引导假设关系句子的词还有而、从、令、籍、又、虽、假饶、犹、便、则、为、若曰、且如、何者等,有些词引导的假设性句子沿用至今,有些词已经废弃。古人将这些词统称为"设辞",并总体分为设辞、反设辞和两设辞三大类句法。[③] 由于《大清律例》的语言大部分已经倾向于白话文,因此其表示假设的连词大都集中在若、如、倘若等,与现代法律汉语常用假设句中司空见惯的几个词——如果、假如、倘若、假若等的含义基本相同。

**若**各衙门[上司]遇有所属申禀公事,随即详议可否,明白定夺,[批示]回报。(《大清律例》第67条)

该律文中的"若"表示倘若、假若,明显已倾向于白话文。有时律文中"如果"和"若"同时使用,其意义相同。

……其犯人**如果**贫乏,无可备偿路费,取赎田宅,亦无财产断付者,止科其罪……**若**告二事以上,重事告实,轻事招虚,及数事[不一凡所犯]罪[同]等,但

① (清)王明德:《读律佩觿》,法律出版社2001年版,第13页。

② See J. Marshman, *Elements of Chinese Grammar*, Serampore, The Mission Press, 1814, p. 480.

③ 参见郑奠、麦梅翘编:《古汉语语法学资料汇编》,中华书局1964年版,第129~140页。

一事告实者,皆免罪。[名例律"罪各等者,从一科断"非逐事坐罪也。故告者一事实,即免罪。](《大清律例》第336条)

**▶及**

"及"字在古代汉语语法中可以作动词、介词、连词、副词等。该词的基本用法有:

①作动词,表示抓捕,如"及,逮也"(《说文解字》)。表示到达,如"及郡下,诣太守,说如此"(《桃花源记》)。表示关联,如"老吾老以及人之老"(《孟子·梁惠王上》)。表示"能与……相比"、够得上、比得上,如"郯子之徒,其贤不及孔子"(《师说》)。

②作介词,表示"趁着……""以……""借……",如"彼众我寡,及其未既济也,请击之"(《左传·僖公二十二年》)。

③作连词,表示和、跟、与、同,如"以断涸曲及诸道桥梁"(《资治通鉴》)。

④作副词,表示反问,相当于"岂",如"先君之败德,及可数乎"(《左传·僖公十五年》)。表示频率,相当于"又",如"儿宽家贫,当为弟子都养;及时时间行佣赁,以给衣食"(《史记》)。表示程度,相当于"极",如"原是本府六案孔目出身,及好刀笔"(《水浒传》)。清代王明德首先引用了《大清律辑注》的内容:"及者,事情连后,谓如彼此具罪之赃,及应禁之物,则没官之类",同时也给出了他本人的"谨按":"及者,推而及之也"。

若皇亲国戚**及**功臣[八议之中亲与功为最重]之外祖父母、伯叔父母、姑、兄弟、姊妹、女婿兄弟之子、若四品、五品[文武]官之父母妻[未受封者]**及**应合袭荫子孙犯罪,从有司依律追问,议拟奏闻,取自上裁。[其始虽不必参提,其终亦不许擅决。犹有体恤之意焉。](《大清律例》第5条)

凡遇地方荒歉,借给贫民米石谷麦,或开垦田土借给牛具籽种,**以及**一切吏役兵丁人等办公银两,原系题明咨部行令出借,倘遇人亡产绝,确查出结题请豁免。如有捏饰侵渔,**以及**未经报明私行借动者,即行题参,按律治罪。(《大清律例》第125条)

以上所引《大清律例》两律文中的"及"和"以及"皆作连词,表示和、同、并等,与现代法律汉语中的"以及"和"及"的语法功能及基本用法相同。现代法律汉语中的"及"和"以及"常用作连词、副词和介词,如用作连词的"在澳门特别行政区实行的法律为本法**以及**本法第八条规定的澳门原有法律和澳门特别行政区立法机关制定的法律”(《中华人民共和国澳门特别行政区基本法》第18条),用作介词的“生产经营单位不得使用应当淘汰的危**及**生产安全的工艺、设备”(《中华人民共和国安全生产法》第35条),以及用作副词的“对法官处分或者人事处理错误的,应当**及**时予以纠正;造成名誉损害的,应当恢复名誉、消除影响、赔礼道歉”(《中华人民共和国法官法》第65条)。经过对比可知,就其在古代汉语法律语境中的具体使用而言,无论是现代法律语言还是古代法律语言,“及”和“以及”的意义和语法似乎都仅限于连接功能。

另外重要的一点是,由于古代汉语从单音节向双音节演化发展,以及白话文或白话体的迅猛发展并普及到官方文献,因此在《大清律例》的例文中,尤其是清代晚期的例文中的行文很少见到单独使用“及”的句子,取而代之的是双音节词“以及”。由此,也可以认为,古代法律文献中的法律语言,从词语到句法,清代晚期已经倾向于现代白话文了,甚至与现代法律语言没有太大的区别。

**▶准**

根据笔者的观察,“准”字在古代汉语里的使用频率要高于现代汉语。“准”字作为法律文书中具有通例性质的习惯性表述,是中国古代历朝法律文献或法律文本中常用的法律词语,在古代汉语里的基本语法功能和词汇含义可以概括如下:

①用作动词,表示允许、认可、批准、照准、依照、按照、决定、必定、观望、窥测、权衡、衡量等,如“乃于战所,准当时兵士,人种树一株,以旌武功”(《周书·文帝纪下》)。“人主虽使人,必以度量准之”(《韩非子·难二》)。

②用作名词,原意指古代测量水平的仪器,引申为标准、法则,如“为平直必以准绳”(《吕氏春秋·分职》)。“夫法者,天下之准绳也”(《文子·上义》)。

③用作形容词,指平、不倾斜、平稳、准确、正确,如“夫孝,置之而塞乎天地,溥之而横乎四海,施诸后世而无朝夕。推而放诸东海而准,推而放诸西海而准,推而放诸南海而准,推而放诸北海而准”(《礼记·祭义》)。

《大清律例》中表达法律意义的“准”字一共有160个,几乎遍布整个法律文本。从现代法律汉语的角度分析其基本用法,使用最频繁的是动词,其次是形容词。

**例1**

**职官有犯律**

凡在京在外大小官员，有犯公私罪名，所司开具事由，实封奏闻请旨，不许擅自勾问。[指所犯事重者言。若事轻，传问不在此限。]若许准推问，依律议拟，奏闻区处，仍候复准，方许判决。若所属官被本管上司非礼凌虐，亦听开具实迹，实封径自奏陈。[其被参后，将原参上司列款首告者，不准行，仍治罪。]（《大清律例》第6条）

**例2** 如告人杖一百流二千里内，止笞二十得实，被诬之人若已论决，三流并准徒四年，仍包原杖一百。除告实杖二十外，剩杖八十徒四年，务必全抵。如未决，三流准徒四年，皆以一年为剩罪，折杖四十，共该折杖二百四十。除告实笞二十外，决杖一百，剩杖一百二十，准作杖六十徒一年，方准赎银一钱五分。（《大清律例·纳赎诸例图》）

上面所引《大清律例》中的“准”字在清代及其以前的法律语言里颇具代表性，大多数情况下都是以单音节形式出现，其在古代法律文句里的词性相当于现代法律汉语的动词，基本含义为准许、按照、依照、允许、批准、决定、必定等。例1和例2的“准”字均有“准许”和“批准”的意思。如例1的“准推问”意为允许过问，例2里的“准徒四年”，意即决定判处有期徒刑四年。其他“准”字的基本含义也大致相同，只是要根据法律语境调整一下具体表述而已。与古代法律汉语不同的是，现代法律汉语里的“准”字一般不会单独使用，通常和其他一些词语连用，构成法律汉语的双音节法律专业词语或法律专门术语，其基本含义比古代法律汉语有所缩小。如现行刑法和刑事诉讼法中出现频率最高的是“批准”，其次是“核准”和“准许”，最后是“标准”。

（2）“律眼”句

《大清律例》中的一些特殊词语及其组成的句子，除上一小节所说的“律母”以外，还有与之相应的一套法律词语，也是古代法律语言中的一些重要词语。它们被古代律学家称为“律眼”。“律眼”就像古人研究文章写作技巧时总结的“文眼”。“文眼”是中国古代传统且独具特色的文章写作和修辞中的术语，专门用来指文章中最体现写作主旨，升华文章意境和丰富写作内容的关键性词句。同理，古代法律文本和现代法律文本一样，虽然都是集体创作的结果，但法律文本制作过程中立法者同样也须遵守遣词造句和谋篇布局的基本规律。因此，古人总结出法律专业语篇的最小意义单位中颇具独特风格的一些重要法律词语及体现法律句法特征的关键词——“律眼”。“律眼”中“眼”的意思是关节、要点、重点，由此引申为文章的精要之处和事物的关键所在。由此观之，由这些“律眼”组成的法律专业词语及相应的法律句子在古代法律语言中发挥着重要作用。因此，笔者在阅读古代法律文本中一些带有“律眼”的句子时，首先应当着力关注这些带有古代法律话语标记性的词语（forensic discourse marker）。

具体而言，古代法律语言中的“律眼”是古代法律汉语句子里较为常见的一些法律词语，与之相对应的还有起源于中国古代传统法律疏解的律学概念——“律章句”，也就是泛指对中国古代法律词句进行专业性注疏或解读的古代律学学说。

比较中国古代尤其是清代以前的各种法律解释著作可以看出，虽然律学家们将法律语言作为律文词句法律意义剖析的重要方面，但他们中很少有人像清代律学家们那样，在各种解释性法学著作中对法律语言的解释下过如此深厚的功夫，像清代王明德那样将《大清律例》律文中“律眼”较为详细地罗列并加以深入浅出仔细剖析的更是少见，即使有也是凤毛麟角。究其原因，无非为了让统治者制定的法律能够做到“世代相因”，使法真正成为“天下之程式，万事之仪表”，从而最终实现法律颁行天下后“模范天下，规范久远”的终极目的。因此，清代的律学家们，如沈之奇、王明德、黄宗羲、顾炎武、王夫之、薛允升、汪辉祖等都是在“法者，民之父母”传统法制思想的影响和指导下，为真正贯彻“君生法，臣守法，民法于法”①的法律思想，对法律语言进行过平民化的解释。他们代表了这一时代的法律思想，特别是代表了该时代法学形成和发展的世界观和理论基础。② 笔者认为，在诸多法学研究著作中，唯有王明德站在古代法律语言高度，尤其是其在《读律佩觿》里对“律眼”所进行的系统“佩觿”，在清代法律语言性解读著作中颇具代表性，是古代法律典籍语言系统解读的经典论述

① 参见谢晖：《中国古典法律解释的哲学向度》，中国政法大学出版社 2005 年版，第 176 页。

② 参见何勤华：《中国法学史》（第 2 卷 · 修订本），法律出版社 2006 年版，第 455 页。

作品之一,对当今法律语言的理解和研究——特别是对古代法律语言的对外翻译极具参考和借鉴价值。

清代律学家沈之奇认为,解释法律,包括"律母"和"律眼"在内的法律语言,必深思寻绎,始能融会贯通,"非浅尝泛涉可能尽其意也"。① 一如当代德国法学家考夫曼和哈斯默尔(Winfried Hassemer)在追溯古代法律与语言的关系时所指出的,早在古代,人们就认识到法律语言并非总是可靠地帮助法律发挥其所期待的作用,因此人们总是小心翼翼地关注(法律)语言的运用。② 至于如何小心翼翼地运用法律语言,律学家们如何考察和解决法律语言在实际生活中存在的问题,王明德的发现和担忧并不多余:

呜呼!律学之不明久矣,时也,亦数也。小人幸而君子之大不幸也,君子不幸人心何由大淳?道德仁义何由大著于天下?是非紊,强弱形,诛赏失,僭乱兴……兵起则刑暴,刑暴则律亡……因为此惧,昧部自揣,妄以千百世以下之人仰视以上之心,管窥其义,以辑斯编,抑以旅近贻讥,素餐滋愧,聊不失夫孝子制弹之心,以勿极乎其敝而已,敢云于律实有得乎哉。③

不难看出,王明德认为律学要解决法律语言问题,首先要让"君子"和"小人"在法律面前都能达到"大淳"的境界;其次让是与非、强与弱、兵与刑的法律意义得到昭彰。也就是说,"律文词义简奥,其关系要紧,每在一字一句之间",需要通过疏解使百姓均能"恒得法外意"。④ 为此,王明德排除可能来自各方的种种"贻讥",最大限度地克服"素餐滋愧",将本人对法律及其语言的个人感悟和普遍理解编辑整理出来,旨在"于律实有得",最终使法律彰显应有的效力。为此王明德指出,"先要汇通融贯,而后可与言法"。⑤ 于是,他用大量篇幅将《大清律例》中的"律眼"及相关解读作为剖析影响清代法律文本阅读和理解法律语言效果之要素的重要环节。

笔者会根据王明德对"律眼"的排列顺序——例、杂、但、并、依、从、从重

---

① 参见(清)沈之奇:《大清律辑注》(上),法律出版社 2000 年版,第 8 页。

② 参见[德]阿图尔·考夫曼、温弗里德·哈斯默尔主编:《当代法哲学和法律理论导论》,郑永流译,法律出版社 2002 年版,第 298 页。

③ (清)王明德:《读律佩觿》,法律出版社 2001 年版,第 6~7 页。

④ 参见(清)薛允升:《读律存疑点注》,中国人民公安大学出版社 1994 年版,自序第 3 页。

⑤ (清)王明德:《读律佩觿》,法律出版社 2001 年版,第 2 页。

论、累减、听减、得减、罪同、同罪、并赃论、折半科罪、坐赃致罪、坐赃论、六赃图、收赎这18个单音节词或两个或两个以上单词构成的词组，对其中部分涉及面相对广泛的词语及其组成的法律语句进行剖析解读，其中有些"律眼"所表达的法律意义至今仍为法律语言使用者所遵循。弄清此类词语的意义在于两个方面：一是有助于理解古代法律语言里普通词语的法律含义，二是有利于古代法律汉语的对外翻译。

**▶例**

"例"的基本含义是可以做依据的事物或规定、规范等，也即用来帮助说明或证明某种情况或说明的事物。① 在日常语言中，其可以表示原则、方法、概念或例证等含义。但在明清法律语言中，例是司法过程中对以后类似案例具有一定指导作用的判决先例，因此，"例"在《大清律例》文本中作为一个法律专门术语，其真实名称应该是"亚律"（sub-statute），也是中国古代法律正文的一种法律性补充形式，其中包括断例、故事、成案和从中演化而来的法条或一组成文法条组成的单行法规。② 唐代以后，例是作为判案依据的判例、成例、成案。明清两代律例并用，甚至清代形成"重例轻律"或"有例不用律，律概成空文"的法律现象，出现"因此例而生彼例"的混乱局面。清代的"例"在雍正三年（1725年）是824条，到同治九年（1870年）增加至1892条。康熙五十四年（1715年），沈之奇写道："颁行新例，与律并行，有例遵例，不用律也。"③王明德从法理学角度对"例"作出了阐述："例者，丽也，明白显著，如日月之丽中天，令人晓然共见，各为共遵共守而莫敢违……遵循沿习而便之，故曰例。"④王明德还将法律语言中的"例"具体概括为名例、条例、比例、定例和新例，"例"在《说文解字》中的解释是："例，比也"。又如，《说文解字》载："例，密也。二人为从，反从为比。"现代汉语的解释是，可以作依据的事物。根据粗略统计，《大清律例》里与律文中相对的"例"字出现了203次，加上例文里的"例"，总共1979次。总之，古代法律里的"例"有时与其他词语连用，主要表达两种功能：一是表达法

① 参见汉语大词典编辑委员会汉语大词典编纂处：《汉语大词典》，上海辞书出版社1986年版，第801页。

② 参见史广全：《中国古代立法文化研究》，法律出版社2006年版，第319页。

③ （清）沈之奇：《大清律辑注》（上），法律出版社2000年版，第9页。

④ （清）王明德：《读律佩觿》，法律出版社2001年版，第18页。

律专业意义上的先例、范例、证例、条例、图例、案例或规则、条款等；二是指紧紧附着于同类律文之后，作为补充的法律条文，与条文具有同样的法律效力。质言之，例，或者就是补充法，是对律文修正、扩充和限制的法律。①

《大清律例》的律文里根据立法条文的具体情况，例文有长有短，长的多达几十条，短的只有一条，有的律文下面并没有例文。另外，笔者发现《大清律例》律文中“例”字一般局限于律内小字（注）里，目的在于专门提醒司法人员或执法人员依例办案，而例文中的“例”除了具有律文的基本功能外，主要指案例或成例，相当于现代法律英文的 legal case、example of legal case、established/exemplary/model legal cases、legal documentation、case report of legal affairs、decided legal case、precedent、*stare decisis* 等。

**断罪依新颁律**

凡律自颁降日为始，若犯在已前者，并依新律拟断。［如事犯在未经定①**例**之先，仍依律及已行之②**例**定拟。其定③**例**内有限以年月者，俱以限定年月为断。若④**例**应轻者，照新⑤**例**遵行。］（《大清律例》第 43 条）

本条律文中的五个“例”，其具体含义大致分为两种：第一，指典型的审判案例，或作为以后判案依据的典型案例。如①②，奉行者即为定例，指常规，一定的、例行的规矩、规定。第二，指清代立法者因时制宜且符合当时社会具体情况所拟定的新例，如③④⑤。此外，需要说明的是，“例”在中国立法史上有着特别的法律形式和意义功能，体现了中国古代法律规范由个别到一般、由不稳定到稳定的发展特征。②

**▶但**

《大清律例》的律文和例文的句子中，作为显性符号的“但”字在法律条文中一共出现 200 多次，是“律眼”中出现频率较高的连词之一。另外，由于汉语句子结构重意合而轻形合，所以《大清律例》中还有许多表达转折或例外情况的句子，虽在符号形式上没有表现出来，但句子的具体含义却存在很多转折或例外情况。“但”字在现代法律语言中也是经常使用的一个转折连词，法律语

---

① 参见［美］S. 斯普林克尔：《清代法制导论——从社会学角度加以分析》，张守东译，中国政法大学出版社 2000 年版，第 73 页。

② 参见史广全：《中国古代立法文化研究》，法律出版社 2006 年版，第 319 页。

言专业上被称为但书(proviso)句。现代法律汉语,尤其是刑法语言中的但书分为转折性但书和例外性但书两类,一般仍是在"但"字的本义上使用。就古代法律汉语而论,"但"字句的含义要比现代法律汉语复杂得多,对初涉古代法律语言对外翻译的译者有时候会带来不少麻烦。读者可以参考王明德对"但"字的法理学解释进行理解:

但者,淡也。不必深入其中,只微有沾涉便是。如色之染物,不必煎染浸渍深厚而明切,只微着其所异之濡,则本来面目已失,不复成其本色矣。故曰但。律义于最大重处,每用但字以严之。此与文字内,所用虚义,作为转语之义者迥别。如谋反大逆条,内云:凡谋反、谋大逆,但共谋者不分首从,皆凌迟处死。此一条用但字之义,是对已行、未行言。盖凡律,皆以已行、未行分轻重,此则不问已行、未行,但系共谋时在场即坐矣。盖所以重阴谋严反逆也。[①]

▶**累减**

累减,即"凡有应减之条,皆为查明,一一层累而减之,故曰累减",就是依照法律连续递次减罪。如甲、乙共盗。甲为首犯,乙为从犯,则乙应减罪一等;而乙又在别人告发之前,先行自首,又应减罪二等。乙当减罪三等。这叫累减。[②] 或是,具有两种以上符合法律规定的减罪情节,量刑时应当按照规定连续递次减刑,谓之累减。《大清律例》第11条规定:"凡一人犯罪应减者,若为从减、自首减、故失减、公罪递减之类,并得累减。"清代著名律学家沈之奇在《大清律辑注》中将其分为自首减、故失减和公罪递减三大类,并对每一类作了详细的解释。比较古今减刑的实质要件和法律规定,累减大致相当于现代刑法中减刑的间隔,但也有本质性差别。换句话说,古代法律的"累减"就是依照古代的法定程序,具有两种或两种以上符合法律规定可以减罪的情节,犯罪人在被量刑时应当获得的法定连续递次减刑。但我国现行刑法条文里没有"累减"这一概念,只有"规定减刑的间隔期限以外,还可以继续减刑"之类的表述。

▶**得减**

"得减"这一法律术语在古代司法语言中较为常用,现代法律语言尤其是

---

① (清)王明德:《读律佩觿》,法律出版社2001年版,第29页。

② 参见高潮、马建石主编:《中国古代法学辞典》,南开大学出版社1989年版,第194页。

刑法语言中也常用，只是措辞上有所不同，如予以减免刑、依法减刑、获得减刑等，但在现代刑事诉讼法对减刑的规定中没有王明德所讲的减刑方法。按照王明德的解释，“得减者，法无可减，为之推情度理，可得而减之。得者，因其不得减而特减之，故曰得减”。[①] 该术语中的关键词“得”在古汉语中作助动词，意为能、能够、可以等。因此，笔者的理解是，所谓“得减”，不是一种法定的减轻概念，而是推情度理的一种法外减轻措施，与现行法律的“酌定减轻”相近。现代刑法中的“得减”已经不同于古代刑法。现代刑法的减轻处罚分为必减与得减两大类，且均为法定减轻。前者为应当减轻，后者是可以减轻，二者的性质不一样，且在刑法具体条文中都有具体的明文规定。另外，清政府比以往的朝代更加理性地处理一些法律案件中“情轻罪重”与“情重罪轻”具体责任行为性质的划分。因此，从这个意义上讲，《大清律例》里使用“得减”的频率远远超过《唐律疏议》《宋刑统》《大明律》等以前朝代的法律。

**▶并赃论**

事实上，古代法律汉语中的“并赃论”既是一个法律专业术语，也是一个表达特定法律意义的句子。王明德的解释是：“并赃论罪者，将所盗之赃，合而为一，即赃之轻重，论罪之轻重，人各科以赃所应得之罪，故曰并赃论罪。”[②]王明德所使用的解释性语言比较模糊，与沈之奇在《大清律辑注》中对这一法律术语的阐释相比，后者不仅较为具体，同时也用通俗易懂的法律语言对这一犯罪行为量刑过轻与过重进行论述：“不论其窃过几家，惟以一主为重；不论其共盗几人，具同并赃论罪。若一主而又各计入己之赃，则失之于太重，故以一主赃重者科之”。[③] 换句话说，并赃论罪专指同时盗窃犯一次或多次盗窃数种财物，但在判刑时不累加计算，只判其中较重的案件即可。由此可见，“并赃论罪”这一法律术语句子所表达的含义是中国古代刑事法律中判决赃罪（近似于现代刑法中的财产犯罪）的基本原则，也成为一种法律专业句法形态。这一基本原则在中国现行刑法中仍然具有一定的可行性。不过，我国目前的刑法典对财产犯罪的概念界定十分宽泛，大致包括抢劫罪、抢夺罪、盗窃罪、侵占罪、诈骗罪、聚

① （清）王明德：《读律佩觿》，法律出版社 2001 年版，第 36～37 页。
② （清）王明德：《读律佩觿》，法律出版社 2001 年版，第 41 页。
③ （清）沈之奇：《大清律辑注》（下），法律出版社 2000 年版，第 549 页。

众哄抢罪、敲诈勒索罪、故意毁坏公私财物罪、贪污罪、挪用公款罪、挪用资金罪等。

**▶折半科罪**

折半科罪在古代法律语言中的通常含义是,按照贪赃财物一半的数量进行计算。按照王明德的话说,就是"折半者,折去其半"。中国古代法律语言中常用的表述也是立法者"刚柔相济"法律理念的体现,不同朝代置于不同的法律门类,如唐律在"职制律",明律列为"受赃首条"。[①] 根据古代法律规定,折半科罪的基本条件是行为人不枉法,才能够得到"通算而折半科之"的宽恕性判决,[②]即古代的法官在具体判案过程中可以按照法律规定以行为人实际盗得的赃物数额除半计算,如《大清律例》第 344 条规定,无禄人各减一等,罪止满流。其定罪科刑之法是各主者通算,折半科罪,如受十人财,一时事发,通算作一处,即从十人处所收钱财合算为一笔,然后折半科罪。一主者亦折半科罪,如贪不枉法赃一百两,计赃科罪折五十两。

我国现行刑法分别在管制的刑期和拘役的刑期期间有刑期折抵计算,但性质与古代法律不尽相同。如《刑法》第 41 条规定:"管制的刑期,从判决执行之日起计算;判决执行以前先行羁押的,羁押一日折抵刑期二日。"《刑法》第 44 条规定:"拘役的刑期,从判决执行之日起计算;判决执行以前先行羁押的,羁押一日折抵刑期一日。"在现代刑法的具体量刑中没有像古代法律那样对盗取所得赃物进行折算的语言表述,但根据盗窃数量、盗窃的情节轻重和认罪态度等有减轻处罚、免予刑事处罚和从轻处罚等不同处罚幅度。

**▶坐赃致罪与坐赃论**

坐赃致罪和坐赃论两者的关键词都是"坐赃",尤其是修饰语"坐"在两个固定的古代法律语言表述中具有相同的法律含义。从其结构形态上看,两者都可以视为句子型法律术语。鉴于此,可以将其纳入判定同类犯罪行为的表述中予以论述。首先讨论法律关键词"坐"字,其在中国古代法律语言中的基本含义有两个:一是定罪、"由……而获罪"、入罪、获罪、获刑的意思,如《苍颉篇》

---

① 参见马建石、杨育棠主编:《大清律例通考校注》,中国政法大学出版社 1992 年版,第 906 页。

② 参见(明)雷梦麟:《读律琐言》,法律出版社 2000 年版,第 423 页。

载:"坐,罪也"。二是指诉讼时在法官面前对质。如"使与郗大夫坐。注:讼曲直也"(《史记·万石张叔列传》)。"坐"字大致相当于法律英语的常用词语 be punished、be accused、incriminate、incarcerate、arraign、charge、criminate、impeach、inculpate、indict 等。"赃"字在法律汉语中最初指盗窃得来的财物,后来演变为通过盗窃、贪污、受贿、诈骗等手段获得的财物。

坐赃致罪中的"坐"意为定罪,《说文解字》载:"罪人对理曰坐"。"坐赃"二字连用最早出现在秦汉时期,早在秦简《法律答问》中就已出现,汉代的法律文书中继续沿用。到唐代以后,"坐赃"这一法律术语已经成为古代法律汉语意义上的固定用法,意思是因赃入罪或指官吏或常人非因职权之便非法收受财物的行为。如《唐律疏议·杂律》中的第 389 条律文,其疏议部分就对"坐赃罪"作了较为完整的表述,尤其是明确了其定义及具体的刑事处罚标准:"诸坐赃致罪者,一尺笞二十,一匹加一等,十匹徒一年,罪止徒三年,与者,减五等"。疏议:"然坐赃者,谓非监临主司,因事受财,而罪由此赃,故名'坐赃致罪'。"对此,王明德的学理解释是:"赃非实有是赃,坐之以为赃,古曰坐赃。致罪者,推而极之,以致于罪也。"[①]用现代法律语言讲就是,凡是非法收受财物的行为,都应当受到法律的严厉制裁。

另外,古代法律语言里的"赃"字在现代法律语言中很少单独使用,通常和其他字(词)连用,如销赃、退赃、分赃、窝赃、真赃实犯、贪赃枉法等,形成现代法律汉语的双音节词或多音节词语。如《刑事诉讼法》第 245 条规定:"对查封、扣押、冻结的赃款赃物及其孳息,除依法返还被害人的以外,一律上缴国库。"《刑法》第 269 条规定:"犯盗窃、诈骗、抢夺罪,为窝藏赃物、抗拒抓捕或者毁灭罪证而当场使用暴力或者以暴力相威胁的,依照本法第二百六十三条的规定定罪处罚。"

**▶六赃图**

王明德概括性地解释道:"监守自盗、常人盗、枉法、盗窃、不枉法,以及坐赃致罪也。其名凡六,皆记赃数之多寡,以科各罪之轻重,故曰六赃。"[②]"六赃

---

① (清)王明德:《读律佩觿》,法律出版社 2001 年版,第 44 页。

② (清)王明德:《读律佩觿》,法律出版社 2001 年版,第 47 页。

图”是中国古代法律中对六种非法占有公私财物的犯罪的总称。赃物指因贪污受贿或盗窃等原因而取得的财物。其定罪科刑，自唐律始皆为六种，但各朝代有所不同。如唐律规定的六赃是：①受财枉法，即官吏因收受贿赂而歪曲或破坏法律。②受财不枉法，即官员虽收受贿赂但未歪曲或破坏法律。③受所监临财物，即非因公事而接受下属吏民的财物。④强盗。⑤窃盗。⑥坐赃，即官吏、平民用不正当手段取得财物，所谓“非监临主司因事受财，而罪由此赃”。唐律六赃一般是针对官吏贪赃枉法而言，因此将其规定在《职制律》；非官吏得赃，大都是诈欺、诓骗等类，并无枉法不枉法之分，故多规定在《杂律》。其处刑，枉法重于不枉法，受所监临重于坐赃，强盗重于窃盗。清代学者薛允升在其《唐明律合编》中载有《唐律六赃图》。《大明律集解附例》卷首附有《六赃图》，为：①监守盗。②常人盗。③窃盗。④枉法。⑤不枉法。⑥坐赃。无受所监临及强盗赃，有监守盗及常人盗两种。计赃之法，监守盗（贪污自己经管的财物）最重，常人盗与枉法等，窃盗与不枉法等，坐赃最轻。《大清律集解附例》卷首也附有《六赃图》，为：①监守盗。②常人盗。③坐赃。④有禄人（指官吏）枉法，无禄人枉法。⑤有禄人不枉法，无禄人不枉法。⑥窃盗。初与明律同，后改分二图，一图监守盗、常人盗、坐赃三等，另一图有禄人枉法与无禄人枉法、有禄人不枉法与无禄人不枉法、窃盗三等。

## 第二节 《大清律例》法律句子的英译比较

句子的定义虽然众说纷纭，但“句子是能够表达完整意思的具有一定语法特征的、最基本的语言单位”①和“语法中级别最高的使用单位”②的基本理念得到了学界的普遍赞同。沿着这一句法结构的理论可以推导出法律语句的基本状态。法律文本中的句子是由法律词和词组构成的，能够表达完整的法律意思的法律语言单位，古今中外的法律句子都是如此。也可以说，法律句子和其他文类的句子一样，与通用语结构并无不同，也是口头上有较长停顿的，书面上

---

① 高名凯、石安石主编：《语言学概论》，中华书局 1963 年版，第 169 页。

② See Randoulph Qirk et al., *A Grammar of Contemporary English*, London, Longman World Publishing Co., 1985, p. 47.

以句号、问号或感叹号结束的语言片段。① 由于学者们对普通语言句子概念的解释具有不确定性,有关法律语言的句子同样也没有令人满意的定义。② 根据笔者的观察分析,由于《大清律例》的语言具有明显的白话文倾向,其法律句法结构与现代法律汉语没有多大差别。尤其是按照清朝皇帝的谕诏,要求当时官方所使用的语言必须做到"人人共晓,通达民情",包括法律语言在内的官方语言日趋口头白话体。因此总体而言,笔者对《大清律例》基本法律句子结构的英汉对比研究无疑可以参照现代法律汉语。

源于民族共同语的法律语言,其句子是表达特定法律意义的基本单位,总体上遵守民族共同语的句法原则和成句规范,但同时也有法律句子构建的特殊性。英汉法律句子的构建是在遵循彼此共同语言句子基本原则的基础上,按照法律语言成句规范及句子本身的构造特点,构建反映表达法律语义的独特句子。英汉法律语言句子形态的差异使两种语言在各自法律语句形态的表现上虽然大异其趣,但两种语言在法律语句的创制和使用上,总体上共性大于个性。换言之,由于法律句子的共同性和各民族在法律观念上的普遍性以及表达基本概念的趋同性,英汉两种法律语言在表现形式上的差异性并不影响两种语言在法律语句表现上的共同性。

从现代立法语言使用者所使用的立法技术看,立法者在表达法律思想而使用语句表现形态时,英汉法律语言都要遵循立法者常使用的两种基本语句形态,即都要使用表示法律推理(legal reasoning)的"预设—法律行为(后果)—法律处理"句(hypotheses-legal acts-legal processing)、"陈述—判断—处理"句(statement-judgment-processing)和表达立法者法律观念时所用的三种语句——禁止性(prohibitive norm,指禁止当事人采用特定模式的强行性规范)、义务性(obligatory norm,指在法律规则中专门规定一定的组织和个人有权做什么、可以做什么的规则)以及授权性(authorization norm,指规定人们有权做一定行为或不做一定行为的规则)。

从语言形态看,英语和汉语属不同的语言结构形态。英语是综合型的语

① 参见潘文国:《汉英语对比纲要》,北京语言文化大学出版社 1997 年版,第 195 页。
② 参见[美]屈承熹:《汉语篇章语法》,潘文国等译,北京语言大学出版社 2006 年版,第 270 页。

言，而汉语却是分析型为主的语言。[①] 因此，汉语和英语的主要区别在于形合与意合。意合的汉语句子主要依靠意思连贯，句子成分之间的黏合度远远低于英语句子，英语的句子要求结构形式的完整性。从英汉两种语言的比较来看，在几千年的重意、重神、重风骨、重凌虚的哲学思想和美学传统影响下，汉语形成了一种注重内在关系、隐含关系、模糊关系的语言结构素质。[②] 汉语主要是分析型语言，其句子内部各成分之间关系的形成主要通过虚词、逻辑语序、意群链接、语音衔接等手段完成。因此，汉语句子层次上的语法链接主要靠意合形成，即不借助词语的形式变化手段体现词语之间或句子之间的意义或逻辑关系。与汉语不同的是，英语则属于综合型语言，语法关系主要通过词本身的屈折变化、词缀等形态变化完成，包括一切依靠形式和形态手段完成句法组合的方式，如语汇词类标记、词组标记、语法范畴标记（性、数、格、时态、语态、语气、体式等）、句法项标记（主语、谓语、宾语等）、句型标记（如从句）、句式标记（如提问句）以及分句与分句之间的句法层级标记等作为构造句子的有形材料，使句子成为一个完整的"形态—意义"链。当然，语言形态的分类是相对的，跨语言交流的不断深化，不同类型的语言之间也在相互渗透和相互影响，最终使不同结构形态的语言之间也会不断吸纳彼此的合理元素，语言之间的差距会变得越来越小。

本节通过比较研究《大清律例》中常见句法的不同英文译本表现形式的异同，找出彼此的优点与不足，并从句子翻译的角度揭示清代法律句子的翻译规律，为古代法律汉语和现代法律汉语的句法英译研究提供可供参考的理据。

### 一、"陈述—判断—处理"句的英译比较

法学翻译与其他社会科学文献的翻译有许多共通之处，要求译者对原文宏观上把握整体篇章"义脉"逻辑连贯的同时，更要注重微观形态网络中基本要件诸如词语、句子、段落等"文脉"体系各种成分要素之间的科学建构规律。法律语言中的"陈述—判断—处理"句式是古今中外法律语言中最常用的语句形

---

① 参见陈定安编著：《英汉比较与翻译》，中国对外翻译出版公司 1998 年版，第 2 页。
② 参见潘文国：《汉英语对比纲要》，北京语言文化大学出版社 1997 年版，第 335 页。

态,同时也是英汉法律语言翻译转换中最基础的意义表达单位,也是翻译界从理论和实践中研究最多的话题之一。诚如著名学者、翻译家朱光潜先生在谈到翻译可能造成的错误时所讲的,一般而论,翻译上的错误不外乎两种,不是人们常说的字义翻译错误,就是语句的文法组织没有弄清楚。翻译的重要过程是融会中西文的语句组织,首先就是找恰当的中文字句把原文的意思表达出来。[①]朱先生一生翻译了许多西方著名的美学、哲学、法学、政治学等方面的著作,包括黑格尔的巨著《美学演讲录》(*Lectures on Aesthetics*)、爱克曼(J. P. Eckermann)的《歌德谈话录》(*Conversations with Goethe*)、莱辛(Gotthold Ephraim Lessing)的《拉奥孔》(*Lessing's Laokoon*)、克罗齐(Benedetto Croce)的《美学原理》(*Elements of Aesthetics*)、路易·哈拉普(Louis Harap)的《艺术的社会根源》(*Social Roots of the Arts*)和柏拉图《柏拉图文艺对话集》(*Dialogues*)等总计达300多万字的经典译品,其中一些译著中的部分章节也涉及法学语言的翻译。从这个意义上说,朱先生的翻译论著所关注的包括英中法学语言转换在内的社会科学翻译成分比文学翻译更多,其个人的翻译经验体会与感悟对法律或法学语言翻译研究中的中西法律语言的不同语句形态的转换更具指导意义。

从立法技术的语言结构形式上看,法律文本生成的基本单位是法律语句,也就是法律文本内部基本框架大都是以条款为基本形态,并根据所制定的法律的具体规模确定是否设立其他形式,如汉语立法文本中的编、章、节、条、款、项、段、句和法律英语文本中的 part、article、section、subsection、paragraph、sub-paragraph 以及阿拉伯数字"1、2、3……(1)、(2)、(3)……"。[②] 尽管如此,笔者从英汉法律文本的形式安排中基本可以判断,汉语的"条"以及英语的"article"或"section"却是每一种法律文本不可或缺的表述单位。从英汉立法文本中的法律句子类型使用上看,由于立法语言的句子类型中没有疑问句和感叹句,因此英汉法律语言里,尤其在表述法律汉语的"条"或法律英语"article"

① 参见朱光潜:《谈翻译》,载罗新璋、陈应年编:《翻译论集》(修订本),商务印书馆2009年版,第530~535页。

② 英语法律文本中的具体条款安排较为复杂,译成汉语时通常按照汉语法律文本的形式做出调整。

的法律句子中,陈述句是法律语句中最常见的句子。换句话说,以法律条款为意义载体的最高表现形式是法律句子,其中"陈述—判断—处理"句是法律语句中使用频率最高的句法形式。

另外,英汉法律语言系统中的"陈述—判断—处理"句和普通语言中的陈述句有联系也有区别。两者的联系在于,法律语言的句子也是源于普通语言中常用的句子,也分为肯定和否定两种形式。两者的区别是所发挥的功能不同:法律语言中的"陈述—判断—处理"句是立法者可理解为陈述法律事实和法律事件所设定的特殊句法形态,即立法者往往是正面叙述或说明法律行为的主体应当享有某种权利,或者对立法文本中某些法律概念或术语进行必要的定义、说明或作限制性解释,使法律文本的阅读者准确理解法律文件所要传达的"法律之所谓",最大限度地避免歧义或误解。因此,其句法结构严谨,句子所表达的法律语义庄重规范,逻辑结构形态相对较固定化或程式化。日常语言中的"陈述—判断—处理"句只是讲话者对某一事物或行为的简单解释或陈述,结构灵活多变,逻辑结构相对松散,适用领域比法律语言更加广泛。例 1 和例 2 所引的是《大清律例》中的一个陈述判断句和清朝乾隆中期(1754 年)的《红楼梦》所构建的法律语境,即作者曹雪芹根据故事情节需要,虚构出庭审现场,并根据描写情节使用陈述性法律语句。

**例 1** 其百工技艺诸色人等,有能熟读讲解通晓律意者,若犯过失及因人连累致罪,不问轻重并免一次。其事干谋反、叛逆不用此律。(《大清律例》第 61 条)

**例 2** 至次日坐堂,勾取一应有名**人犯**,雨村详加**审问**,果见冯家人口稀疏,不过赖此欲多得些烧埋之费,薛家仗势倚情,偏不相让,故致颠倒未决。雨村便**徇情枉法**,胡乱判断了此案。[①] (《红楼梦》第四回)

文学语言里使用的法律陈述句与法律文本中的陈述句在遣词造句和句子结构安排上虽然都采用了通俗易懂的句子形式,但通过比较可以看出,《大清律例》法律句子的陈述形式与其同时代的文学语言里的法律陈述句相比,无论逻辑上还是句子结构安排上都不存在太大的差异,但在相同的语境下却体现了不同的法律意义。换句话说,法律文本的陈述句注重刚性结构的严谨性以及逻

① (清)曹雪芹、高鹗:《红楼梦》,光明日报出版社 2001 年版,第 20 页。

辑推理和法律结果的前后呼应,句法形态较为固定,而文学语言的陈述句的句子结构则相对柔性松散,故事情节的叙述过程超过逻辑推理过程,不注重前后的逻辑连贯性。

下面是从汉英翻译的角度,比较《大清律例》和《红楼梦》中两者"对应"表达情况。

例 1 的译文:

**译文 1** All those private individuals, whether husbandmen, or artificers, or whatever else may be their calling or profession, who are found capable of explaining the nature, and comprehending the objects, of the laws, shall receive pardon in all cases of offences resulting purely from accident, or imputable to them only from the guilt of others, provided it be the first offence, and not implicated with any act of treason or rebellion.

(trans. by T. Staunton)

**译文 2** Persons such as workers and artisans of all sorts, who can read the laws and show familiarity with them and can explain and understand the meanings of the laws will, if they commit unintentional offences or if they are punished by implication because of another [person's act], regardless of whether it is a serious or light [matter], avoid punishment the first time. If the offence is a matter of rebellion, treason, or high treason, do not use this law.

(trans. by W. Jones)

根据杨树达先生的研究,原文起句词"其"在古代汉语中是转接连词(现代汉语的转折连词),[①]同时王明德的"律眼"也可解释为"其"在句中担当承上启下的转折性句子功能,但所陈述的事实不离乎本文。[②] 具体而言,本条法律前文规定"凡国家律令,百官……不晓律意者,官罚俸一月,吏笞四十"。"其"在这里承接上文的同时,转而陈述本条法律对"百官"以外的"百工技艺诸色人等"中"熟读讲解通晓律意者"的奖励性规定。因此,根据前面的分析研究,本

① 参见杨树达:《词诠》,中华书局 1954 年版,第 161 页。

② 参见(清)王明德:《读律佩觿》,法律出版社 2001 年版,第 11 页。

句中的“其”用来引导一个陈述句(也称叙述句),搭建古代法律语言中的“陈述(‘熟读讲解通晓律意’)—法律处理(‘不问轻重并免一次’)”句的整体框架。为了限定末句处理性法律的范围,原文插入了一个假设性句子,使句子意义更具逻辑性。最后的附加句(“其事干谋反、叛逆不用此律”)是进一步强调处理句信息的法律范畴。

根据前述分析,从“其……”到“……并免一次”的句子应当是一个转折句,与前句“若有不能讲解,不晓律意者,官罚俸一月,吏笞四十”在法律意义上形成鲜明的对比。因此,该句的两种英文翻译是陈述句形式,从形式和内容上显然没有严谨准确地表达出原文立法者设定该句时所要表达的含义,除非两种译文均有 in spite of that、whereas、but、instead、albeit、rather、nevertheless 或 notwithstanding 等表示转折意义的词。后一个“其”字的句子功能与前一个“其”字不同,它所引导的后一句又与前一句“……并免一次”形成内在的法律语句中的假设性逻辑链接关系。因此,后一句的译文 1 用“provided it be ...”,译文 2 用“If the offence... ”,两种翻译都突出了原文句子中“其”字所表达的假设性法律语句功能。从句子形态翻译上看,后一句还原了原文的句子结构,比较准确地表达了原文句子的含义,且在法律语篇上与前一句陈述判断句形成对照。“其”字在《大清律例》里表示假设性陈述的情况比较多,笔者将在下文做详细论述。

总之,从陈述判断句的英文翻译的法律句子意义上可以看出两个突出特点:第一,小斯当东和钟威廉两位译者从英文法律句子重构上都选用了其他语境中相对比较少用的正式而凝固的法律语句;第二,两位译者在法律翻译的专业性选词上尽量突出法律专业的语言的法律性词语特色,让译文读者在句法逻辑上能体会到我国古代“刚柔并济”的立法理念,在句法和法律词语上感受到严谨周密的语言表述,同时也体现了法律语言翻译的专业性特色。另外,为了说明法律翻译和其他文体翻译的区别,笔者选取了杨宪益夫妇和大卫·霍克斯对《红楼梦》中引文法律语句的翻译。

例 2 的译文:

**译文 1** At next day's session, a group of well-known associates of <u>**the**</u>

**wanted man** were brought in and subjected by Yu-cun to careful **questioning**. It emerged, as the usher had said, that the Fengs were few in number and had brought this action solely in the hope of gaining some compensation, and that it was only because the Xues had, with the arrogance of the very rich and very powerful, refused to pay a penny, that the case had been brought to a standstill.

**By a judicious bending of the law to suit the circumstances**, Yu-cun managed to arrive at some sort of judgment whereby the plaintiffs received substantial compensation and went off tolerably well satisfied.

(trans. by Yang Xianyi and Gladys Yang)

**译文 2** The next day a number of **suspects** were summoned to court and Yucun **cross-examined** them carefully. He found that the Feng family was indeed a small one and just out for more money for the funeral, but the case had been confused and left unsettled because of the stubborn Xues' powerful connections.

So Yucun **twisted the law to suit his own purpose** and passed arbitrary judgment.

(trans. by David Hawkes)

清代《聊斋志异》《二十年目睹之怪现状》《长生殿》《镜花缘》《儒林外史》等文学作品都采用与现代汉语非常接近的"白话文",其词语和句子理解对现代读者几乎不会造成太大的困难。清代文学巨著《红楼梦》里法律语境下的法律词语和句子也是通俗易懂的,只是清代文学中的法律句子构建不像正规法律文本的句子那样刻板化与格式化。换言之,翻译文学作品中法律语言的词句也不会像翻译法律文本的词句一样,过于死板地恪守某些凝固性语言风格。笔者所选《红楼梦》的一段有关庭审的陈述性语言,无论在句子还是词语的使用上均与《大清律例》的语言风格没有多大差别,但《红楼梦》的两位英文译者所使用的法律翻译句子和词语却与《大清律例》的两位英文译者所使用的句子和词语有明显的差别。如原文所引陈述句的"至次日坐堂,勾取一应有名人犯,雨村详加审问……"这三个分句。杨宪益夫妇译为"At next day's session, a group of well-known associates of the wanted man were brought in and subjected by

Yu-cun to careful questioning"，霍克斯译为"The next day a number of suspects were summoned to court and Yucun cross-examined them carefully"。从句法翻译上看，两种译文都翻译成了两个陈述性分句，但如果上述陈述句出现在真实生活中的法庭语境，两种译文无论在句法安排还是词语翻译上均没有从专业的角度完全体现法律语言的严肃性。从法律意义的传递上看，两种译文在选择专业词语方面也存在较大的差异。如"人犯"和"审问"（审讯），人犯旧指诉讼案件中的被告人和涉嫌者，或在刑事诉讼中被通缉、追捕、扭送的嫌疑人和需要逮捕、拘留的人，与被告人同义。严肃的法律语境下，将其翻译成法律专业术语offender、suspect 等比较恰当。杨宪益夫妇将"人犯"译为"the wanted man"，至少与原文语体风格相抵牾，霍克斯译为专业性较强的法律术语"suspects"，与原文语境比较吻合。审讯专指司法机关向诉讼双方查问有关案件的事实或者法官等司法人员向当事人查问与案件有关的事实。杨宪益夫妇译为"questioning"，适用范围过于广泛，语义比较模糊；霍克斯译为"cross-examined"，相对比较符合法律专业语言表达规范，且贴近法律语言环境，让读者感受到严肃的法律意味。对于"徇情枉法"这一术语，杨宪益夫妇译为"by a judicious bending of the law to suit the circumstances"，霍克斯译为"twisted the law to suit his own purpose"。比较而言，杨宪益夫妇的解释性翻译超过了原文所提供的信息量，属于"超译"现象，与原文真实含义存在差距较大，而霍克斯的翻译简洁凝练，紧扣原文，更加符合法律专业语言的词语表达风格。

从上述分析可见，仅从法律语言的陈述句句法翻译的角度来看，纯粹法律语言的句子翻译和文学作品语言里的法律语句翻译存在较大的差异。也就是说，纯粹法律语言的句子翻译应当严格遵守原文法律语句的建构规律，或在不影响句子所传达法律语义的情况下，即使两种语言句法结构差异较大，译者也应当最大限度地还原原文法律句子的形态及语义表达习惯，在不影响译文读者流畅阅读和意义解释的前提下，从句子结构上满足原文意蕴的传递，做到（译）文随其体，在英汉法律的陈述性语句的转换过程中尤其如此。而对于文学作品或其他非法律性文献中的法律语句的翻译，译者可以不完全严格遵守中英法律句子的翻译转换，但为了真实再现原文文本作者构建的法律语句中所欲表达的法律意义，译者也应当尽最大努力翻译原文的句子形态及意义，在译文中着力呈现原文营造法律语境句子所要表达的含义,这也是每一个忠实的法律语言译者应尽的本分。

虽然《大清律例》中的"陈述—判断—处理"句绝大多数都是从明代立法语言继受下来的法律句式,但是清代立法者为了适应当朝臣民的语言接受习惯,对其进行改造重组,使之成为立法者用来叙述或说明客观法律事实和法律事件的句式以及清代社会法律范畴思维最基本的表现形式。① 经笔者粗略统计,《大清律例》中的"陈述—判断—处理"句占清代法律语言常态性句子总数的一半以上。例3所选的是《大清律例》中的一条完整法律条文,从句子类型上看,整个条文由四个完整的句子组成。但通过比较该条文的两种译文可以清楚地看到,小斯当东和钟威廉两位译者对原文句子类型的理解存在明显的差异。另外需要说明的,是关于两种译文的不同分段。笔者在所能查到的各种《大清律例》原文版本或校订版中均没有发现分段,因此可以断定两个英文译文版本的不同分段应该是译者本人根据其所理解的律文法律意义层次所作的逻辑划分。

**例3**

**主将不固守**

**凡守边将帅,被贼攻围城寨,不行固守而辄弃去,及[平时]守备不设,为贼所掩袭,因[此弃守无备]而失陷城寨者,斩[监候]。**若[官兵]与贼临境,其望高巡哨之人,失于飞报,以致陷城损军者,亦斩[监候]。若[主将懈于守备及哨望失于飞报,不曾陷城失军,止]被贼侵入境内,掳掠人民者,杖一百、发边远充军。**其官军临阵先退及围困敌城而逃者,斩[监候]。**(《大清律例》第207条)

**译文1**

Officers on the Field of Battle Unfaithful to Their Trust

**If any general or other commanding officer entrusted with the charge of a city, fortress, or other military station, when it is attacked or invested by, rebels or insurgents, suddenly deserts and flies from his post, instead of effectually maintaining and defending it; or if such general or commanding**

① 参见孙懿华:《法律语言学》,湖南人民出版社2006年版,第92页。

**officer, having neglected the previous adoption of proper measures of defense and security, suffers the enemy to come upon him unawares, and take possession of such city, fortress, or military station, he shall in either case suffer death, by being beheaded, after the customary period of confinement.**

If, when the army is in the neighbourhood of the lines of the rebels or insurgents, the scouts and advanced guards stationed on the heights, do not take care to give timely notice of the enemy's motions; and if, in consequence of their neglect, the fortresses are taken, or the forces of government worsted by an unexpected attack, the scouts or guards shall, for such misconduct, be also liable to the punishment of death, by being beheaded after the usual period of confinement.

If the neglect of proper precautions on the part of the general, or of due communication of intelligence, on the part of the scouts or advanced guards, is not attended with the loss of any fortress, or with any other consequences directly injurious to the forces of government, but still enables the insurgents to advance beyond their former limits, and to ravage the country and plunder the inhabitants, the individual whose offence occasioned such misfortunes, shall be punished with 100 blows, and sent into perpetual and remote military banishment.

**If, when the forces of government, are drawn out to engage the enemy in a pitched battle, or to invest or assault the enemy's fortresses, any of the officers or soldiers set the example of giving way and retreating, they shall suffer death by being beheaded, after the usual period of confinement.**

(trans. by T. Staunton)

**译文 2**

Commanding Officers Who Do Not Energetically

Defend the Places Where They are Stationed

**Any general charged with guarding the frontier who is attacked and surrounded by the enemy in a fortified place, and does not make strenuous**

**efforts to defend it, and abandons it without authorization, or who (in peace time) does not preserve and construct defences will, if there is an attack by the enemy, and, as a result (of his abandonment or lack of preparation), the fortified position is lost, be sentenced to be beheaded (with delay).** If (officers or men) are in contact with [in the face of] the enemy, and the persons who are on watch on the heights or on patrol fail to give notice [of this] in the fastest way so that there is loss of the city and or injury to the troops, they will also be beheaded (with delay), if (the commanding general is not diligent in guarding and making preparations, or if the watch fails to report, but [these acts] do not result in the loss of a city or an army but merely result) in the enemy crossing the frontier and taking the people captive, [each] will receive 100 strokes of the heavy bamboo and be sent to the distant frontier in military exile.

**Officers or men who, in the face of the enemy, retreat first, or who, besieging an enemy fortress, run away, will be beheaded (with delay).**

(trans. by W. Jones)

许钧教授在讨论英汉语句互译时特别指出,两种语言之间在翻译转换时在语言单位的划分、句法结构的形式等方面有程度不同的反映,造成翻译活动中对应单位的缺项,结构错位,给翻译造成了实际困难。[①] 不同读者面对相同语言客体以及语言的世界映象会有不同的认知与感受,在接受行为上会作出不同的反应。在跨语言翻译转换过程中,不同译者面对相同的陌生语言现象,大多数情况下都会给出不同的译文,结构形态复杂的英汉政治法律文体中句子之间的相互翻译转换更是如此,而法律语言中陈述句的翻译也不例外。笔者下文的分析由两个部分组成:第一部分是对比分析小斯当东和钟威廉两种译文对原文句子的翻译情况,尤其是第一句和第四句的"陈述—判断—处理"句的翻译比较研究,第二句和第三句属于下一节讨论的问题,本小节对此不予赘述;第二部分分析的是,小斯当东和钟威廉两位译者对本条法律原文里的重要法律词语含

① 参见许钧:《论翻译活动的三个层面》,载张柏然、许钧主编:《面向21世纪的译学研究》,商务印书馆2002年版,第224页。

义的英文表达存在明显差异,有必要对两种英文翻译转换及意义传递效果作一下比较研究。

首先,笔者进行"陈述—判断—处理"句的翻译比较。

第一句"凡守边将帅……斩[监候]"。笔者先看两位译者对原文句子的英文翻译处理情况。原文第一句包含了古代法律汉语里较为典型的两个常见"陈述—判断—处理"句,也就是说,"凡……"句在古代法律汉语句子中既可以表达陈述关系,也可以表达预设语气,但两者所表达的法律指向性功能概念是不一样的。相对而言,前者通常表达的是某种行为存在的可能性较大,后者指某一行为存在的可能性较小。从两种译文句子的结构形态对接看,两位译者对第一句的理解差异较大。译文 1 将原文的"陈述—判断—处理"句转换成了"预设(假定)—法律行为—法律后果"句"If any... after the customary period of confinement",这一句式转换不仅改变了原文法律句法的功能和法律句法规范,也在一定程度上动摇了原文句子所要表达的真实含义——这是在进行规范性法律文本翻译时难以容忍的行为。相反,译文 2 "Any general charged with... be sentenced to be beheaded (with delay)"保留了原文句子的陈述性法律语气类型及结构形态,还原了原文含有的古代法律汉语里的"陈述—判断—处理"句,从句子结构形态上准确地体现了原文法律语句所要表达的真实法律含义。

在汉英句子翻译处理过程中,两位译者对同一个原文汉语法律句类持有不同理解的还有第四句"其官军……斩[监候]",该句是由古代法律汉语中的常用连词"其"所引导的一个假设或预设句。比较两种译文所采用的句子类型可以看出,译文 1 用的是"预设—处理"句"If, when the forces of government... they shall suffer death by being beheaded, after the usual period of confinement",显然比较符合原文古代法律语言中的句子类型。译文 2 将原文的预设句翻译成了法律英语的陈述句"Officers or men who ... will be beheaded (with delay)",改变了原文句子的类型性质,也改变了原文立法者当初创制该法律句子时的法律意旨。这使原文所传达的法律信息不能准确地传递给译文读者,可能导致译文读者对原文法律意义的被动性误读。不过,古代法律汉语中的常用词"其"在具体法律语境中的用途较广,既可以作连词、副词、代词,也可以作虚词(助词)等,以汉语为母语的人若没有较好的古代汉语造诣,也难以把握其真实用途与含义。对于那些非汉语母语的外国学者而言,其难度是可想而知的——虽然对于翻译人员而言,汉英翻译尤其是古代汉语英译过程中出现任何差池都是不可谅解的。正因如此,将同一文本的不同译本进行比较研究和综合评价对于翻译批评研究的重要性是不言而喻的。①

其次,笔者进行本条法律语句中重要词语的翻译比较。

笔者在对本条法律的句子翻译比较过程中发现,小斯当东和钟威廉两位译者在一些重要词语的理解和翻译表达上也存在值得关注和研究的问题,有必要在此做一番简单的比较和梳理。

表 5-1 是对第一句中“将帅”“贼”“城寨”“平时”四个法律词语的翻译比较。

**表 5-1 《大清律例》第 207 条中部分法律词语的翻译比较**

| 原文 | 译文 1(小斯当东译文) | 译文 2(钟威廉译文) |
|---|---|---|
| 将帅 | general or other commanding officer | general |
| 贼 | rebels or insurgents | the enemy |
| 城寨 | a city, fortress, or other military station | a fortified place |
| 平时 | 未译出 | in peace time |

将帅,本义是指军队的最高将领或最高指挥官,如“君子听鼓鼙之声,则思将帅之臣”(《礼记·乐记》),“今之任为将帅,卒有急难而可施者谁也”(《上皇帝书》)。但是,根据本条律文附例中“其守土州县首领”和“州、府、县、卫所首领”的叙述性解释,这里的“将帅”并非实指,而是泛指军队和地方武装的首领。两种译文中的“general”(a high-ranking officer in the armed forces, usually in the army)不如“senior commanding officer”或《唐律疏议》英译本的译文“commander”准确。

贼,本义为强盗、盗匪或偷东西的人,引申为敌人、仇敌、敌寇及作乱叛国危害人民或外来侵犯的人,如“谄谀我者,吾贼也”(《荀子·修身》)。该句中的

① 参见王宏印:《文学翻译批评论稿》,上海外语教育出版社 2006 年版,第 64 页。

“贼”用的是引申义，指作乱叛国危害人民或外来侵犯的人，或者指境外侵入境内，掳掠人民的边境盗贼。[①] 因此，对比而言，译文 1 的“rebels(people who are fighting against their own country's army in order to change the political system there) or insurgents(people who are fighting against the government or army of their own country)”要比译文 2 的“the enemy(an army or other force that is opposed to you in a war, or a country with which your country is at war)”更符合原文法律所表达的含义。

城寨，在古代法律语言里有两层含义：①防守用的围墙或栅栏。②城池，城镇。在本句中，城寨泛指军队防守的地方。译文 1 的“a city, fortress, or other military station”，译者似乎为了完整地传达原文含义，不惜给出多个候选词，使其译文略显臃肿，失掉了古代法律汉语的凝练简洁特征。译文 2 的“a fortified place”所表达的是概指性地方，其用词量比译文 1 少了一半，却比较充分地表达了原文法律语言所指的基本含义，而且法律语言形式上也与原文基本保持一致。另外，也有学者将城寨翻译成“frontiers”。

平时，在现代汉语里的基本含义是平常时候、平日、平素。这个词虽然只是出现在本条法律的小字注释中，但在法律上界定了和平年代或太平时期与战争年代或动乱时期的不同法律关系和不同法律责任。从表 5-1 可知，译文 1 对原文没有任何交代，不仅造成不应当的信息流失，也会产生对法律责任划分不明确的问题。对比而言，译文 2 照实传达原文法律语言的信息“in peace time”(in peaceful age)，比译文 1 更忠于原文法律意义。

表 5-2 是对第二句中“官兵”“望高巡哨之人”“陷城损军”“斩监候”四个法律词语的翻译比较。

**表 5-2 《大清律例》第 207 条中部分法律词语的翻译比较**

| 原文 | 译文 1(小斯当东译文) | 译文 2(钟威廉译文) |
|---|---|---|
| 官兵 | the army | officers or men |
| 望高巡哨之人 | the scouts and advanced guards stationed on the heights | the persons who are on watch on the heights or on patrol |

① 参见马建石、杨育棠主编：《大清律例通考校注》，中国政法大学出版社 1992 年版，第 557~558 页。

续表

| 原文 | 译文 1(小斯当东译文) | 译文 2(钟威廉译文) |
|---|---|---|
| 陷城损军 | the fortresses are taken, or the forces of government worsted | loss of the city and or injury to the troops |
| 斩(监候) | be also liable to the punishment of death, by being beheaded after the usual period of confinement | be beheaded (with delay) |

官兵,在现代汉语中指军队里的军官与士兵(officers and men),旧时泛称政府的军队(government troops)。显然,该句中的"官兵"指军队里的军官与士兵。因此,译文 1 的"the army"与译文 2 的"officers or men"相比较,后者更为具体,更接近原文要表达的意思。

望高巡哨之人,在本条律文中指的是哨兵(sentry or guard)。两位译者所给出的译文虽然意思上符合原文,但措辞过于迂回,与言简意赅的法律语言或语言结构形式紧密的法律术语符号背道而驰。

陷城损军,字面意思是导致城池陷落,军队受损。两种译文都保留"城"和"军"的意思。从法律术语的结构形态翻译上看,译文 1 用的是句子翻译,译文 2 用的是短语,译文 1 的翻译方法倾向于重义轻形,译文 2 的翻译方法虽然结构上有些生硬,但也是法律术语翻译"尽可能在结构形态上与原文法律术语结构保持一致"的基本要求的体现。当然,也有译者认为,"陷城损军"泛指军队战时所防守的军事阵地,并非具体指某一城市或军队,将其在结构上处理成句子比翻译成术语或短语好。譬如,法学专家姜永琳将《大明律》第 228 条的"陷城损军"译为"the fortified positions are lost"。

斩监候或绞监候,是明代以来尤其是清代法律语言中常见的一种语言表达方式。斩监候或绞监候,古代法律汉语中也简称为"斩候",与"斩立决"相对,是指被判处斩(绞)刑的罪犯,不立即执行,而是在狱中监禁一段时间,等到秋审或朝审时按照法律规定的情实(true to the crime)、缓决(a stay of execution)、可矜(可怜或值得同情,the criminal being worthy of compassion)、可疑(suspicious case)及留养承祀(remaining at home to care for the parents or to perpetuate the ancestral sacrifices)五种具体案情所作出的终审判决。判定为情实的,是指犯罪事实清楚,犯罪处罚适当,应当奏请执行死刑。如果案件案情属实并判定为缓决,但案情有可矜或可疑之处,免予死刑后,一般会减为徒刑(imprisonment)和流刑(the penalty of banishing the criminals to do forced labour in a remote place)。可矜指罪不可赦,其情可原,即可以宽大处理的情节。可疑指案情尚未完全明了,驳回原省再审。留养承祀指案情属实、罪名恰当,但如果犯罪人有亲老或属于独生子,合乎申请留养的情节,按留养案奏请皇帝裁决。故判决斩监候的犯人有可能处斩,也可能不处斩。因此,斩监候或绞监候相当于现代刑事法律语言表述的判处死刑缓期执行,是清代对明代法律的修正,大致相当于现代刑事诉讼法少杀、慎杀、防止错杀的死刑复核,目的是杜绝枉杀而对死刑犯罪人采取的一种宽缓政策。从表 5-2 的两个英文译文对比可以看出,两位译者在翻译处理“斩监候”的问题上有不同的理解。译文 1 强调的是解释性意译,译文语言信息大于原文,译文形式过于累赘。译文 2 基本上是直译,意义表达上强调古代汉语的“是则为善”,因此译文形式上比较符合法律术语的特征。

表 5-3 是对第三句和第四句中“主将”“人民”“杖一百”“充军”四个法律词语的翻译比较。

**表 5-3 《大清律例》第 207 条中部分法律词语的翻译比较**

| 原文 | 译文 1(小斯当东译文) | 译文 2(钟威廉译文) |
|---|---|---|
| 主将 | the general | the commanding general |
| 人民 | the inhabitants | the people |
| 杖一百 | shall be punished with 100 blows | will receive 100 strokes of the heavy bamboo |
| 充军 | sent into perpetual and remote military banishment | be sent to the distant frontier in military exile |

“主将”是清代全文继承明代法律时,以小字注释的形式添加的军事法律内容,指军队里的主要将领或最高统帅(chief commander)。两种翻译的英文关键词比较一致,只是译文 2 多了一个“commanding”,强调原文词语所表达的指挥性职能。虽然两位译者的理解深度不一样,但都能抓住原文的关键信息。

“人民”这个词在中国古籍中有两层含义:①泛指人,如“人民鸟兽草木之生物"(《管子·七法》)。②指平民、庶民、百姓等,如"掌建邦之生地之图,舆其人民之数"(《周礼·官记》)。"人"与"民"在先秦是截然不同的两个概念,《说文解字》载:"人,天地之性最贵者也。民,众萌也"。现代汉语里的"人民"是一个政治和法律交织的概念,其作为一个法律概念可以追溯至丁韪良在《万国公法》中将"人民"作为法律术语正式使用。[①] 笔者在《大清律例》法律语言里还经常见到,清代将普通老百姓称作"民人"。"民人"指皆编入民籍之人,为清政权赋税的主要承担者,名义上具有谋生、求职、出仕为官的权利。综合本条律文语境和上述解释,译文 1 所传达的概念信息显然优于译文 2。

"杖一百"是清律中最重的杖刑。笔者发现,多数英文译者通常都将古代法律汉语的动词"杖"(用棍子打或"用大荆条决打,今以竹板折责")翻译成名词"strokes"(be punished with heavy stick)。事实上,这与《大清律例·五刑图》所作的法律解释,即"杖者,谓人犯罪用大荆杖决打"并不相吻合。因此,译文 1 和译文 2 在法律意义基本对接的准确度上相较而言,后者比较符合原文的实际法律意义。

充军是中国古代法律中一种古老的刑罚制度,始于秦汉,宋元纳入法律制度,一直延续到明清。充军是将人犯发配到边远地区从事强迫性的屯种或充实军伍,距离根据情节轻重从 1000 里到 4000 里不等,是轻于死刑、重于流刑的刑罚手段。表 5-3 中两位译者在传达"到边远地区从事强迫性的屯种或充实军伍"的法律含义上有明显的分歧。译文 1 中的"perpetual and remote"表达的是"永久与偏远",较为模糊,译文 2 中的"the distant frontier"重心在较为具体的遥远(边疆)的边境地区。笔者认为,后者在古代法律汉语意义的传递上比前者稍胜一筹。另外,本着古代法律翻译学上的"多歧为贵,殊途同归"的认知理念,笔者在姜永琳翻译的英文版《大明律》里找到了前述四个法律词语(术语)的译文,分别为"commanding officers""people""shall be punished by 100 strokes of beating with heavy stick""be sent to military exile to distant frontiers",值得参考对照。

---

① 参见何勤华等:《法律名词的起源》(上),北京大学出版社 2009 年版,第 291~292 页。

## 二、“预设—法律行为—法律处理”句的英译比较

语言学家索绪尔和洪堡特认为，真正理解和证明任何一部法律或其他具有广泛约束力的社会规则，且必然存在于某一社会，最终成为全社会成员都“必须服从的东西”，语言就是最明显的证明。[①] 预设性法律语句（句子）是表达法律规则的最基本的法律意义单位中使用频率最高的句类。的确，从早期关于立法的一些观点和论述如“惩其未犯，防其未然”“礼者禁于将然之前，而法者禁于已然之后”[②]等法律语言可以看出，在中国法制的发展历程中，礼与法功能最终定格与分野，礼归属于道德范畴，而法则成为国家立法机关制定并保障其有效实施的广泛性约束条款，并成为古代理念中“兴功惧暴，定分止争”的规矩绳墨，进而使法律从最初野蛮感性的“以杀止杀”工具，到冷峻理性地依靠“论心定罪”和考察某一犯罪行为的原始动因及制定相关惩罚性的理性法律条款，再到形成当今社会以维护社会基本公平正义为核心的法制体系，最终建构起各种语言均有的表述及假设（或预设性）句法。从这些句法所传达的信息可以看出，类似句法集中体现了每一个时代所具有的、反映不同法律语言句法个性特征的共同性法律句子——用不同语言的相同句法形态，表达相同的法律概念——包含授权性、禁止性和义务性行为的一系列法律性句子形态。自古已然，中外同理。

法律语言作为发轫于普通语言系统的一种专业语言，从其词语、句法到篇章创制过程及发展的各种层级表现形式都在发生变化。换言之，世在变，法在变，法律人在变，表达法律的语言形式也在变，尤其是表达法律规范的首要工具——法律语言及其构建法律意义的句法形式也在发生变化。的确，只要稍加比较研究就会发现，每一个时代的法律语言，无论是词语所表达的常规性法律词语概念或特殊性专门法律术语概念还是句子结构，都会因特定时代的社会控制要求而与时俱进。

从法律语句的发展变化来看，无论是初民社会简单粗浅的法律条文还是当

---

① 参见［瑞士］索绪尔：《普通语言学教程》，高名凯译，商务印书馆1980年版，第107页。

② 出自《大戴礼记·礼察》，大意是，道德礼仪的规则，可以在事情发生之前发挥作用，而法规律令只有在事情发生之后才发挥其效力。

代高度发达且完备的法律语篇的最终形成，法律文本构成中最基本的句法之一——“预设—法律行为—法律处理”句也在发生着一定变化。如笔者在秦简《法律答问》中看到的秦代有关“同居连坐”的法律条文“‘盗及者(诸)它罪，同居所当坐。’可(何)谓同居？户为同居，坐隶，隶不坐户谓也”。[①] 该句翻译转换为现代法律汉语句子应当为“预设—法律行为—法律处理”句，即如果共同居住的人中有人犯盗窃罪或其他罪，在一起居住的人，也应当负一定的连带法律责任。又如，《唐律疏议》第 387 条规定：“诸证不言情及译人作伪，致罪有出入者，证人减二等，译人与同罪。”紧随该法律条文后的是“法律问答”和疏义解释条款——“证人不吐情实，遂令罪有增减；及传译番人之语，令其罪有出入者。”显然，该法律条文的意思是，如果证人不按案件实情作证导致“出入之罪”，其所承担的处罚就会比照犯罪人减二等；如果翻译人员不尽职，与犯罪人同罪，“承徒二年”。比如，如果“夷人”应承担徒刑一年，而翻译人员却为二年，则翻译人员反坐一年的徒刑。按照《唐律疏议》中的注释“谓夷人有罪，译传其对者”，唐律所称的“致罪有出入者”，即“明据证及译以定刑名。若刑名未定而知证、译不实者，止当‘不应为’法：证、译徒罪以上从重，杖罪以下从轻”。[②]

以上所引秦代的《法律答问》和唐代的《唐律疏议》法律条文例句均包含表示预设的连词——若、如、如果、其等，明清以前历代的法律语言在句法上不如明清时代法律语言那样普遍使用“白话文”，明清以前的法律文本多使用法律汉语的分析型语言，句子结构高度紧缩，更加倾向于意义的无缝衔接，表示预设含义的连词通常被省略掉，成为隐性预设法律语句。这种隐性预设的古代汉语法律句子给古代汉语语法基础薄弱的读者和外文翻译者均会带来一定的理解困难。与明清以前历代法律条文的句子形态不同，明清的法律汉语像当时的日常语言一样通俗易懂，法律句子也倾向于现代法律的语句表达形式，即使是《大清律例》这样的官样文体，为了满足清代社会大众语言习得需要，雍正皇帝在修订时对律文和例文的一字一句必亲加省览，“使万民聚而观之，明示朝野，俾官习而能断，民之而不犯”，“尽谳狱之情”，最终实现从法律词语到法律

① 高恒：《秦简汉牍中法律文书辑考》，社会科学文献出版社 2008 年版，第 80 页。

② 曹漫之主编：《唐律疏议译注》，吉林人民出版社 1989 年版，第 865 页。

句子(及法律篇章)整体法律信息传递和普及的最大化。其中,最典型的就是显性预设句的大量使用。因此,无论是清代法律主体律文还是作为法律补充的例文,虽然预设句隐性结构仍然占主导,但许多情况下,带有标志性句法符号的如、如果、若、若果、倘若、凡、其等词语引导的法律语言预设句已经倾向于常态化,或者取代了清代以前大量使用的隐性预设。

**例1** 凡奉制书有所施行而[故]违[不行]者,杖一百。违皇太子令旨者,同罪。失错旨意者,各减三等。其稽缓制书及皇太子令旨者,一日笞五十,每一日加一等,罪止杖一百。(《大清律例》第62条)

**例2** 若皇亲国戚及功臣[八议之中亲与功为最重]之外祖父母、伯叔父母、姑、兄弟、姊妹、女婿兄弟之子、若四品、五品[文武]官之父母妻[未受封者]及应合袭荫子孙犯罪,从有司依律追问,议拟奏闻,取自上裁。[其始虽不必参提,其终亦不许擅决。犹有体恤之意焉。](《大清律例》第5条)

**例3** 凡[律]称"道士"、"女冠"者,僧尼同。[如道士、女冠犯奸,加凡人罪二等。僧尼亦然。]若于其受业师与伯叔父母同。[如俗人骂伯叔父母,杖六十,徒一年。道冠、僧尼骂师,罪同。受业师、谓于寺观之内,亲承经教,合为师主者。]其于弟子与兄弟之子同。[如俗人殴杀兄弟之子,杖一百,徒三年。道冠、僧尼殴杀弟子同罪。](《大清律例》第42条)

以上三个例句包含了《大清律例》法律句子中较为典型的显性"预设—法律行为—法律处理"句。例1是"其"字作为预设句法的引导词,句中省略了本条法律小标题中的推定主语"弃毁制书印信的被告人"。中国法律文本中"其"的基本语法功能概括起来大致有两种:一是代词,二是形容词。笔者在现代法律语言中没有发现"其"字引导预设句或条件句的例子。

例2和例3表述预设的法律句子中,使用频率最高的连词是"若"和"如",其引导的预设性法律语句在《唐律疏议》和《大明律》的类似句子里一般是不带如、若之类的隐性预设句。例如,例1中"其稽缓制书及皇太子令旨者,一日笞五十,每一日加一等,罪止杖一百",但在《唐律疏议》第111条里类似的句子却是"诸稽缓制书者,一日笞五十,[誊制、敕、符、移之类皆是。][一四]一日加一等,十日徒一年"。"其……者"与"诸……者"的主要区别在于,前者是明清法律文本中常用以表达预设的法律语句,后者是唐代及其以前的法律文本大多数情况下表达陈述的法律语句——虽然笔者也看到,无论是古今法律汉语转换还是对外翻译过程中,学者们在理解和传译上并不一致。

这里需要说明的是,笔者所讲的"预设—法律行为—法律处理"句在具体立法文本的预设性句子总体框架下,因立法者所设法律规制的需要还会出现许多变数。如《大清律例》里的这种句子就有如下三种:第一,由单音节词"如"变成双音节词"如果",这种变化在"祖宗成法"的律文中几乎不存在,但在刑部或律例馆根据司法实践中出现的法律漏洞拟出补充或解释性规范并报皇帝批准后颁行的例文中却非常普遍,如例文第800条:"凡情有可原之伙盗内,如果年止十五岁以下,审明实系被人诱胁随行上盗者,无论分赃与不分赃,俱问拟满流,不准收赎"。第二,由"若"变成"若果",如例文第176条:"若果能始终实心悔过,入厂五年期满,俱准其为民"。第三,按照汉语分析型语言的构句特点可以省略连词"如"(如果)、"若"(若果),即上文所讲的隐性预设句,如例文第149条:"违禁取利,以余利计赃,重[于杖八十]者,依不枉法论……并追余利给主"。可以认为,本句实际上省略了引导连词"如"或"若"。

另外,在国外古代法律语言的句子系统中"预设—法律行为—法律处理"句也是常见的法律句子形态。古代两河流域地区各奴隶制国家的楔形文字法铸就了该地区的楔形文字法律体系,预设句同样是其法律句法中的主要组成部分。公元前22世纪的《乌尔纳姆法典》(The Code of Ur-Nammu)是人类历史上最早的一部成文法典,该法典由序言和主文构成,共32条律文,其中所有法律条文的句子几乎都是以"if" 开头的预设句,如"if a man violates the right of another and deflowers the virgin wife of a young man, they shall kill that male"(如果一个男人侵犯了他人权利,并强奸了一个年轻人的处女妻子,他们就应当杀死该男人)。与《乌尔纳姆法典》相隔几百年的《汉谟拉比法典》(The Code of Hammurabi),虽然法律语句所容纳的法律信息和句法形式较之前有很大的变化,但"预设—法律行为—法律处理"的句子形式仍然是当时法律语句系统中使用最频繁的句子形式,如该法第7条:"if anyone buy from the son or the slave of another man, without witnesses or a contract, silver or gold, a male or female slave, an ox or a sheep, an ass or anything, or if he takes it in charge, he is considered a thief and shall be put to death"[自由民从自由民之子或自由民之奴隶买的或为之保管银或金,或(男)奴隶,或女奴隶,或牛,或羊,或驴,或不论何物,而无证人及契约者,是为盗窃,应处死]。①

《大清律例》表达假设或预设的常用词有"如"和"若"两个词,它们属于古代法律汉语的单音节词。比较而言,前者通常表示举例和列举关系,关联语气较轻;后者通常表示假设或预设关系,前后逻辑联系较紧密,与现代法律汉语里的"如果"基本相同。不过,笔者在现行刑法和刑事诉讼法的法律语言及句子系统中,除见到大量使用双音节连词"如果"以外,找不到"若"引导的假设或预设句子。

根据上述的分析,笔者接下来会观察和分析小斯当东和钟威廉两种译文中,法律汉语中隐性和显性"预设—法律行为—法律处理"句在两种英文句子中的表现形式及其在英文读者中可能造成的不同影响。

**守掌在官财物**

**凡**官物,当应给付与人,已出仓库而未给付;**若私物**,发供官用,已送在官而未入仓库,[均为官物]但有人守掌在官,[官司委佥守掌之人]**若有侵欺**、借贷者,并计[入己]赃,以监守自盗论。[**若非守掌之人**侵欺者,依常人盗仓库律论。其有未纳而侵用者,经催里纳保歇,各照隐匿包揽欺官取财科断,**不得概用此律**。](《大清律例》第139条)

**译文1**

Intermediate Charge of Public Property

**In all cases of** public property which had been issued from the treasuries and store-houses of government to be delivered over, or paid away, to certain persons, but not yet received by such persons; and **in all cases of private property**, which, being destined to the service of government, has been received for that purpose, but not actually deposited in the public treasuries or store-houses, the goods shall be considered in the former case still to preserve and in the latter case, already to have acquired, the character of public property.

---

① 参见法学教材编辑部《外国法制史》编写组编:《外国法制史资料选编》(上册),北京大学出版社1982年版,第22页。

Any fraudulent loan or misapplication thereof shall therefore subject the holder of the goods, in proportion to the amount misapplied, to the full punishment provided by law in the case of directly embezzling any other kind of public property. —**Upon the same principle**, the fraudulent application of such property, **if imputable to persons who don't have the charge thereof**, shall be punished as an ordinary theft of public property.

(trans. by T. Stauton)

**译文 2**

The Guardianship of Property in the Hands of the Government

**In the case of** all government property which must be delivered to individuals which has already been taken out of the granaries or treasuries but has not yet been delivered, **or private property** which has been offered for the service of the government which has already been sent to the government but which has not yet entered the granary or treasury (all these things are government property) but there are persons who are serving as temporary guardians [who are guarding it for the government] (the office that has jurisdiction has delegated persons to guard [the property]), **if there is** obtaining by fraud, borrowing, or lending, calculate the value of the illegally obtained property (that has been taken), and sentence on the basis of a supervisor or guardian himself stealing [Art. 264], (**If the temporary guardians** are not the ones who defraud, sentence on the basis of an ordinary person stealing property from a granary or treasury [Art. 265]. If the property has not yet been paid in but it is wrongfully taken and used, then [the community tax] prompting agency, the li na, and the bao-xi, will each be judged in accordance with the [rule for those who] obtain goods and hide them [Art. 121] or [illegally] gather [the funds of others to pay their taxes] [Art. 122], or obtain property in fraud of the government. **This article may not be generally applied [to these cases]**.)

(trans. by W. Jones)

该汉语原文法律由五个预设句构成,其中“凡”和“其”两个连词各构成一个预设句,三个“若”字构成另外三个预设句。五个预设句中,三个在律文的正文中,另两个在小字注释句中。从古代法律汉语预设句翻译的角度看,英汉句子组合的机制不同,英语重形合,汉语重义合。① 因此,译文的句子既要真实反映原文法律预设性句子的基本面貌,尊重原文预设性句子所传达的意义,又要体现原文法律语言文化的基本特色。笔者对《大清律例》第139条中预设性法律句子结构及两种译文的比较研究,主要关注和分析以下四个方面:

第一,"凡"和"其"引导的预设句及其翻译。

"凡"字在古代法律汉语预设句中通常用来表示概括性预设法律语义关系。《康熙字典》载:"《说文》:最括也。《玉篇》:非一也。《广韵》:常也,皆也。""凡"相当于现代汉语的双音节词"凡是",意为总括某个范围内的一切。凡字句在明清法律文本里的使用频率较高,有时候和"若""如"等表达预设性句子的词语交替使用。两位外国译者能否从"重义轻形"的综合性汉语语句中破解原文所隐含的预设性含义,并用相应的译语句子还原出原文预设句所表达的"法律之所谓",在句法形态上最大限度地传达原文法律信息,是笔者在进行两种译文比较研究中所应重点关注的问题。如第一句"凡官物……给付",句中"凡"字是古代法律语言中用来引导预设性和陈述性法律语句的常见连词,其所引导的古代法律中的预设性句子与现代法律汉语句子形式基本相同。但是,通过分析比较可知,从法律语句汉英翻译转换的视角看,两位译者对原文句子的理解明显有所不同,译文1将其译成预设句,译文2将其译成陈述句。根据"法施已然之后"的古训,从该句所表达法律意义判断,本句中"凡"字所引导的应是表示预设或假设的法律语句,该句和紧随其后的"若私物……""若有侵欺……"两个预设句,共同构成三个预设关系句,与后面的法律判断主句"……以监守自盗论"形成相对完整的"预设(凡……,若……)—法律行为(侵欺、借贷)—法律(判断)处罚或处理(以监守自盗论)"结构。

首先,关于两位译者对凡字句的理解和翻译。译文1将"凡"字译为介词短语"in all cases of"(in any circumstance or in any event),汉语意思是"在……情况下""如果……""若……"或"假使……""如果发生……""以防……",大都用来表示假设或预设,常见于近现代法律文本中。英语译文虽然句法上有所

① 参见胡安江:《新编应用语篇翻译教程》,上海交通大学出版社2006年版,第98~99页。

变动,但所表达的预设性基本含义没发生太大变化。根据本句的具体含义及其在《大清律例》中的法律语境意义,笔者赞成将本句中"凡"字引导的句子译成英文的预设句。译文2将"凡"字译成"in the case of",汉语意思是"至于……""就……来说",只有"in case"后跟从句才有"万一"和"如果"(美国人通常这样使用)的意思。显然,从语法或句法上观察,"in the case of"所引导的英文句子不具备传达法律汉语"假设……"或"若……"含义的预设性句法功能。因此,译文2为陈述句,与原文表示预设句子的含义明显存在差异。

如前所述,由于《大清律例》的法律语言已经趋于现代白话文语体,其句子结构也与现代法律汉语十分接近,故而上文提到的凡字句的语法功能同现代法律汉语中相同句式的语法功能基本相同。因此,笔者可以以现代法律汉语的凡字句及其英文翻译作比较和参照研究。笔者在中国现行法律法规语料库中查阅到"凡"字的预设性和陈述性句子及其英文翻译共计78例。经粗略观察发现,其中表示陈述的句子比表示预设的句子少。表示陈述时,如"凡具有中华人民共和国国籍的人都是中华人民共和国公民"(All persons holding the nationality of the People's Republic of China are citizens of the People's Republic of China.)(《中华人民共和国宪法》第33条)。表示预设时,如"凡支出的效益仅与本会计年度相关的,应当作为收益性支出;凡支出的效益与几个会计年度相关的,应当作为资本性支出"(Expenditure shall be regarded as revenue expenditure where the benefit to the enterprise is only related to the current fiscal year; and as capital expenditure where the benefits to the enterprise last for several fiscal years.)(《企业会计准则》)。

其次,关于两位译者对其(或"其……者")字句的理解和翻译。古代法律汉语句法里的连词"其"(常常与"者"字连用,构成"其……者"的句子结构)通常用来表示一种法律性假设关系,其相应的古典解释是"若也,如也"。[1] 目前法律界学者称之为假设连词,该词在古代法律中的使用频率远低于如、若、虽等同类连词。另外在古代法律汉语里,表达预设性句子结构的引导词"其"除与"者"连用并形成固定搭配外,有时候还与"若"一起使用,形成一种被人们称为

① 参见杨树达:《词诠》,中华书局1954年版,第162页。

"双重预设句"的句法形态,使句子结构形式变得更加复杂。

若非守掌之人侵欺者,依常人盗仓库律论。其有未纳而侵用者,经催里纳保歇,各照隐匿包揽欺官取财科断,不得概用此律。(《大清律例》第139条)

**译文1** Upon the same principle, the fraudulent application of such property, if imputable to persons who don' t have the charge thereof, shall be punished as an ordinary theft of public property.

(trans. by T. Stauton)

**译文2** If the temporary guardians are not the ones who defraud, sentence on the basis of an ordinary person stealing property from a granary or treasury [Art. 265]. If the property has not yet been paid in but it is wrongfully taken and used, then [the community tax] prompting agency, the li na, and the bao-xi, will each be judged in accordance with the [rule for those who] obtain goods and hide them [Art. 121] or [illegally] gather [the funds of others to pay their taxes] [Art. 122], or obtain property in fraud of the government. This article may not be generally applied [to these cases].

(trans. by W. Jones)

对于从《大清律例》第139条选取的这句律文,从两种译文的句法结构看,译文1的译者没有完全理解原文表达的预设性语气,将该句翻译成陈述性名词短语。如果将该英文句子回译为汉语,则是"欺骗性使用上述财产"或"盗用前述财产",该句成为陈述性肯定句,丧失了原文句子所表达的预设性句法形态,并在法律句法形式上失去了法律规范逻辑中所表达的法律话语程序化、形式化的语言和概念。① 在同样的古代法律汉语语境下,译文2的译者用预设句形态翻译,最大限度地还原原文预设句法的语气,旨在真实地表达原文的句法意义。

下面是《大清律例》中两个颇具代表性的法律例句,两个例句句法结构形态上的差别是,例4是"其……者"搭配的句子,例5是"其……"句。两种句法都是古代法律汉语中较为常见的句子形式。

① 参见李旭东:《法律话语论——法律本位之研究》,山东人民出版社2009年版,第33页。

**例4** **其**犯十恶**者**，[实封奏闻，依律议拟]不用此律。(《大清律例》第4条)

**译文1** **Nevertheless, if** any privileged person commits an offense of a treasonable nature, he shall not have the benefit of his privilege as provided by this law.

(trans. by T. Stauton)

**译文2** **If** one of [the persons entitled to have his case especially considered] commits one of the Ten Great Wrongs [Art. 2], (memorialize the facts of the matter to the Emperor under seal and consider and propose a provisional sentence in accordance with the law.) This Article is not used.

(trans. by W. Jones)

**例5** **其**谋反叛逆及造畜蛊毒，若采生折割人、杀一家三人会赦犹流者，家口不在听还之律。(《大清律例》第15条)

**译文1** **Nevertheless, the** relations of persons banished in consequence of being implicated in charges of treason, rebellion, poisoning, magic, or murdering three or more persons in one family, shall not be suffered to return to their original places of settlement, agreeably to the provisions of this law.

(trans. by T. Stauton)

**译文2** **In the case of one who** is exiled [by attaint] in the case of Plotting Rebellion, Treason, or High Treason, or making or keeping gu poison, or the mutilation of a living person, or the killing of three persons out of one family, who, despite the issuance of an amnesty, is still exiled, the members of his family are not within this law of being permitted to return.

(trans. by W. Jones)

从英汉法律句法形态层面转换及所蕴含的法律意义传达两个方面考察，例4中小斯当东和钟威廉两位译者在其译文句子构建上都努力重构原文预设性法律句子结构形态，以此还原原文所要表达的法律意义。只是译文1凭空加了转折性副词“nevertheless”，增加了原文的信息。例5的两种译文句法上差距比较大，译文都用的是陈述句形态，译文2用“in the case of one who”表达比较间接的预设,语气不如“if”引导的句子强烈。

第二,“若”字引导的预设句及其翻译。

“若”在古代法律汉语中通常是用来表示假设的单音节预设性连词。《康熙字典》载:“若者,不定之辞也。”所谓“不定之辞”,其实就是一种预设、假定或条件句法。清代法律句子里与“若”字搭配使用的通常还有“果”和“者”(如《大清律例》例文第 302 条:“若因捕拏而受伤者……若果有疯疾,依过失伤人律收赎,将赎银给付被伤之人。”),以此构成古代法律语句系统中较为常见的预设句。《大清律例》第 139 条中所讨论的“若……”、“若有侵欺……者”和“若非守掌之人……者”是《大清律例》中较为常用的句法,也是《唐律疏议》及其以后各代法律文本中的常态句法,如《唐律疏议》第 6 条:“若不生母身者,有服同外祖父母,无服同凡人”[with regard to a mother who has not borne one, of one mourns her parents, the degree of mourning is the same as for maternal grandparents of one's own mother. If one does not mourn her, they are considered the same as persons of non-kin status(fan-jen 凡人)]。《大清律例》第 139 条译文 1 将“若私物……”译为“in all cases of private property…”,该译句是预设句形态,而译文 2 将其译为“In the case of … or private property”,不具备预设性句法功能。译文 1 的“若有侵欺……者”的“若”字未译,但从译文中的两个副词“thereof”(在其中、关于、由此)和“therefore”(因此、所以、因而)推断,译者将该词所引导的句子理解成了非预设句,因此从句法功能上讲,译文意思与原文意思有明显差距,而译文 2 使用了“if there is…”预设句子形式,句法上与原文的形式相符。译文 1 将“若非守掌之人……者”译成省略性预设句“…if imputable to persons who don't have the charge thereof…”,虽然译文改变了原文的句法结构,但法律句法话语的标志性词语“if”引导的预设性句子较为明显,与译文 2 中的“If the temporary guardians…”表达了相同效果,尤其是译文读者通过句子符号的表面流动,基本能够体会到“法之所为用者易见”,一定程度上反映了译者竭力从句法上忠实再现原文所做出的努力。

第三,禁止性法律预设句的翻译。

在《大清律例》第 139 条律文的翻译过程中,还有一个值得专门关注的问题,即禁止性法律语句的翻译。这个问题也是专家们研究中国古代法律汉语语句翻译时的重点考察对象之一。之所以如此,一是因为我国古代立法的特点是惩罚性大于鼓励性和授权性,法律制定的主要目的是禁暴止奸,定分止争,或者是"以刑止刑,以杀止杀"。二是因为纵观清代以前的历代法律文本可以发现,中国古代社会立法观念的家国不分、礼法难辨,中国传统的立法智慧就是伦理即法,法即伦理。宗法等级秩序的原则和规范就是国家政治的基本原则和规范。三是因为介于成文法与不成文法、罪刑法定与罪刑非法定之间的,或二者相结合①的中华法系,自上而下或自下而上禁止性法律条款和义务性法律条款所占权重显然大于授权性条款。对此,有学者甚至指出,中国古代的法律皆以法律义务为本,因此这样的法律规范体系中只有义务性规范和禁止性规范,没有授权性规范。② 从某种意义上说,中国古代从秦汉时期的秦律、汉律(尤其是萧何的《九章律》)到《唐律疏议》《宋刑统》,再到18世纪的《大清律例》,立法者所秉承的千年古训是"溥天之下,莫非王土;率土之滨,莫非王臣"。四是因为"立法为君"是封建立法的根本,"君臣之道"也就成了立法之道,"法道"即"王道"。立法的最终目的主要是使百姓"畏而知警,避罹刑辟"。这种重国刑而轻民权的立法理念和否定普通百姓所应有权利的法治观念导致古代立法文本里极少有关于私法的规定。③ 五是因为中国古代重刑轻民的刑法性法律传统缺少现代法律意义上的人文关怀。于是,在具体法律词语使用上,常见的词语就是罪、坐、笞、杖、徒、流、绞、斩等,这些词语充斥在历代法律文本中。与词语相对应的是法律文本的句法,其可以体现为显性的禁止性表达,如"禁止……""不得……""应……""违者……以……罪论""因而……者以……罪论""其……者,斩""若……杖……"等,而体现为显性的惩罚性法律话语标记(explicit legal discourse marker for imposing criminal penalty)和隐性的惩罚性法律话语标记(implicit legal discourse marker for imposing criminal penalty)的法律语言比比皆是。

综上所述,中国古代传统法律汉语句法中几乎都是禁止性条款或义务性条款,而现代法律意义上的授权性条款相对比较少见。利用禁止性

① 参见俞荣根主编:《中国法律思想史》,法律出版社2000年版,第4、10页。
② 参见龙大轩:《道与中国法律传统》,山东人民出版社2004年版,第74~75页。
③ 参见梁治平:《清代习惯法:社会与国家》,中国政法大学出版社1996年版,第31页。

(prohibition)、义务性(obligation)和授权性(authoritativeness)三种基本法律规范来表达立法者的“法律之所谓”在古今中外法律文献中较为常见,只是中国古代社会法律的功能在于“以刑罚禁虣而去盗”(《周礼·地官》)或“禁暴止乱”,其历代法律传统的禁止性规范占据了古代法律条款的绝大多数而已。由于古代法律中表示禁止的显性符号如不得、不准等词语在句中的含义广泛,表达法律禁止的程度亦各不相同,因此如何领悟或揣摩古代法律汉语句子中的这些词语及其句法功能含义一直是古代法律汉语外译研究的重心之一。对古代法律语言中有明确符号的禁止性条款的观察分析及对其英文表达的研究是古代法律句子翻译研究中重要的部分。

《大清律例》第139条律文中表示禁止性法律意义的是最后一句。文中“不得……”句带有明显的法律性话语标记,也是古代法律语言中表达禁止性含义较为常见的句子。《大清律例》律文中表示禁止的语句基本可以分为三类:第一类是明确使用“禁止……”;第二类是“不得……”或“不准……”;第三类是不用任何明显表示禁止的语言符号标记,但用“……违者,杖(或笞、徒、绞、斩)……”等“预设—处罚”句,这类语句采用直接性惩罚手段表明某种行为乃法律所禁止。笔者这里要观察的是,中国古代千百年来所形成的这种反映中国古代特色的禁止性法律语言句法系统能否为外国人完全理解,并用准确的异域法律语言的相同句法表达我国古代法律人所构建的法律句法意义,被不了解古代法律汉语的译入语读者所完全理解。如小斯当东和钟威廉两位译者就对本条禁止性法律句子中“不得概用此律”或“不用此律”给出了全然不同的英文翻译。译文1将其译为“upon the same principle”,与前面翻译的内容作了整合,而译文2将其直译为“This article may not be generally applied [to these cases]”。不同的英文翻译表明两人对源语句子的不同解读。

与古代法律汉语常用句法比较单调相对,现代汉语的法律文本的句子形态更为丰富,我国现行基本法律文本几乎涵盖了禁止性、授权性和义务性三类句子形态,而且都有相应的统一性英文翻译版本。其中,就本节所讨论的禁止性句法而言,现代法律汉语中显性禁止性有“禁止……”“严禁……”“不得……”“不准……”“不要……”“不应……”等表达不同程度禁止性语气的句法。比较而言,前述“禁止……”“严禁……”“不得……”等所引导的句子使用频率远远高于其他词所引导的相同句法的使用频率。

第四,《大清律例》第 139 条律文中“催”“里”“纳”“官司”“保歇”等词语的翻译。

“催”“官司”“里”“纳”“保歇”是我国古代中央政府对下属基层行政管理机构的称谓,也是古代行政法律关系法律语言系统中司空见惯的专业词语。由于西方语言里没有与之完全相同的表述,诸如此类的古代法律词语在其他语言中也很难找到恰当的对等词语去翻译原文表达的真实含义。表 5-4 是上述词语两种译文的比较分析。

**表 5-4 《大清律例》第 139 条中部分古代官制词语的翻译比较**

| 原文 | 小斯当东译文 | 钟威廉译文 |
|---|---|---|
| 催 | 未译 | prompting agency |
| 里纳 | 未译 | the li na |
| 官司 | 未译 | the office |
| 保歇 | 未译 | the bao-xi |

表 5-4 所列举的这些表达古代官制的词语,除了目前国内权威的法学专科辞书如《中国古代法文化词典》《中国官制大辞典》《法学大词典》《北京大学法学百科全书》等以外,在其他语言类工具书如《康熙词典》《词源》《汉语大词典》《辞海》等汉语工具书中很难找到相应的解释。笔者曾经就上述词语的具体含义咨询过法史学专家和在读博士,得到的答案总是不太令人满意。土生土长的中国法史学专业学者尚且如此,可以想象外国人对此类词语的翻译结果。因此,国外有的翻译者只是勉强翻译,有的甚至选择不译。这些现象在古代法律语言的外文翻译中并非少数。

“催”指清代低等位官名,是清代驻防省级八旗军官阶编制很低的一级官员。“催”的满语发音是“拨什库”,其汉语意思为催促人,也叫作“领催”。“催”属于军队中九品以下未入流的低级军职,出自清代魏源《圣武记》:“至于八旗禁旅,虽分隶八都统,然惟骁骑营之马甲、领催、匠役隶之”。魏源自注道:“马甲之优者选为领催,以司册籍、俸饷。”领催也就是“清至民国每旗语左领之下设领催员额约为六人,由旗中选补之,协助左领处理民事”。[①] 领催专门负责

① 马建石、杨育棠主编:《大清律例通考校注》,中国政法大学出版社 1992 年版,第 499 页。

所守地方登记档案及支领俸饷的事务,还包括催促钱粮的任务。其与现代军队里“班长”的意思有些接近,同时也接近现代“军民共建”中军队负责人的含义,但功能上存在巨大差异。“催”在清代军事法律文化语境和其他语境中的有关研究资料比较少见。对外翻译中,如何准确理解和传递原文含义对中外译者都是不小的难题——这对18世纪末来华,且并不见长于中国古代法律语言文化研究的小斯当东更是一个巨大的难题。因此,小斯当东在翻译过程中遇到诸如此类的具有中国特色的传统法律词语时,往往采取译其大意或略而不译的方式。而钟威廉的译文在处理同类语言现象时,词不达意的情况也比比皆是。如这里钟威廉将指人的“催”译成了“prompting agency”(促使机构,催促机构),使原文的人(催促)变成了疑问的物,与原文意义相去甚远。

“里”的基本含义之一是中国古代社会的一种居民组织单位名称的表述,也就是古代的一种地方行政组织机构名称,尤其指县以下的基层行政单位,[①]有点近乎现代中国社会的基层单位“镇”。主事者叫作“里君”“里宰”“里魁”“里典”“里吏”等。[②]“里”的具体含义因时代不同而不同,“自周始,后代多因之,其制不一”(《史记·卢绾传》)。先秦时代是二十五家为里,《旧唐书·食货志上》载:“百户为里,五里为乡”。《明史·食货志二》载:“迨造黄册成,以一百十户为一里,里分十甲曰里甲。”《清史稿·食货志二》载:“凡里百有十户,推丁多者为长。”事实上,本条法律中“里纳”指的是两个词,“里”指的是管理“里”的主事者,“纳”指的是缴纳或纳入,即“纳送在官”之意。[③]根据笔者查到的翻译资料,“里”的翻译处理大致分为四种表现形式:第一种是“community”或“town”;第二种是《(汉英双语)现代汉语词典》(增补本)的汉语拼音翻译“li”,其相应的英文解释为“five households form a *lin*, and five *lin* form a *li*”;第三种是钟威廉译文“the li na”;第四种是小斯当东所采用的方法——忽略不译。显而易见,第一种、第二种处理方法大致能给出译文读者理解原文的基本线索或思路,在没有相应翻译的情况下也算是一种权宜之计。第

① 参见辞海编辑委员会编:《辞海》(缩印本),上海辞书出版社2000年版,第2209页。

② 参见北京大学法学百科全书编委会编:《北京大学法学百科全书》,北京大学出版社2016年版,第462页。

③ 参见(清)沈之奇:《大清律辑注》(上),法律出版社2000年版,第334页。

三种采用定冠词“the”加汉语拼音的翻译形式，且后面未给出任何译文解释，无法表达原文的具体含义，更为重要的是译者将本不属于一个语言单位的“the li”和“na”译成了一个词，显然是对原文理解的严重失误。第四种是小斯当东常常采取的有意不译或故意漏译的方式，显然是不可取的错误行为。

保歇制度曾盛行于明中期至清初的地方基层行政单位，是政府为了追征赋役和词讼审理的方便所设置的一种制度，在政府方面言其为“保户”，在乡民方面则言其为“歇家”，故合称为“保歇”。从“保歇”延伸出来的异名别称有很多，如歇保、保家、保户、保识、里歇、安保、主户等。保歇的设置多以“里”为单位，政府赋予保歇的核心职责主要是追征赋役，拘禁里长或纳户，勾摄、拘提、引领所保里长到衙门赴比等。就乡民而言，歇家几乎成了他们进城的“桥梁”，不管是应役、缴纳赋税，还是进城贸易、打官司皆需经过歇家这个环节，这也就使歇家成了实际控制乡村的势力群体。[①] 与“里”比较而言，保歇大致相当于现代社会基层组织村民委员会或街道居民委员会（local residential committee）。根据笔者的分析，基本可以判断两位译者在处理本条律文的“保歇”时所持的观点。小斯当东译文采取的方法是完全忽略不译，该方法使原文应有的法律信息几乎丢失殆尽。钟威廉译文使用定冠词加汉语拼音即“the bao-xi”，译文显得不伦不类，也让英文读者感觉莫名其妙，这种译法也印证了严复先生所讲的“信矣不达，虽译犹不译”。

“官司”是较为典型的古代法律汉语，其基本含义有以下四个方面：①指诉讼，俗称“打官司”（engage in a lawsuit; initiate legal proceeding），是宋元以后通用的法律词语，专指狱讼之事。[②] 无论是古代文学语言还是法律语言，“官司”一词的出现频率都比较高。如“一到任就有一件人命官司详至案下”（《红楼梦》）。②指官府（government office; local fiefdom），如“后来不合偷了店主人家钱财，被捉住了，要送官司问罪”（《水浒传》）。③指普通官吏或百官（officials of all ranks and descriptions in local administrative system），如“若夫山林川泽之实，器用之资，皂隶之事，官司之守，非君所及也”（《左传·隐公五

---

① 参见胡铁球：《明清保歇制度初探——以县域“保歇”为中心》，载《社会科学》2011 年第 6 期。

② 参见高潮、马建石主编：《中国古代法学辞典》，南开大学出版社 1989 年版，第 118 页。

年》)。④指官府里摊派的赋税劳役之类的公事。《大清律例》里的“官司”大多情况下指政府机关,如“官司委有人役,责令守掌在官”。[①] 根据笔者的基本解读,此类法律汉语词汇在其他语言中大都不难找到与之近似的表达。不过从表5-4中可以清楚地发现,在小斯当东译文中,译者造成原文意义的严重缺失。与小斯当东译文不同的是,钟威廉译文的“the office”虽然过于笼统模糊,且仍有值得商榷的地方(尤其是从事中国古代法律研究的国内外现代法制史学者应该较为熟悉“官司”一词),但至少让外文读者了解到这是一个差遣人做事的地方。

## 三、“律母”和“律眼”句的英译比较

“律母”和“律眼”是中国古代律学对律条中看似简单的文字进行解释与义理阐述的创举,旨在透过文字符号的表层隔膜挖掘古代立法文本中小字注释无法说清楚的“立法之精义”。古代法律汉语里对“律母”和“律眼”的解释类似于我国最高人民法院针对法律文件中某些重要词语和句子的具体法律含义作出的司法解释。笔者这里之所以将“律母”和“律眼”作为汉英法律语言翻译研究项目,是因为二者所引导的通常是一种法律句法状态,而非一般意义上的词法或语法结构。

笔者在本章第一节谈到,虽然人们对“律母”和“律眼”在2000多年以来的古代法律典籍语言体系中的功能进行过研究,但大都局限在基本的词语解释或说文解字的狭小范围,只有王明德对此进行了系统而深入的研究,并归纳总结出一系列重要词语所组成的特殊法律句子,其中最典型的就是“律眼”和“律母”。从古代法律语言的实际应用功能上看,虽然古代法律汉语研究者们通常将构成“律母”和“律眼”的词语视为古代法律汉语中的一般性法律专业词语,但它们在《大清律例》及清代以前的法律文本句子的体系构成,尤其是在古代法律句法系统构建中有着比较特殊的句法机制构建功能意义,主要原因在于:一方面,两组词往往被用于比较特殊的法律句法语境,所表达的是特定意义的法律语言关系;另一方面,两组词中的一些词语本身就是引导一定句法关系

---

① 参见(清)沈之奇:《大清律辑注》(上),法律出版社2000年版,第334页。

的连接词。

(一)"律母"句的英译比较

下面分析比较小斯当东和钟威廉两位译者在处理《大清律例》"律母"句翻译过程中所采取的措施及其可能产生的不同社会效果。需要加以说明的是,"律母八字经句"中部分词与前文所分析的似有重复,但为了保持"律母"的完整性,且避免故意重复之嫌,笔者想尽可能以不同的角度去分析比较不同的译文。

1."其""若""即"句的英译比较

**立嫡子违法**

凡立嫡子违法者,杖八十。**其**嫡妻年五十以上无子者,得立庶长子。不立长子者,罪亦同[俱改正]。**若**养同宗之人为子,所养父母无子[所生父母有子]而舍去者,杖一百,发付所养父母收管。**若**[所养父母]有亲生子及本生父母无子欲还者,听。**其**乞养异姓义子以乱宗族者,杖六十。**若**以子与异姓人为嗣者,罪同,其子归宗。**其**遗弃小儿年三岁以下,虽异姓仍听收养,**即**从其姓。[但不得以无子遂立为嗣。]**若**立嗣,虽系同宗而尊卑失序者,罪亦如之,其子亦归宗,改立应继之人。**若**庶民之家存养[良家男女为]奴婢者,杖一百,**即**放从良。(《大清律例》第78条)

**译文1**

Rule of Succession and Inheritance

Whoever appoints his heir and representative unlawfully, shall be punished with 80 blows. **When the first wife has** completed her fiftieth year, and has no children living, it is allowed to appoint the eldest son by the other wives to the inheritance; but if any other than the eldest of such sons is so appointed, it shall be deemed a breach of this law.

**If a person**, not having sons himself, **educates and adopts** the son of a kinsman, having other sons, but afterwards dismisses such adopted son, such person shall be punished with 100 blows, and the son shall be sent back to, and supported, as before, by the adopting parents.

Nevertheless, **if the adopting parents** shall have subsequently had other sons, and the natural parents, having no other, are desirous of receiving their son back again, they shall be at liberty so to do.

**Whoever asks for, and receives into** his house as his adopted son, a person of a different family name, is guilty of confounding family distinctions, and shall therefore be punished with 60 blows; **the son so adopted shall**, in such cases, always be returned to his family. In like manner, **whoever gives away his son** to be adopted into a family of a different name, shall suffer the punishment decreed by this law, and receive such son back again.

Nevertheless, **it shall be lawful to adopt** a foundling under three years of age, **and to give the child the name of the family into which it is adopted**; but such adopted child shall not be entitled to the inheritance upon failure of the children by blood.

**If the relative appointed to** the inheritance, on failure of children, is not the eldest in succession, it shall be deemed a breach of this law; the relative so appointed shall be sent back to his place in his own family, and the lawful heir appointed in his stead.

**Whoever brings up in his family**, as a slave, the male or female child of a freeman, shall be punished with 100 blows, and the child shall regain its freedom.

(trans. by T. Stauton)

**译文 2**

Establishing a Son of the Official Wife

[as One's Successor]Contrary to the Law

Everyone who in regard to establishing the son of his official wife [as his successor]acts contrary to the law will receive 80 strokes of the heavy bamboo. **If his official wife is** over 50 and has no son, he may establish the eldest son of his concubine(s) [as his successor]. If he does not establish the eldest son [as his successor], the punishment is the same (and both [acts]will be corrected).

**If someone adopts** a person of the same clan as a son, and the adopting parents have no son, (and the natural parents have sons) and he [the adopted son] forsakes [the adoptive parents], he will receive 100 strokes of the heavy bamboo and will be returned to the control of the adoptive parents. **If (the adoptive parents) have sons** born to them, and the natural parents have no other son, and he wishes to return (to them), he should be permitted to do so.

**If someone adopts a son of a different surname**, thereby causing confusion in the clan, he will receive 60 strokes of the heavy bamboo. **If one gives a son** to a family with a different surname to be a successor, the punishment is the same. This son will return to his clan.

**An abandoned child of under three**, even though he is of a different surname, may be adopted. **He will take the name of the adopter** (but he may not be established as a successor on the basis that [the adopter]has no sons).

**If one establishes a successor**, and although it is someone of the same clan, [the one adopted]is not within the proper senior or inferior degree of relationship [e. g. a paternal first cousin who would be in the same relation to the common ancestor as the adopter and hence is not in the proper generation to be a son], the punishment is the same. This son will return to his clan. A person who is suitable to succeed will be established [as the successor].

**If**, in the household of an ordinary person, **there is the adoption** (of boys and girls from honourable persons' households as slaves), the punishment is 100 strokes of the heavy bamboo. Those [who have been enslaved]will be released and returned to the [status]of honourable persons.

(trans. by W. Jones)

本条律文中的“其”“若”“即”是古代法律文本“律母八字经句”中较为常见的三种代表性句子形态。

“其”字在古代法律汉语中通常有代词、形容词、副词和语尾助词等多种语法功能,但在古代法律汉语中用作连词的情况较多,有时还与“……者”连用,构成古代法律汉语的预设句,相当于现代法律语言表达预设功能的“如”“如果”“……的”“若……”等法律句子。当然,“其”的预设功能在现代法律汉语里已经被“如”“如果”“……者”“……的”所取代。本条律文中有三个“其”字，其中第2句和第6句的“其……者”可以认定为构成了中国传统法律语言文化体系中礼法结合的法律规范须具备的假定、指示和制裁三个要素的基本框架。第2句的译文1是“When the first wife... a breach of this law”，译文2是“If his official wife... his concubine(s)[as his successor]”。第6句的译文1是“Whoever asks for, and receives... therefore be punished with 60 blows”，译文2是“If someone adopts a son of a different surname ... receive 60 strokes of the heavy bamboo”。第8句的译文1是“it shall be lawful ...”，译文2是“An abandoned child of under three...”。综合评价上述三个表示预设的其字句，两位译者在本条律文其字句的理解和翻译处理上显然存在明显差异。第2句和第6句的译文可以理解成法律英语的预设句，虽然与原文句法形态不吻合，但根据原文句子的含义统一翻译成“if”句，至少在语气上更接近原文。第8句的语境意义与前两句相同，但两种译文都将其处理成法律英语的陈述句，这种处理方式使译文似乎失去了原文立法句子的预设功能。总体而言，这三个性质相同的预设性其字句的译文应当尽可能与原文句法形态保持一致。

“若”是古代法律语言句子系统中使用频率比较高的字，通常也是表述预设关系的重要语言，但语气比其字句更强。经粗略统计，“若”字在《大清律例》中共出现973次，在古代法律语言中所引导的法律性预设句所占比例远远大于同样引导预设句的“其”“如”“如果”等。“若”字在古代法律汉语句子构造中的另外一个重要特点是，它既可以单独使用且在句子中位置较为灵活，也可以和同样表示预设关系的“如”同时使用。例如，《明史・刑法志》载：“如告人杖六十，徒一年，内止笞五十得实，被诬之人若已论决，将告诬者必全抵剩杖一十、徒一年之罪。”本条律文第4、5、7、9、10句都是以“若”为句首构建的法律性预设句。第4句的译文1是“If a person... educates and adopts...”，译文2是“If someone adopts...”。第5句的译文1是“if the adopting parents...”，译文2是“If (the adoptive parents) have sons...”。第7句的译文1是“whoever gives away his son...”，译文2是“If one gives a son...”。第9句的译文1是“If the relative appointed...”，译文2是“If one establishes a successor...”。第10句的译文1是“Whoever brings up in his family ...”，译文2是“If ... there is the adoption..."。从原文预设句与译文的对应句子看,小斯当东和钟威廉两位译者在理解原文预设句时,大多数情况下都选择了与原文保持一致的句子形式,但也都存在将原文预设句转换为陈述句并由此改变原文意义的情况。

"即"的基本含义是就、立刻、马上、立刻、依附、附着、至、到等。语法功能上,可以作动词、名词、副词、介词、连词等。古代法律汉语中的"即"可以用作连词,意为虽然、假若、即使、则、也就是等,大致相当于英文的 meaning that、it means that、that is to say、imply 等。据统计,该词在《大清律例》"律母八字经句"中一共出现 177 次,作连词时主要用以表达对前文含义的进一步解释或补充说明。如本条律文第 8 句中的"即"字就充当的是连词,用来补充解释前一句可能没有说明白的法律含义。如律文前半句"仍听收养"的主体不明确,于是加上后半句"即从其姓",也就是法律上授权"遗弃小儿"的收养者,按照自己的姓氏为该"小儿"起名字。原文意义的后半句其实是一个非独立性分句,或者称小句,其与前半句共同构成一个句子整体。但两位译者在其译文的句子分解及意义的传译上却大相径庭。译文 1 的"and to give the child the name of the family into which it is adopted..."与其在第 78 条中"姓"的译文"surname"相呼应,既保持了原文结构的完整性,又与原文句子结构基本吻合,且在原文句子法律意义的传递上也较为忠实。译文 2 的"He will take the name of the adopter..."单独成句的令人费解之处至少有三点:第一,法律句子形态的完整性。法律翻译中译文句法上的分离极易造成法律意义的流失,显然该译文的准确性有待商榷,尤其是此类表达法律性特殊目的语言的法律言语共性(speech universality)句子不能随意改动。① 第二,名和姓的区别。"从其姓"指的是被收养者随收养者姓,其译文"take the name of the adopter"(回译为"采用收养者的名字")与原文的本义"姓(氏)"不符。许慎《说文解字》载:"姓,人所生也,从女、从生,生亦声。""姓"是标志家族系统的字,其英文是 family name 或 surname,后者的英文释义是"the name that you share with other members of your family"。因此译文 2 的这种翻译不合常理。第三,"shall"在法律英语句子中

① See Wolfram Wilss, *The Science of Translation: Problems and Methods*, Shanghai, Shanghai Foreign Language Education Press, 2001, p. 131.

表达强制性或确切规定性。因此，译文 1 虽然比译文 2 早 170 多年，但更加符合原文法律语义的表述。

2. “皆”“各”“及”句的英译比较

**公事失错**

凡[官吏]公事失错，自觉举者，免罪。其同僚官吏[同署文案法]应连坐者，一人自觉举，余人<u>皆</u>免罪。[谓缘公事致罪而无私曲者，事若未发露但同僚判署文案官吏一人能检举改正者，彼此俱无罪责。]

其断罪失错[于入]已行论决者，[仍从失入人罪论]不用此律。[谓死罪<u>**及**</u>笞、杖已决讫，流罪已至配所，徒罪已应役，此等并为已行论决。官司虽自检举，<u>皆</u>不免罪。<u>**各**</u>依失入人罪律减三等，<u>**及**</u>官吏等级递减科之，故云不用此律。其失出人罪虽已决放，若未发露能自检举贴断者，<u>皆</u>得免其失错之罪。]其官文书稽程[官]应连坐者，一人自觉举，余人亦免罪。[承行]主典[之吏]不免。[谓文案小事五日程，中事十日程，大事二十日程，此外不了，是名稽程。官人自检举者，并得全免。惟当该吏典不免。]若主典自举者，并减二等。[谓当该吏典自检举者，<u>皆</u>得减罪二等，官全免。]（《大清律例》第 29 条）

**译文 1**

Errors and Failures in Public Proceedings

Upon any error or failure in the public proceedings of an officer of government, if he discovers and corrects, or remedies the same, he shall be pardoned.

Also, in the case of error or failure in the proceedings of a public office or tribunal, if anyone member discovers so as to correct or remedy the same, <u>**all**</u> the members shall obtain pardon.

If however such error consists in an aggravation of the sentence of the law, and is riot discovered until after the execution thereof, <u>**they**</u> cannot be <u>**entirely**</u> pardoned, but the punishment shall be mitigated three degrees.

If, on the other hand, the error consists in pronouncing too lenient a sentence, the parties shall be pardoned, although the error is not discovered until after the execution of the sentence, provided they do themselves discover and rectify their error.

An extraordinary delay in issuing public orders from any tribunal of justice or other public department, renders all the members liable to punishment; but if any one of them voluntarily interposes, and prevents any further delay from taking place, **all** the magistrates or officers of that tribunal or department shall be pardoned; but the clerk shall incur the full punishment, except he had himself acknowledged the impropriety of the delay which had taken place, and interposed to prevent its continuance; **in which case**, his punishment shall be reduced two degrees.

Five days shall be allowed to dispatch business of small importance; ten days for business of ordinary importance; and twenty days for business of high importance.

(trans. by T. Stauton)

**译文 2**

Error in a Public Matter

Whenever (an official or clerk) makes an error in a public matter, and he himself discovers, [corrects], and reports it, he will avoid punishment. In the case of officials who are in the same office (who jointly prepare and sign a document, and who by law) must be sentenced by implication, if one of them discovers [corrects], and reports this [error], **the rest** will escape punishment. (This refers to those who have committed a public offence without having any private interest. If, before the matter is discovered, one of the officials or clerks in the same office who prepared and signed the document [together] reviews [the document], reports [the error]and corrects it, they will all escape punishment).

If the error consists in mistakenly deciding a case erroneously (by awarding too heavy a punishment) and the sentence has already been executed (still sentence in accord with the offence of mistakenly sentencing another too heavily [Art. 409]). This law is not used. (This means that if the penalty is death or strokes of the heavy or light bamboo and has already been inflicted, **or** if those sentenced to exile have already arrived at the place of exile, and those sentenced to penal servitude have already finished their servitude, these cases are called [cases] where the sentence has already been executed. The officials in charge, although they themselves review and report the matter, do not **any of them** escape punishment. **Each** will be punished according to the law of mistakenly sentencing another too heavily [Art. 409] reduced three degrees. **And** the officials and clerks at different levels will be sentenced with reductions accordingly [according to their positions]. Therefore it is said, do not use this law. As for mistakenly sentencing too lightly [Art. 409], although the sentence has already been executed or [the prisoner] has been released, if the matter has not yet been discovered, and the officials can themselves report the matter and correct the mistake, **all** may escape punishment for this error.) If the prescribed period for the delivery of an official document has been exceeded, and among (the officials) who must be sentenced by implication there is one who discovers and reports [and corrects] it, the others will also escape punishment. (The clerk) who is in charge (charged with this responsibility) will not escape [punishment]. (This means that if the chief clerk himself reviews, reports, [and corrects] the matter, his punishment will be reduced two degrees. The officials escape [punishment] completely.)

(trans. by W. Jones)

笔者这里选取了包含“律母八字经句”中“皆”“各”“及”三个词的一条律文,本条律文中“皆”出现4次,“及”出现2次,“各”出现1次。下文分别就三个词在律文中的具体含义及小斯当东和钟威廉两种不同英文翻译作简要比较分析。

“皆”作副词,表示统括。以言表意,是谓意内言外。现代汉语通常将“皆”解释为都、全部、全盘、普遍、所有、一切、总体、毫无例外等。“皆”与英文的 all、each、every、alike、generally、everybody、totally、no exception 等同义,是一种概括性或归结性陈述,有时候还可以根据语境理解成也、同样等。“皆”在《大清律例》中共出现162次。该词在古代法律汉语中用得比较多,但在现代法律汉语里几乎找不到它的影子。可以说,“皆”作为古代法律汉语虽然是一般性法律词语,但对法律行为者的调控范畴却有不可小觑的作用。正确理解和翻译这个词及其引导的法律句子意义,对法律奖惩规定范畴的厘定有重要意义。本条律文中四个"皆"的共同特点是,都和动词连用,构成一个特殊的句子。根据本条律文的具体语境,前面三个"皆"表达的基本意思是全部、一切,最后一个"皆"的大致意思是同样、也。译文 1 的前三个"皆"分别被翻译成形容词"all(the)"和副词"entirely",基本表达了原文的意思,第四个"皆"的译文"in which case"虽语法完整,但语焉不详。结合前一句"并减二等"的意思,在后面的句子里加上"also"一词更加符合原意。译文 2 的四个皆字句,译文里只有前三个"皆"有其分别对应的英文"the rest""(not) any of them""all"——前两个改变了原文句子的语序,使原文本来清楚的意思变得模糊不清,第四个"皆"没有翻译,属于漏译。通过这里皆字句翻译的比较可以认为,译文 1 在原文句子意思的传递上要比译文 2 更好一些。

另外,"皆"字在英文中有时无法完全表达其义,译者往往采取"意译+汉语拼音"的翻译方法。如《大清律例》第 30 条:"若本条言皆者,罪无首从;不言皆者,依首从法。"(小斯当东译文"when the law does not expressly declare, that the punishment shall be inflicted alike on all parties concerned, it is to be understood, that one only is to suffer as a principal, and the rest as accessories",钟威廉译文"if a provision uses the term 'all' [jie] then the penalty is not differentiated according to principals and accessories. If it does not use the term 'all' [jie] then [the sentence] is in accordance with the rule for principals and accessories")钟威廉的这种翻译方法并非个案,笔者在《唐律疏议》《宋刑统》《大明律》的英文译本中也看到类似的情况,有的甚至采取"意译+汉字+汉语拼音"的方法。

"各"是古代法律汉语中使用频率较高的一个词。笔者统计发现,"各"在《唐律疏议》中共出现 1480 次,在《大清律例》中共出现 551 次。"各"的基本意思为每个、各个、各自、彼此不同等,表示不止一人或一物同做某事或同有某种属性,相当于英文的 variously、respectively。在现代语法功能上,"各"可以作副词、形容词和代词且现代法律语言中用得较少,多作形容词,但在古代法律汉语中"各"通常与其他词连用,作副词使用的情况较多,如在《大清律例》律文中与"各"搭配使用的句子形态有"各按……""各依……""各照……""各从……"

“各不……”“各听……”“各尽……”“各以……”“各罚……”“各坐……”。从本条律文所表达的法律语境意义看，立法者之所以用各字句是想重点强调当事的每一个官司(官员)都要为自己的“断罪失错“行为承担法律责任，任何人也不得例外。为此，外文翻译中也应当尽可能再现原文所强调的语气。本条律文中，译文1中被动句的前一分句没有提供“各”的直接翻译，但从前后句子的连贯关系上可以推导出，译者用“they”指代原文中的“各”，法律语气上有所弱化。若在该句中加上“respectively”之类的词语，则该句的法律语气便可以得到强化。译文2根据英汉词性表现差异特性，将原文作副词的“各” 翻译转换成英文的代词“each”。此外，笔者在《唐律疏议》的相同语境中发现“各”也是翻译成代词“each”。由此可知，译文1一定程度上更忠实地反映了原文法律语言的所指意义。

“及”是古代法律语言体系中的“律母八字经句”常用词，也是古代法律语言里使用率较高的一个词。“及”在《唐律疏议》中共出现2104次，在《大清律例》中共出现755次。“及”在古代汉语里作动词、介词、副词、连词。《大清律例》法律语句系统中“及”作为连接词形成的互联关系主要有以下三类：①“名词+名词”，如山陵及宫阙，祖父母、父母及奴婢、雇工人。②“动词+动词”，如改写及代写招草。③“句子+句子”，如“若限未满而刑，及过[三日之]限不行刑者”“应入官而放免，及非应入官而入官者”。另外，“及”在《大清律例》里用作动词使用的情况也较多。

本条律文中共有两个“及”，其所显示的语法功能不同。第一个“及”是并列连词，大致相当于现代汉语的与、和，有时候根据逻辑语义可以将其理解为表示选择的连词“或”“或者”。译文1只是“编译”了原文法律的大概意思，谈不上是在真正翻译，因此无从判断译文中“及”的翻译。与译文1不同的是，译文2根据法律语境逻辑将字面上表示并列关系的词转换成“or”，表达了原文的意思。第二个“及”的法律语境功能意义是动词，其意为关联到、涉及、关系到等。译文1和译文2对“及”的理解都存在问题，但前者的问题更为严重。译文1将整个原文句子打乱翻译，甚至连严格意义上的“编译”都算不上，译文中也就看不出有对“及”的任何翻译。译文2将原文实义动词的“及”翻译成表示承上启下关系的虚词“and”并另起一句，没有确切地表达出原文句子要表达的含义。事实上,将本句的“及”翻译成法律英语的“if involving...”较符合原文句子的本义。

3. “准”“以”句的英译比较

**称与同罪**

称**准枉法论**、**准盗论**之类,[事相类而情轻,]但**准其罪**,亦罪止杖一百,流三千里,并免刺字。

称**以枉法论**及**以盗论**之类,[事相等而情并重,]皆与正犯同,刺字、绞斩皆依本律科断。[然所得同者律耳,若律外引例充军为民等项,则又不得而同焉。](《大清律例》第39条)

**译文1**

Participators in Offenses

When it is declared that **an offence shall be considered as an act of bribery, or theft, punishment shall follow according to the laws** relating thereto, except that the branding shall not be inflicted, and the capital part of the sentence mitigated to perpetual banishment.

When, however, the case is referred directly to those laws, they shall be executed against the offenders in their full extent.

(trans. by T. Stauton)

**译文2**

The Expression [Punish] with the Same Penalty

Where [the law] says, **sentence as if it were [a case of receiving consideration] and causing perversion in the law [Art. 344] or "sentence as if it were theft"** [Art. 269], etc. [the offences are similar but the circumstances are less serious], then **the penalty [for that article] will be applied**, but the penalty is limited to 100 strokes with the heavy bamboo and exile to 3000 li. There will be no tattooing.

Where [the law] states **"sentence on the basis of [receiving consideration] and causing perversion in the law" or "sentence on the basis of theft"**, etc. (the facts are of the same degree and the circumstances are equally serious), the punishment is the same as for the principal offence. The tattoo, strangulation, and beheading are all adjudged according to the respective provisions of the law [but it must be the law that says "the same penalty"]. If it is not the law [that so provides, but the law] is filled out by a sub-statute providing such things as "military exile" or "return to the condition of the people", then it cannot be [treated as if the term] the "same" [were used].)

(trans. by W. Jones)

古代法律语言中的"准"字作动词、名词和形容词,准字句是古代法律汉语中出现频率相对较低的一个句式,也是《大清律例》"律母八字经句"中出现频率最低的一个句式。笔者对比统计了一下,"准"字在《大清律例》中共出现160次,在《唐律疏议》中共出现726次。纵观"准"在《大清律例》里的语法功能及基本含义,可以总结为两大类:一是作动词,如"准赎银一钱五分""亦准此""听准老疾收赎"等;二是作形容词,如"所告不准""仍候复准""照尺寸较准"等。

本条律文"准枉法论""准盗论""准其罪"的三个"准"字在句中都是动词,意为依照,所表达的是强烈的法律性祈使语气。法律英语句子中与之相近的专业法律词语是"shall",两种译文都将前两个句子里的"准(……论)"字放在一个完整的句子里去表达,符合法律英文的句法构建逻辑。译文1是"... an offence shall be considered as an act of bribery, or theft, punishment shall follow according to the laws...",译文2是"... sentence as if it were [a case of receiving consideration] and causing perversion in the law [Art. 344] or 'sentence as if it were theft'..."。从两种译文的法律语言句法表现风格特征上看,译文1用"punishment shall..."翻译准字句要比译文2的"sentence as if it were..."更加契合法律语言的语体风格。第三个"准"的基本含义是确认,引申为法律专业语言的"认定"或"核实","准其罪"的意思为"核准其犯罪事实"。译文1采取编译方法将后面一句的内容编译进前一句,因此找不到确切的译文。译文2将原文"准其罪"意译为"the penalty [for that article] will be applied",显然没有很好地把握原文关键词"准"及其句子的根本含义,译文过于粗糙。其实,将原文"准其罪"直接翻译成"re-examine or reapprove the crime and then impose...",简洁明确,且不至于造成对原文法律意义太严重的误解。

“以”在古代法律汉语中被视为“形简意隽,甚为难觸”的典型法律符号代表,也是唐代以来法律语言阐释者重点关注的研究对象。“以”在《大清律例》中共出现 826 次,在《唐律疏议》中共出现 3029 次,这或许是“以”被王明德列入古代法律语言“律母八字经句”的原因之一。现代法律汉语虽然用“以”表达法律意义的情况也较多,但使用范围比较狭窄,且多数情况只是作介词用,如“以事实为依据,以法律为准绳”(justifying facts as legal evidence and taking law as the unique norm for adjudicating legal cases)。

《大清律例》中的“以”主要用作动词、介词和连词,其中作介词使用的情况最多。本条律文中“以枉法论”及“以盗论”的两个“以”都是作介词用,此处“以”的具体意思是按照、根据、依照等。译文 1 采用的是编译的方式,没有完全按照原文的字句翻译传达真实含义,因此,根本无从找到两个“以”的任何形式的英文翻译。译文 2 的“…‘sentence on the basis of [receiving consideration] and causing perversion in the law’ or ‘sentence on the basis of theft’ …”比较尊重原文句子结构所表达的含义,尤其是译文中的两个介词短语“on the basis of”基本上能够表达出原文句子中两个“以”的法律意义。

(二)“律眼”句的英译比较

为便于英汉比较分析,笔者根据“律眼”的使用情况,将其分为单音节、双音节和多音节三大类。将例、杂、但、并、依和从称为“律眼”单音节词语,将累减、听减、得减、罪同和同罪称为“律眼”双音节词语,将从重论、并赃论和折半科罪称为“律眼”多音节词语。通过分析《大清律例》小斯当东和钟威廉两位译者在“律眼”句翻译过程中所采取的措施及其达到的翻译效果,判断他们是否真正做到译尽其义,是否向译文读者详细传达了“律眼”中的中国古代法律文化。

1. “律眼”单音节词所组句子的英译比较

例、杂、但、并、依、从六个“独词级”单位的语言形式之所以被王明德视为“律眼”语句并专章加以关注,主要原因有二:第一,所列举的六个词中,“但”“并”“依”都是引导句子的常见的连词,但其表达的法律含义异于日常语句中的法律含义;第二,其他三个虽不是引导句子的连词,但在清代法律语境中与特定的法律句子相联系往往会产生特定的法律意义。由此观之,笔者下文对于这些"词义深远"且"一时误解,有失其意而错行"①的法律词句进行的比较研究,对古代法律汉语的理解及对外翻译研究均有所裨益。

(1)例字句的英译比较

"例"的基本含义是规程、惯例。根据王明德的解释,这里的"例"分为名例、比例、定例、新例五种,与现代刑法里的"总则"相似,在整个刑法中起纲领性作用。虽然王明德将例字句纳入"律眼"的重点研究范畴,但该字在《大清律例》中的使用频率却不高。清代法律里所能查到且仅为固定搭配使用的有律例、例律、条例、通例、新例、例图、名例、罪例、附例、赎例、定例等,这些固定词组事实上已经形成了古代法律的专业术语。同时,"例"也可以单独使用,如"不得引例""俱不在收赎之例""官吏俱照例为民""不在此止笞五十例"等。

凡各仓[主守官役]收受税粮,听令纳户亲自行概,平斛交收,作正数[即以平收者作正数]支销,**依例**准除折耗。(《大清律例》第120条)

**译文1** The officers and attendants belonging to the granaries of government, when collecting the imports in grain, shall permit each of the contributors personally to attend and measure the proportions of grain for the delivery of which he is answerable; and all such allowances shall be made such contributors as are warranted **by the particular regulations of the several provinces**.

(trans. by T. Stauton)

**译文2** In every granary (the collector of taxes) who receives tax grains will permit the households that come to pay the taxes themselves to use a rod to level of the measures [hu]that are [used]for paying and receiving to assure the correct amount, (i. e. the one receiving will assure the correct amount on the basis of level measures) in the paying and satisfying [of the debt]. [After the grain has been delivered], it is permitted **according to the regulations [of the Board of Revenue]** to exclude the waste [in arriving at the final computation].

(trans. by W. Jones)

① (明)雷梦麟:《读律琐言》,法律出版社2000年版,第95页。

本条律文中的“依例”二字,译文1将其译为“by the particular regulations of the several provinces”(回译为“根据若干省的专门规定”),译文中凭空增加了“particular”和“of the several provinces”这两个原文所没有的内容。同样,在译文2的“according to the regulations [of the Board of Revenue] ”(回译为“根据户部或税务部门的规定”)中,译文也增加了“ [of the Board of Revenue]”,这是原文没有的内容。笔者认为,无论是古代法律翻译还是现代法律翻译,都是一种十分严肃的工作,不允许译者“旁参己忌”。因此,将该条律文中的“依例”翻译成“regulation(s)”就足够了。另外,根据原法律文本的语境,古代法律语言的“依例 ……”与现代法律汉语的“依法 ……”所表达的含义异曲同工。

另外,笔者在中国现行法律法规语料库中发现“依法 ……”这一句式共有1701条,“依法……”这一句式相应的英文表达比较灵活多样,归纳起来有 with laws、in accordance with laws、in accordance with law、in conformity with law、according to law、pursuant to the law、in conformance with law、lawful、lawfully、under (the Criminal Law)、upon (their rights of independent pricing)、legal、legally、by law 等。很明显,其中的“法”都被翻译成“law”或“laws”,且前后都没有添加任何其他修饰词。

(2)杂字句的英译比较

“杂”的本义是次小(低于主流)、不正(不纯或低于标准)、混合(“不正”的一种动词用法,“混”表达一种不正不纯)、驳杂不纯 (heterogeneous;mixed)、正项以外 (extra;other than)、紊乱不堪(disorderly;chaotic)、烦琐细碎 (many and miscellaneous with trifles)等,在古代法律中通常用来表达共同、一起。王明德认为,法律文本里的“杂”字所表达的,在法律事实上是对“真”而言,也就是犯罪行为有主次之分。[①] 现代学者刘俊文教授对《唐律疏议》中“杂”的法律解释是:“盖因其所规定者,乃诸篇杂以包容之各类杂犯之处罚。”[②]《大清律例》中与“杂”连用的词语主要有杂律、杂犯、杂职、杂药、杂匠、杂剧、杂物、杂犯律、杂泛、杂户(谓驿、灶、医、卜等户)、杂役等,表 5-5 是其中一些与“杂”搭配的词语

① 参见(清)沈之奇:《大清律辑注》(下),法律出版社 2000 年版,第 643 页。

② 刘俊文:《唐律疏议笺解》(下),中华书局 1996 年版,第 1772 页。

在两译本中的翻译比较。

**表 5-5 《大清律例》中与“杂”搭配的部分法律词语的翻译比较**

| 原文 | 小斯当东译文 | 钟威廉译文 |
|---|---|---|
| 杂剧 | Theatrical Representations | Theatrical Performances[Za Zhu] |
| 杂犯 | 未译 | every case...other than |
| 杂职 | officers of government not yet raised to any of the regular ranks | a clerk or runner |
| 杂泛 | extraordinary and miscellaneous | miscellaneous |
| 杂役 | temporary services | miscellaneous services |
| 杂药 | unusual drug | drugs |

**逃避差役**

若丁夫、杂匠在役及工乐杂户[谓驿、灶、医、卜等户]逃者,一日笞一十,每五日加一等,罪止笞五十。(《大清律例》第 84 条)

**译文 1**

Evasion of Personal Service by Concealment or Desertion

Any labourer, **artificer**, or **other individual**, who, during the period of his engagement to render personal service to the state, shall absent himself for one day, shall be punished with 10 blows, and one degree more severely for every additional five days absence, as far as 50 blows at the utmost.

(trans. by T. Stauton)

**译文 2**

Fleeing to Avoid Compulsory Service

If the adult males, as well as **(various sorts of) artisans** who are performing compulsory services, or the **households** of labourers and musicians, etc. (that is to say, postal-relay station workers, salt-workers, physicians, diviners, etc.) run away, then, for one day, the punishment is 10 strokes of the light bamboo. For every [additional]five days, add one degree.

(trans. by W. Jones)

杂匠是以从事各类技艺谋生的人或掌握某种专门技术的人,古今意义基本相同。所以,有人也将杂匠翻译成"miscellaneous artisan"或"craftsman of various kinds"。译文 1 是"artificer",译文 2 是"(various sorts of) artisans",两者的含义有一定差异。从词源及构词法上看,前者指"a skilled craftsman or workman",重在手工艺术,强调手上的功夫,工艺水平质量很高;而后者侧重于创意(originality),其产品往往产生于奇思妙想(unusual but wonderful thinking),其工艺产品让人叹为观止。

杂户在明清以前指因前代犯罪受株连为官府服役的罪户,如《唐律疏议·户婚》的律内立法解释是:"杂户者,前代犯罪没官,散配诸司驱使,亦附州县户贯,赋役不同白丁"。明清以后,其法律意义发生了根本性变化,专指从事各行各业专业劳动的工匠、业师等人。从本句特定语境中的"丁夫"和"工乐"的法律所指意义判断,这里的"杂户"特指从事特定职业的人。现代法律汉语语境里仍然能够经常见到的商户、用户和客户的"户",就是沿袭古代法律汉语的用法。从笔者对"杂户"的基本解释和分析看,译文 1 的"other individual",虽然译文含义上较模糊且有任意扩大之嫌,但和前文法律语境中的"labourer"和"artificer"联系起来理解,其意义表达上大致还能够反映出原文所要表达的旨趣。译文 2 的"households"(the people in a family or group who live together in a house or a social unit living together)加上后面的"of labourers and musicians",回译为"各户劳动者和音乐家(乐人)",与原文小字注释里明确指出的"驿、灶、医、卜等户"的含义相抵牾。

(3)但字句的英译比较

"但"字在汉语里表示只、不过、徒然,或表姓氏。在法律语言中,立法者常用"但"或"但是"引导一个法律句子或短语,构成法律语句系统中的但书,旨在表明法律句子中,该词之后部分的句子内容与前面句子规定的内容形成对立关系,目的是将某些权利和事项或某些情况从前面所规定的文字中排除出去。①王明德认为,古代法律语言中但字句所强调的法律意义与其在别的语境中"作

---

① 参见[英]戴维·M. 沃克编:《牛津法律大辞典》,北京社会与科技发展研究所译,光明日报出版社 1988 年版,第 732 页。

为转语之义者窘别”，即“律意与最大最重处，每用但字以严之”。[1]《大清律例》中“但”字组成的法律句子的基本含义可以归纳为三大类。

第一类，表达限定或限制，意为仅仅、只是、莫过于等，大多数情况是“但”字单独使用。

凡二人共犯罪而有一人在逃，现获者称逃者为首，更无[人]证佐，则[但据其所称]决其从罪。(《大清律例》第31条)

**译文1** When, of two persons who have been parties to the perpetration of an offence, one has absconded, and the other, who is in custody, declares the former to have been the principal offender, and himself only an accessory, if there is no evidence to disprove the assertion, he shall be punished forthwith as an accessory.

(trans. by T. Stauton)

**译文2** In every case where two people jointly commit an offence, and one person has run away, and the one who was caught claims that the one who is in flight is the principal and there is no (one else) to prove [the truth of the matter], then punish (him according to his statement) **as** an accomplice.

(trans. by W. Jones)

第二类，表示话语的转折，通常指与本条或本句法律规定有关的例外情况，与现代法律汉语一样一般都以“虽……但”形态联合使用。

其遗弃小儿年三岁以下，虽异姓仍听收养，即从其姓。[但不得以无子遂立为嗣。](《大清律例》第78条)

**译文1** Nevertheless, it shall be lawful to adopt a foundling under three years of age, and to give the child the name of the family into which it is adopted; **but** such adopted child shall not be entitled to the inheritance upon failure of the children by blood.

(trans. by T. Stauton)

**译文2** An abandoned child of under three, even though he is of a different

---

① 参见(清)王明德:《读律佩觿》,法律出版社2001年版,第29页。

surname, may be adopted. He will take the name of the adopter (**but** he may not be established as a successor on the basis that [the adopter]has no sons).

(trans. by W. Jones)

第三类,表示预设或条件关系,相当于现代法律汉语的显性表达如、如果、若等。

凡功臣之家,除[朝廷]拨赐公田[免纳粮当差]外,但有[自置]田土,从管庄人尽数报官入籍,[照额一体]纳粮当差。(《大清律例》第 92 条)

**译文 1** All the lands and houses comprised in the estates, of the nobility and officers of government, (except such as by the express direction and command of the Emperor, are exempted from taxation and personal service, ) shall be duly reported by the respective tenants or stewards to the magistrates of the districts, and correctly entered on the public registers, that according to such entries they may be assessed and held accountable for personal services, as in all ordinary cases.

(trans. by T. Stauton)

**译文 2** **In every case where** the household of a meritorious official has its own land (which it has purchased) in addition to the public lands which (the Court) bestowed [on them] (which are exempt from taxes and services), the bailiffs must completely report the land to the authorities so that it can be registered. They must pay taxes and provide services (according to the total quantity of land [that is not exempted]).

(trans. by W. Jones)

综合以上三例来看,两种译文在原文但字句的处理上存在较大差异。译文 1 基本没有按照原文句子的法律逻辑关系传达原文内容。因此,译文读者无法看到与原文表达预设或条件关系对应的英文词句。译文 2 在处理但字句时较为灵活多变,不仅用了“as”作为引导词,还用了“in every case where...”的句式,但原文句子中强调的意味被淡化了。

(4)并字句的英译比较

“并”在古代汉语中的语法及与其他词语搭配使用的意义主要归纳为以下三个方面:①作动词,表示兼并、合、合并、摒除、抛弃。②作副词,表示一同、一并、一齐、共同、皆、俱、同、都、竟、竟然、居然等。③作连词,表示而且、并且、以及、同时等。这些义项虽然适用于古代汉语的各种文体和语境,但在清代法律语言解释者眼里,“并”字似乎被赋予了较为特殊的意义。据笔者统计,《大清律例》中与“并”字相关的法律句子共有 292 个,在各条律文中的具体含义不尽相同,需要悉心推敲,方能恒得其义。王明德分析了清代法律语言的具体所指关系后,认为“并”字与同、皆、俱等同义,同时概括分析了“并”字与这三个字在法律语境中“相似而实非”的细微差别:“俱对独言,义取乎概括……凡用同字与俱字处,大约皆包有尊卑、上下、巨细、远近在内,若用并字处,则系平平合看,有横理而无竖义……与皆字、俱字命意相同,而用皆字、俱字各律中,实有大小轻重,严急宽缓,及广狭横竖之各别。故前贤于用并字处,则不得不为之斟酌,以异其文”。①

沿着王明德的这一思路,笔者根据“并”字出现的具体语境,按照其词性及用法分别将小斯当东和钟威廉两位译者的译文进行比较。

第一,用作连词。

僧、道犯罪,曾经决罚者,[追收度牒,]<u>并</u>令还俗。(《大清律例》第 14 条)

**译文 1** In like manner, all the priests of Foe or Tao-se, who shall have been convicted and punished for any offence, shall be deprived of their license, <u>**and**</u> divested of their sacred character.

(trans. by T. Stauton)

**译文 2** As for Buddhist or Taoist monks who commit offences, and are sentenced to be punished (they will be deprived of their licences <u>**and**</u>) they will be returned to the laity.

(trans. by W. Jones)

本句中的“并”字在语法意义上与现代汉语的“同时”“并且”基本同义,用以连接两个平行的句子。两种译文都用“and”,试图从句法形式上再现原文的语法功能意义。但从法律语言的强制性祈使语气的角度看,译文 1 仅仅用“and”,其法律关联力度显然不够,如果在“and”后面加上“at the same time”或

① (清)王明德:《读律佩觿》,法律出版社 2001 年版,第 30~31 页。

"simultaneously",在对法律语言命令性语气的强化上似乎更为确切。译文 2 只翻译了原文的大概意思,需要对其法律语言整体形式转换和对包括有特殊含义的并字句在内的语言形式表达作大量的修改才能有效表达原文的法律意义。

第二,用作副词。

其犯罪应合籍没财产,赦书到后,罪[人]虽[在赦前]决讫,[而家产]未曾抄札入官者,<u>并</u>从赦免;其已抄札入官守掌及犯谋反、叛逆者,[财产与缘坐家口不分已未入官。]<u>并</u>不放免。(《大清律例》第 24 条)

**译文 1** In all cases wherein the offender is liable to be punished in his property as well as in his person, if a pardon arrives after the execution of corporal punishment, but before the confiscation has taken place, or before the fine has been levied, the latter part of the sentence shall be remitted.

(trans. by T. Stauton)

**译文 2** If the offence entails a sentence of forfeiture of property, and, after the amnesty arrives, the punished (individual), although (prior to the arrival of the amnesty) his sentence has been executed (but his household property) has not yet been confiscated and turned over to the government, he should **<u>still</u>** escape punishment according to the amnesty. If [the property] has already been confiscated and turned over to the government, or if he committed the offence of plotting rebellion [Art. 254], treason [Art. 255], or high treason [Art. 254] (as to the property and the relatives incriminated by attaint, do not differentiate according to whether the government has taken possession of them), **<u>there will be no avoidance [of punishment]</u>**.

(trans. by W. Jones)

这里的两个"并"在本句中的具体含义与现代汉语的皆、完全、一律、一概、概不、均不得等相同。在《大清律例》中,类似并字句的使用在绝大多数情况下均表达了立法者对法律事件规定上的不可逆转性命令语气,这也是王明德将此类词语单独列为"律眼"进行研究的重要旨趣所在。无论是现代汉语的语内翻译还是同其他语言之间的语际翻译,都应尽量将其丰富的内在含义体现出来。小斯当东和钟威廉两位译者在其译文中所表达的法律语言力权威性上的得与失值得研究。译文 1 没有按照原文的句法逻辑结构所提供的意义去表达原文的法律内容，造成原文法律信息的严重流失，更谈不上对“并”的翻译。译文 2 在基本忠实原文的法律含义的基础上试图将“并”的意义包含在译文句子的其他词语中来表达。如第一个“并”包含在“should still escape punishment”中，其中副词“still”的汉语意思是仍然、依然，可以引申推定为“并”。同理，用“there will be no avoidance [of punishment]”，回译为“将逃避不了惩罚”，接近原文的“并不放免”。

第三，用作动词。

若遗失及误毁官物者，[于官物加二等上]减三等。[凡弃毁、遗失、误毁，]<u>并</u>验数追偿。[还官、给主。若遗失误毁]私物则偿而不坐罪。(《大清律例》第98 条)

**译文 1** When the articles or produce of the earth belonging to government, are lost or destroyed by an inadvertence only, the punishment shall be three degrees less than in the case of a willful offence to the same extent; but **<u>in all cases</u>, <u>the extent of the damage shall be estimated</u>**, and the offender compelled to replace the amount to government, or to the individual proprietor, according to the circumstances of the case.

(trans. by T. Stauton)

**译文 2** If he loses or unintentionally destroys government property, then, in each case (after adding the two degrees for government property), reduce the penalty three degrees (in the case of everyone who discards, destroys, loses, or unintentionally destroys). **<u>Moreover, check the amount and levy for repayment.</u>** (Return it to the government or give it to the owner. If he loses or unintentionally destroys) private property, then provide for repayment but do not punish.

(trans. by W. Jones)

《唐律疏议》和《大明律》相关条款的解释是“并验数追偿”，意为将弃毁、遗失、误毁合并计算。“并”应为动词，意思是合并。因此，译文 1 的“in all cases, the extent of the damage shall be estimated”比较符合原意，译文 2 的

"Moreover, check the amount and levy for repayment"显然不太符合原意，尤其是"moreover"的使用让人摸不着头脑。

(5)依字句的英译比较

在古代法律语言的"律眼"句子系统中，"依"字主要表达倚仗、仗恃、仰赖、同意、允许、服从、听从、原谅、宽恕、遵照、根据、按照等。王明德站在法律阐释学的角度将这个词解释为："依者，衣也。如人之有衣，大小长短各依其体。律有明条，罪实真犯，一本乎律文以定罪。故曰依"。[①] 其表达的意思古今较为接近。古今法律语言中用得最多的专业表述有依律、依法、依例、依规、依律例等，大致与法律英语的 according to the law、in accordance with the rules、pursuant to law、according to the decided cases、by precedent 等词语相通。

凡律自颁降日为始，若犯在已前者，并<u>依</u>新律拟断。[如事犯在未经定例之先，仍<u>依</u>律及已行之例定拟。其定例内有限以年月者，俱以限定年月为断。若例应轻者，照新例遵行。]（《大清律例》第 43 条）

**译文 1**

Execution of New Laws

All laws, characterised as, intended to become, fundamental, shall, in general, take effect and be in full force from the day on which they are published, and every transaction shall be adjudged <u>**according to**</u> the most recent laws, although such transaction should have occurred previous to their promulgation. Occasional statutes, which are modifications of the law, shall not however operate in those cases which were antecedent to their enactment; and when any period of days or years is assigned for the commencement of their operation, such period shall be strictly observed, except only in regard to statutes providing a mitigation of the ordinary punishment, which shall be construed to be immediately in force, in all cases.

(trans. by T. Stauton)

---

① （清）王明德：《读律佩觿》，法律出版社 2001 年版，第 31 页。

**译文 2**

Deciding a Punishment According to Newly Promulgated Laws

Every law comes into effect the day it is promulgated. If the offence was committed prior to that, the punishment should nevertheless be determined **under** the new law. (If an offence is committed before the effective date of a sub-statute, it is to be decided **in accordance with** the law and the sub-statute already in existence. If the sub-statute sets out an [effective] date, then use that in the decision. If the new sub-statute is more lenient, then follow the new sub-statute.)

(trans. by W. Jones)

本条律文中,两个“依”字所指法律意义与现代法律语言相同,都是依照、按照的意思。对于第一个“依”,译文 1 是“according to”,保留了原文法律语句的句子形态,而译文 2 用了介词“under”,未体现该表达的固定性。对于第二个“依”,译文 1 将其整合到句子意思中,未用固定词语表达出来,译文 2 是“in accordance with”,保留了原文法律句子的形态。

(6)从字句的英译比较

“从”字在古代法律语言里有着区别于现代法律汉语的特殊含义,其基本用法有:一是作动词,表示依顺、顺从,采取、按照,行、做,跟随、追随、追赶,听凭、任凭,参与、参加。二是作介词,表示经、经由、经过或采取某种方针或态度。三是作副词,表示从属、次要。四是作形容词,冠“从”称,表示宗族中次于至亲的亲属。五是作名词,表示跟随的人。王明德根据法律语境所作的解释是:“从者,宗也,宗而主之也。盖因罪人所犯,事有两歧,情各有别……律中用从字处,有三义。”[①]随后,他从三个方面分析“从”字的法律含义:第一,“二罪以上,以重者论。从一科断”;第二,犯罪行为涉及“亲属相盗”中的伤害案件性质,按照尊长卑幼,“较量轻重,审定而从其重”;第三,审理案件过程中,法官要根据军民的具体情况,即“各从本色”予以处罚。因此,所谓“从”者,就是要分别对待,“其所谓从者,各从其类也”。

与“从”字有关的法律句子在《大清律例》中共有 359 个,其词性功能上有

---

① (清)王明德:《读律佩觿》,法律出版社 2001 年版,第 32 页。

动词、名词、介词等。现代法律语境中也会使用“从”字，只是含义范围有所缩小，使用频率很低（如整部《刑事诉讼法》中仅有 11 处），且仅仅局限于少数固定用法，词性功能远不及古代法律汉语广泛，如从犯（accessary criminal; accomplice; accessory offender）、从重处罚（impose heavier punishment; sentence a severer punishment）、从宽处理（give a lighter or mitigated punishment; give a lenient punishment or execise a liberal punishment）以及“又聋又哑的人或者盲人犯罪，可以从轻、减轻或者免除处罚”（any deaf-mute or blind person who commits a crime may be given a lighter or mitigated punishment or be exempted from punishment）等。

凡犯流者，妻妾<u>从</u>之，父祖子孙欲随者，听。迁徙安置人家口，亦准此。（《大清律例》第 15 条）

**译文 1** All the wives of banished criminals shall <u>**follow**</u> them into exile; the parents, grand-parents, children, and grand-children of exiles, shall be at liberty to follow them or not, according to their own choice; and when they desire it, a new settlement shall be given to them, at the place of banishment.

(trans. by T. Stauton)

**译文 2** The wives and concubines of all those who commit offences which entail a sentence of exile must <u>**accompany**</u> them. Parents and paternal grandparents, children, and sons' children may, if they wish to, accompany them.

(trans. by W. Jones)

本条律文中的“从”是动词，其基本含义为依、遵照、遵循、恪守、跟随等。“妻妾从之”，即妻子和小妾都跟随一起流放。译文 1 和译文 2 分别将“从”翻译成“follow”和“accompany”，虽然两个英文单词在情感含义表现上有所差别，但两位译者在词性和意义总体表述上把握较为准确。另外，译文 2 将原文“准此”中实际包含的“准许从之”（accompany them）补充翻译出来，更加完整地表达了原文的法律意义，体现了汉英法律语言中隐性与显性转换翻译的基本特点。

### 共犯罪分首<u>从</u>

侵损于人者，以凡人首<u>从</u>论。［造意为首，随<u>从</u>为<u>从</u>。侵，谓窃盗财物；

损,谓斗殴杀伤之类。如父子合家同犯,并依凡人首<u>从</u>之法,为其侵损于人,是以不独坐尊长。](《大清律例》第 30 条)

**译文 1**

Distinction between Principals and <u>**Accessaries**</u>

When, however, the offence is a direct injury to the person or property of any individual, the several individuals shall, as in all ordinary cases, be punished as principals or <u>**accessaries**</u> in the manner previously stated.

When several persons are parties to one offence, the original contriver of it shall be held to be the principal, and as such suffer the punishment required by the laws, in its full extent: <u>**the rest who followed**</u>, and also contributed to the perpetration thereof, shall suffer the punishment next in degree, under the denomination of <u>**accessaries**</u>.

(trans. by T. Stauton)

**译文 2**

Distinguishing Principals and <u>**Accessories**</u> in Joint Offences

If there is a trespass or injury to another, decide according to the rule of principal and <u>**accessories**</u> [which applies to] ordinary people [not family members]. (The one who formulated the plan is the principal. <u>**Those who accompany**</u> are the <u>**accessories**</u>. "Trespass" means the non-manifest theft of property. "Injury" means something in the nature of affrays, blows, killing, wounding, and the like. If a father and son in the same household commit an offence, then sentence both according to the law of "principals and <u>**accessories**</u>" [above]. This is because the trespass or injury is done to another; therefore one does not merely condemn the most superior and eldest [family member].)

(trans. by W. Jones)

该条律文中共有五个"从"字,其中三个"首从"里的"从"字均为名词,意为从犯或辅助犯、胁从犯。"随从为从"的第一个"从"是动词,意为跟随、协同、共谋,第二个"从"为名词,可以解释为从犯。译文 1 给出的"从"的名词的对应词是"accessories"和"the rest who followed",但将动词加名词的"随从为从"中的"随从"翻译成定语结构"the rest who followed",漏译了后一个名词"从"字。译文2在处理这些"从"字上与译文1基本相同,但在整个法律条文意义细节传递的忠实性翻译处理上远远超过译文1。另外,"从"或"从犯"这一概念从古代法律语言一直沿用到现代法律语言,如《刑法》第27条:"在共同犯罪中起次要或者辅助作用的,是从犯"(an accomplice refers to any person who plays a secondary or auxiliary role in a joint crime)。

2."律眼"双音节词所组句子的英译比较

古代法律语言里的累减、听减、递减、罪同、同罪及其所构建的常用法律语句是古代诉讼法律中专门用于刑事案件的语言表述,同时也是古代法官用以定罪量刑时常用的指令性法律语言。从语内法律语言理解或翻译的角度看,双音节"律眼"词句虽然在《大清律例》中的使用频率远远低于单音节"律眼",但在清代较为严苛的法律体系里,尤其是在"造律之意,轻重有权,宽严得体"的立法思想指导下,法官如何理解和正确把握累减、听减、递减、罪同、同罪的法律含义及其适用标准与范畴,关乎案件当事人应该享有的基本权利。从语际法律翻译交流的视阈看,译者在异域法律语言中正确传达法律中类似法律语句的基本含义,不仅是"翻译法律"能否达到同等效力的关键所在,也是法律翻译者应当恪守的职责本分,古今法律语言均是如此。

(1)"累减""听减""递减""得(累)减"句的英译比较

**犯罪得累减**

凡一人犯罪应减者,若为从减、[谓共犯罪,以造意者为首,随从者减一等。]自首减、[谓犯法知人欲告而自首者,**听减**二等。]故失减、[谓吏典故出人罪,放而还获,止减一等。首领官不知情,以失论,失出减五等。比吏典又减一等,还获又减一等,通减七等。]公罪**递减**之类,[谓同僚犯公罪失于入者,吏典减三等。若未决放,又减一等,通减四等。首领官减五等,佐贰官减六等,长官减七等之类。]并得累[减而复]减,[如此之类,俱**得累减**科罪。](《大清律例》第11条)

**译文1**

**Mitigation of Punishment**

There are various considerations which shall be admitted in mitigation of punishment. When more persons than one are engaged in the commission of an offence, the original contriver shall be punished as the principal offender, and the rest one degree less severely, being considered only in the light of accessaries. In the case of an offender surrendering himself to the officers of justice upon hearing that an accusation is intended, such offender **shall be entitled to a mitigation of punishment** to the extent of two degrees. When an unjust sentence of acquittal is pronounced designedly, the law-officer or clerk of the court in which such faulty sentence originates, provided he is able to recover the offender who had been unlawfully liberated, shall, in consideration of such recovery, be punished less severe by one degree; the deputy or executive officer of the court, if not intentionally concurring in the unjust sentence, shall be punished fix degrees less than the expounder of the law or clerk of the court; one degree of mitigation being by virtue of his office, and the other five degrees because he did not offend against the laws designedly.

If the unjust sentence was not willful, the punishment thereof shall, in the case of the clerk of the court, be reduced three degrees; and if the unjust sentence had not been executed, four degrees. In the case of the deputy of the court, **there shall be another reduction**, making, in the whole, five degrees. In the case of each of the assessors of the court, another reduction, making fix degrees; and, lastly, in the case of the presiding officer, another, making, in the whole, seven degrees: —thus one case is exemplified in illustration of all others of **complicated mitigation** to be attended to in the infliction of punishment.

(trans. by T. Stauton)

**译文 2**

Committing Offenses and Obtaining

**Cumulative Reductions [in the Sentence]**

In all cases when a person commits an offense for which [the punishment] must be reduced, such as reduction of [the punishment for the] accomplice (this refers to the fact that in joint offenses, the one who plans the action is considered to be the principal, and the accomplice has his punishment reduced one degree [Art. 30]), reduction of [the punishment]for confession (this refers to the fact that if a person who has violated the law knows that someone else is planning to accuse him, and confesses, then his punishment **must be reduced** by two degrees [Art. 25]); reduction [of the punishment] according to whether the act is intentional or non-intentional, (this refers to the case where a clerk intentionally releases a person from his punishment and the person who was released is subsequently reapprehended; in that case [the clerk's punishment]is reduced only one degree [Art. 409]. If the chief officer does not know the circumstances, he is considered to have made a wrong judgment, and if, through his wrong judgment [someone is released], his penalty is reduced five degrees beyond the one degree [reduction from the punishment of]the chief clerk [since he is not the principal, i. e. his punishment is reduced a total of six degrees]. If the prisoner is re-apprehended [the official]is reduced still another degree, making seven degrees of reduction in all); or the **proportionate reduction** [in the case] of public offenses. (This refers to the fact that if [officials and clerks]in the same service commit a public offense [Art. 28], as when they make a mistake and award an excessive punishment, the penalty of the chief clerk is reduced three degrees, and if the punishment of the person as to whom the error was committed has not yet been executed, the punishment is reduced still another degree. This makes, in all, four degrees. The chief officer is reduced five degrees, and the assistant official [such as an assistant magistrate] is reduced six degrees. The head official [such as the magistrate] is reduced seven degrees). **These reductions must be cumulated (reduced and then again) reduced.** (**Reductions in Punishment such as these are cumulated in fixing the penalty.**)

(trans. by W. Jones)

本条律文包含了累减、听减、递减、得(累)减等双音节“律眼”词,从这几个词的结构特点及意义看,关键在于“减”,前面几个修饰性副词表示行为方式,也就是立法者规定了定罪量刑过程中,古代法官减刑的具体操作方法。下面笔者根据王明德对原文解读的思路，分别比较分析两种英文翻译在处理累减、听减、递减、得(累)减过程中的具体表现情况。

累减是古代法律语言传承下来的减轻处罚的概念之一，是古代刑事诉讼法的专门术语，意思是某一犯罪行为人在接受审判时，按照刑事法律规定符合两种或两种以上减轻罪责的法定情节，法官在定罪量刑时应当依法对符合条件的犯罪行为予以连续累加的减轻刑事处罚。现代刑事诉讼法里有"减刑"(reduce a penalty; commute/mitigate a sentence; abatement from penalty)这一术语，其狭义概念为依法被判处管制、拘役、有期徒刑、无期徒刑的罪犯在具有法定的减刑情节时，由负责行刑的机关报送材料，人民法院依法予以减轻原判刑罚的刑事司法活动。但是，现代刑事法律语言里面没有累减，也没有下文要讨论的听减、递减、得(累)减之类的法律语言表述。

根据前面的分析和解读，本条律文里的两个"累减"本来意思是较为明确的，尽管如此，不同译者对此的理解与翻译依然不尽相同，有的译文甚至与原文存在明显的差距。译文 1 分别用"Mitigation of Punishment"和"complicated mitigation"翻译原文，前者只是简单表达了"减轻处罚"，后者所表达的也只是"复杂的处罚"，均没有表达出重要修饰词"累"的法律含义。也就是说，英文的"减轻处罚"和"复杂的处罚"，两者都没有表达出原文"层累而减之"的根本含义，尤其是译文 1 的"complicated"在法律英语里面没有"累计加减"的意思，因此译文无法让读者理解原文的含义，甚至会觉得莫名其妙。译文 2 的"Cumulative Reductions [in the Sentence]"和"Reductions in Punishment"，用"reduction"的复数形式暗示不止一种减刑，而是多种减刑情节的累计，尤其是译文 2 的"cumulative"有了动态累计的含义，虽然并不能完全表达"层累而减之"的含义，但采取"模糊对模糊"的翻译方法可以在某种程度上使译文与原文保持了一定的近似性。另外，笔者还查到了"累减"的其他译法，如 cumulated reduction、accumulated mitigation of criminal punishment、accumulation of mitigation for criminal punishment 等。

"听减"中"听"的基本含义是治理、判断、审查(审理案件)，指古代中国判决者或地方官员在处理法律案件或政务时的一种司空见惯的法律授权行为——审理[如决断以及审决、听决、听断、判决、听治、判断、听讼(serve as a judge;hear a case;make someone stand a trial)]、“听五辞”(辞听、色听、气听、耳听、目听,five methods in adjudication in ancient China)和裁决。古代法律语言中的“听”,主要集中在表述司法过程中的审理法律案件或“听狱治政”等公务性质的法律语境中,是经常出现的法律专业表述,也是古代法学典籍中比较常见的法律术语。如“听讼,吾犹人也,必也使无讼乎”“听讼之术,大略有三:治必宽;宽之术,归于察;察之术,归于义”等。现代法律语言里也使用“听”,但不单独使用,且使用频率较低,通常组成法律语境中有着特殊含义的听证、听取、旁听、窃听、监听、视听(证据材料)等。

“听”在《大清律例》里一共出现105次,大多数情况下都是作动词用,常出现的词语有听准、听(收)赎、各听、听从(本法、上司)、听候、听事、听令、听行、听减等。另外,“听”有时候也单独使用,形成“听”的独词性祈使句,如“自愿代替者,听”。这里的“听”是按照法定程序予以准许、承认、认定、批准某种行为存在合法性。

针对诸如“听减”之类的祈使性法律语句,译者除在句子结构的翻译处理上最大限度地实现原文句子结构形态的重构以外,也应当将原文句子的祈使语气纳入其翻译思考的范畴。译文1用陈述句“…(offender) shall be entitled to a mitigation of punishment”翻译原文祈使句“听减”,译文用表达命令性法律语气专业的词语“shall”比较忠实地表达了原文的命令法律语气。比较而言,译文2的“…(his punishment) must be reduced”句中用表达一般语气的“must”,从法律语言的专业性上看,译文2使用“must”显然要逊色于译文1法律英语中使用表达强制性义务、许可和禁止法律语气的重要词语“shall”。

递减与得(累)减。递减本是数学概念,指数字依次减少,也可以指某种活动频率的一次比一次减少(decrease successively;decrease by degree)。古代法律语言里的“递减”句所表达的是古代法官在尊重法律事实的基础上,根据不同法律行为性质和法律后果,就犯罪行为主体的具体表现及其社会关系等级的影响,依法对同一案件不同行为人进行递加减轻刑事处罚等级所作出的最终判决,也就是王明德所解释的“因同犯此一事之人,其中名分,实有大小攸分,尊卑各异,以及执掌、统摄、亲疏、贵贱不同。各就名分所在,为之分别轻重而递减之"。[①] 王明德将法官对减罪人的递减措施分为自下递减而上和自上递减而下两大类,前一类是由低到高,如从减罪处罚的三等到六等,后一类则反之。

古代法律语言句子系统里的"得(累)减"句指的是"在法无可减,为之推情度理,可得而减之。因其不得减而特减之"的法律性减刑规定,也就是说,即使在法律没有明确规定具体减刑条件的情况下,法官可以在"志善者违于法者免"的宽仁原则下,或根据近似性减罪情节,采取"原心论罪"(imposition of a criminal sentence by balancing the criminal's potential motives)的法理对人犯(criminal)的犯罪行为及其主观犯意(*mens rea*; guilty intention or criminal intent)的危害性质进行分析之后,进行酌情减刑处理。

《大清律例》中的"递减"句共有 12 处,"得(累)减"句 11 处,两者绝大部分情况下都是作动词。通观《大清律例》英译本中两个词语的英文表达情况会发现,小斯当东和钟威廉都将原文的动词结构"递减"和"得(累)减"转换成不同的结构形态,如小斯当东翻译成名词、名词短语、介词短语和动词短语——gradations、a proportionate mitigation、be mitigated、to punishment less by、be respectively liable to punishment less by、under a proportionate mitigation,钟威廉的译文结构则大致相同——reduction of the number of grade、be reductions in sentences、have (their) penalties reduced 等。

本条律文中的"得(累)减"事实上是一种非法定减轻,即法外减轻,相当于现在所讲的酌定减轻情节。本条律文中的翻译与其他法律语境略有不同的是,译文读者能够在"递减"和"得(累)减"的两个译文中比较容易找到原文对应的英文表述。另外,也许是法律语境限制了对原文的理解,两者不同点在于译文 1 将"递减"翻译成完整的句子形态"there shall be another reduction",将"得(累)减"一个独立的法律术语译为"complicated mitigation"。反之,译文 2 却将"递减"翻译成一个术语"proportionate reduction",而将两个"得(累)减"都翻译成了完整的句子结构"These reductions must be cumulated (reduced and then again) reduced. (Reductions in Punishment such as these are cumulated in

① (清)王明德:《读律佩觿》,法律出版社 2001 年版,第 35 页。

fixing the penalty.)"。通过对比可以看出,小斯当东和钟威廉两种译文对原文"递减"和"得(累)减"结构的改变都比较大。笔者认为,不同语言之间翻译中的结构调整本来是司空见惯的现象,但不同法律语言之间的翻译转换,不是万不得已的情况下应当尽可能保持原文的结构形态,从句法形态上最大限度地避免法律意义的流失。

(2)"同罪""罪同"句的英译比较

**称与同罪**

凡[律]称与**同罪**者,[谓被累人与正犯**同罪**,其情轻]止坐其罪。[正犯]至死者,[**同罪**者]减一等,罪止杖一百,流三千里。[正犯应刺,**同罪**者免刺,故曰]不在刺字、绞斩之律。若受财故纵与**同罪**者,[其情重]全科。[至死者,绞。]其故纵、谋反、叛逆者,皆依本律。[斩绞。凡称**同罪**者至死减一等,称**罪同**者至死不减等。](《大清律例》第39条)

**译文1**

**Participators in Offences**

Those, whom the law declares to be considered as **participators in an offence**, shall suffer the punishment incurred by it, without however including any circumstances of aggravation, which are personally applicable to the principal offender only; and in the case of capital offences, **the participators in the offence** shall only receive one hundred blows, and suffer perpetual banishment to the distance of 3000 lee. They shall moreover not be liable to be branded for their **participation in any offence** so punishable. In cases however of bribery and willful connivance, **all participators in the crime** **shall participate in the punishment**, in its full extent, especially when the offence amounts to an act of treason or rebellion——for willful connivance in the latter crimes, the laws have expressly provided a particular punishment.

(trans. by T. Stauton)

**译文2**

The Expression **"[Punish] with the Same Penalty"**

Whenever (the law) uses the phrase **[a person is] to be"[punished] with the**

**same penalty"**, then [that person] (this means a person who is guilty because of implication who is punished along with the one who is directly responsible for the offence; the circumstances [of his offence] are less serious [than those of the principal offender] and he) **will only be liable for that punishment** [as follows]. (If the punishment of the principal offender) amounts to death (**the person who is sentenced to the same punishment**) will have his penalty reduced one degree, and the penalty will be limited to 100 strokes with the heavy bamboo and exile to 3000. (If the principal offender must be tattooed, **the one punished with"the same penalty"** avoids the tattooing, and therefore it is said) [he] is not within the rule of being tattooed, nor is he to be strangled or beheaded. If a person receives consideration and intentionally releases [a prisoner] [Art. 392] and **is punished with the same penalty**, (his offence is serious), and he will receive the whole penalty. ([One who is thereby sentenced to] death will be [executed] by strangulation. ) One who intentionally releases those guilty of plotting rebellion [Art. 254], treason [Art. 255], or high treason [Art. 254], is punished in accordance with the respective laws (with beheading or strangulation). When [the law states that an act is] **"to be punished with the same penalty [tong-zui]"** [if the penalty] is death, reduce it one degree; if it says **"the penalty is the same [zui-tong]"** even if [the penalty] is death, do not reduce it.

(trans. by W. Jones)

古代法律中的“罪同”指“厥罪惟均也。人虽不同，犯虽各别，而罪无轻重，故曰罪同”。[①] 也就是说，所谓“罪同”，就是“推其过恶，情与相类，权其轻重，实与相等，其罪既同，不必更论，故称罪同者，至死不减等”。[②] 根据王明德和沈之奇的解释，“罪同”所强调的是，无论主犯还是从犯，只要是犯有重罪都不得予以减刑。“罪同”句在《大清律例》中共出现 29 次，通常是作为动宾结构的句子。两位译者也是按照原文句子结构进行翻译。小斯当东的翻译共计以

① （清）王明德：《读律佩觿》，法律出版社 2001 年版，第 40 页。

② （清）沈之奇：《大清律辑注》（上），法律出版社 2000 年版，第 110 页。

下六种：①the same punishments and penalties shall likewise be inflicted（《大清律例》第 157 条译文）。②be equally punishable（《大清律例》第 55 条译文）。③suffer the punishment decreed by this law（《大清律例》第 77 条译文）。④be liable to the same penalty（《大清律例》第 168 条译文）。⑤the punishment shall be the same as already stated（《大清律例》第 199 条译文）。⑥shall receive the same punishment（《大清律例》第 211 条译文）。经笔者统计，"shall be liable to the same punishment"使用频率最高。在相同法律语境下，钟威廉的翻译却是：①the penalty is the same。②will receive the same punishment。③the penalty is the same。④will receive the same punishment。⑤will be punished in the same way。⑥ the penalty is the same。经笔者统计，"the penalty is the same"的使用频率最高。

本条律文中，译文 1 将"罪同"与前一个"同罪"合译为"all participators in the crime shall participate in the punishment"，属于漏译现象，使原文中该术语的法律意义流失。译文 2 的"the penalty is the same [zui-tong]"采用了"意译+音译"的翻译方法，在没有对等英文词语的情况下尽可能做到保留原文法律原初含义，并使译文读者了解该含义。

"同罪"是古代法律汉语里特有的法律术语或法律语句，其法律含义大致包括以下三个方面：第一，同样的罪行、同样的罪名或同等罪行，如"同罪异罚，非刑也"（《左传·襄公六年》）。"一事殊法，同罪异论，奸吏得因缘为市"（《后汉书·桓谭传》）。第二，同样的过失，如"同罪异诛，观听疑惑"（《南唐书·江文蔚传》）。"盗所隐器，与盗同罪"（《左传·昭公七年》）。第三，同样论罪，同样受到处罚。如"吾先君文王，作仆区之法"（《左传·昭公七年》）。事实上，明清两代的律学家都非常注重对"同罪"术语及其句子的解释。明代律学家雷梦麟对"同罪"有过详细的解释，且在"犯之事各别"的基础上对非死罪与死罪进行了原则性界定："律称与同罪者，虽所犯之事各别，而所应得之事不殊，故笞、杖、徒、流，皆与同罪。若罪至于死，则缘情据事，不可以毫发差殊"。清代律学家王明德认为，"同罪"就是同样有罪，"同"字大约与"准"字义同，其具体含义有两层，首先是同罪减轻处罚，即根据犯罪人之间的犯罪情节，分为各有轻重之别，法官在判断案情时要细为留意，妥为处置。如"[正犯]

至死者,[同罪者]减一等”。其次是犯有同样罪行之人彼此之间的同等科罪。具体而言,就是“受财故纵,与同罪者,[其情重]全科”。[①] “同罪”作为清代法律语言的重要概念,笔者在清代律学家沈之奇的著作中看到,他对“同罪”一词法律含义范畴的解释为:“本皆无罪之人,因人连累者也。正犯之罪,准以科之,故有同罪之法”。[②]

《大清律例》中的“同罪”共出现124次,其法律含义与清代前后律学家们的解释一脉相通。从跨语言翻译的角度看,笔者在“同罪”的相关法律条文中发现,小斯当东和钟威廉的两种译文的处理方法基本相同,但也有一些细微差别。小斯当东的译文有①shall suffer the same punishment(《大清律例》第47条译文)。②shall be equally punished(《大清律例》第48条译文)。③shall be punished as a participator in the offence(《大清律例》第52条译文)。④shall be punished as the same as a participator in the offence(《大清律例》第55条译文)。⑤shall participate in the punishment of the offence(《大清律例》第61条译文)。⑥the punishment shall be the same(《大清律例》第60条译文)。⑦shall be considered as equally guilty(《大清律例》第62条译文)。⑧shall be liable to the same punishment(《大清律例》第75条译文)。在相同的法律语境下,钟威廉的译文与小斯当东的译文也是大同小异:①(he) receives the same penalty。②shall receive the same penalty as the offender。③will suffer the same penalty。④will be punished the same penalty。⑤punishments the same。⑥will be equally punishied as。⑦will receive the same penalty。⑧shall participate in the punishment。通过对上面两种译文比较观察发现,其共同特点有四个方面:第一,几乎都将“同罪”和“罪同”的语言结构及意义理解成了同义(形)词。第二,都将“同罪”和“罪同”处理成句子结构。第三,总体而言,在法律意义的传递上两种译文都比较忠实原文。第四,都将“同罪”和“罪同”处理成动词。

从原文词性的异域语言词性转换技巧看,“同罪”既可以翻译成名词,也可以翻译成动词。本条律文中,译文1将“同罪”翻译成有关行为人(participator)

---

① (清)王明德:《读律佩觿》,法律出版社2001年版,第40页。

② (清)沈之奇:《大清律辑注》(上),法律出版社2000年版,第109页。

的名词短语“(the) participators in (the/an) offence(s)(all participators in the crime)”和有关参与行为(participation)的名词短语“participation in any offence”两类。另外,译文1只翻译了原文七个“同罪”中的五个,另外两个“同罪”被漏译。还有一个重要方面,就是原文“同罪”所投射出来的严肃性法律语言在译文中几乎没有得到较好的体现。因此,单从本条律文中“同罪”的翻译比较看,无论从数量上还是法律信息传递的质量上,译文1都有所欠缺,这不仅是古代法律语言翻译不应当有的现象,也是当代法律语言翻译者应当吸取的教训。

与译文1相比,译文2基本上是尊重原文“同罪”出现的顺序,其译文在句法安排和原文法律意义的移植上与译文1表现大相径庭的是,此处大多数情况都是翻译成了动词——“[Punish] with the Same Penalty”、[a person is] to be “[punished] with the same penalty”、will only be liable for that punishment、the person who is sentenced to the same punishment、the one punished with “the same penalty”、is punished with the same penalty、“to be punished with the same penalty [tong-zui]”。与译文1对比,译文2在“同罪“翻译的忠实性上,译者着重强调使用penalty、punish和punishment等与原文接近的刑法词语,旨在尽可能突出反映原文“罪”在中国古代刑法意义上的原初含义。从这个意义上讲,译文2在法律语言形式和意义的忠实传递上远远超过译文1所表达的法律意象。

3.“律眼”多音节词所组句子的英译比较

“律眼”多音节词语在古代法律语言的长期使用过程中已经形成了固定的法律语言句法结构形态,表达特定的法律意义。通过观察与这些词语有关的法律语境,笔者发现某些“律眼”所表达的法律含义至今仍被现代立法和司法人员所遵循。清代王明德对多音节“律眼”及其在句子结构中的功能进行过逐一解读。笔者可以将王明德的观点大致概括为三个方面:一是法律语域的专有性。这些词语贯穿于法律文本,且绝大多数只用于古代社会的刑事处罚法律语境,形成了较为固定的古代法律句子结构形态和语义状态。二是法律意义的独特性。由于这些“律眼”词语构成的特殊句子所表达的意义具有独特的法律性,因此无论是语内读者还是语际翻译者都要关注“法司听狱援引奏谳”,以追求立法之原初意旨,阐明律意。三是结构形态的固定性。下面所引包含“律眼”多音节词语的律文及小斯当东和钟威廉两种译文的比较分析应当能够在一定意义上说明问题。

(1)“从重论”句的英译比较

凡[故意]弃毁制书及各衙门印信者,斩[监候]。若弃毁官文书者,杖一百。有所规避者,**从重论**。(《大清律例》第63条)

**译文1** Whoever designedly discards or destroys an imperial edict, or the Official seal of any tribunal or department of state, shall suffer death, by being beheaded, after the usual period of confinement. —Whoever willfully discards or destroys an edict issued by any individual officer, or by a tribunal of government, shall be punished with 100 blows, or **as much more severely as the criminality of the motive may lawfully require**.

(trans. by T. Stauton)

**译文2** Everyone who (intentionally) discards or destroys a written imperial order, or the seal of any yamen, will be beheaded (with delay). If he discards or destroys an official document, he will receive 100 strokes of the heavy bamboo. If this is done in order to avoid the effects of some rule, **it will be punished according to the [law with the]heavier penalty.**

(trans. by W. Jones)

“从重论”用现代法律语言解释,相当于现代刑罚语言的从重处罚,专指古代法官在法定量刑和处罚的种类和幅度内对犯罪行为人采用较重或较高幅度的处罚措施。“从重论”常常用于古代刑事案件的语言表述,与之法律意思相同的术语还有从重科断、从重和重者论等变通表述,其根本的法律含义就是从重论罪。现代法律汉语里有类似的术语,如刑法里的“从重处罚”就有32处,其翻译虽然有三种,但前后形式基本上是一致的——shall be convicted and given a heavier punishment、the punishment... shall be heavier、shall be given a heavier punishment。

经统计,《大清律例》中的“从重论”一词共出现67次,大多集中在“名例律”和“户例律”,少数偶尔出现在后面的法律条文里。“从重论”关键在于从重的程度比较模糊,或者说在从重的所指含义上,法官要根据具体法律语境作出比较准确的判断。严格意义上的法律语言翻译要求译者尽可能保持其所译文本中法律性明确标记语言前后统一,这是古今法律语言翻译者应当遵守的基本原则。从表 5-6 中所选“从重论”的翻译可以判断,小斯当东和钟威廉两位译者在传达原文时并没有保持前后译文的一致性。

**表 5-6 《大清律例》中部分条款“从重论”的翻译比较**

| 原文条款 | 小斯当东译文 | 钟威廉译文 |
|---|---|---|
| 第 21 条 | the punishment of the greater offence shall always supersede that of the lesser | will be sentenced to the heavier [penalty] |
| 第 47 条 | be more severely punishable | punish according to the heavier penalty |
| 第 50 条 | aggravate the punishment | will be punished ... according to the heavier penalty |
| 第 52 条 | be as much more severe | shall be punished as the laws prescribed |
| 第 53 条 | be liable in all cases to be increased | decide the matter on the basis of ...the law in the heavier degree |
| 第 54 条 | be liable to any aggravation of the punishment which may arise from the nature of the duty | be sentenced according to the more serious punishment |
| 第 419 条 | shall suffer aggravated punishment | sentence on the basis of ... the law according to the heavier penalty |

本条律文中,两位译者对“从重论”一词的翻译:译文 1 是“as much more severely as the criminality of the motive may lawfully require”,译文 2 是“it will be punished according to the [law with the] heavier penalty”。两位译者在这一古代法律汉语术语的翻译过程中所追求的目标,虽然最大限度地使外语文本符合译入语的文化价值观,把原作者带入译入语文化,①但忽略了不同法律语言之间相互翻译转换的一个重要原则,即在保证译本与原本相统一地得到解释和运用的前提下,②保持法律性单一文本及其术语翻译的唯一性。

---

① 参见杨元刚主编:《新编汉英翻译教程》,华中师范大学出版社 2012 年版,第 38 页。

② 参见屈文生:《从词典出发——法律术语译名统一与规范化的翻译史研究》,上海人民出版社 2013 年版,第 240 页。

另外,《大明律》第 367 条:"有赃者,计赃**从重论**。"其英译本中的翻译是"for those who accept illicit goods, calculate the value of the illicit goods; they **shall be punished by the heavier penalty**"。《唐律疏议》第 45 条:"是为**以重者论**。"其英译本中的翻译为"**this is sentenced as being the heaviest punishment**"。

(2)"并赃论"句的英译比较

古代法律语言里的"并赃论"事实上是"并赃论罪""并赃定罪""并赃以论罪""并赃判罪"的简称,有些法律条文也称为"记赃论罪"。具体而言,所谓"并赃论(罪)",是法官依照犯罪人所得赃款和赃物的总数予以论罪量刑或古代法律汉语中的合并被告人数赃论罪,①是中国古代刑法处理赃罪的基本法律准则,类似于现代刑法广义上的财产犯罪。

古代律学家对"并赃"中的"赃"字有着趋于现代法律语言的两种解释:一是为失主被害者而设的赃罪,二是为官吏贪利者而设的赃罪。也就是说,古代法律语言里的"赃"字主要分为盗窃所得的赃款赃物犯罪和贪污挪用赃款赃物犯罪两大类。前者"以一主为重,并赃论之",后者则有枉法与不枉法之分,"盖主判断而言之"。② "并赃论"在古代法律汉语解释者眼中是同中有异,异中有同。"并赃论"的语内解释和古代法律典籍外译者的翻译性解释形成了古代法律语言解释的"主体共同性"和差异性,由此构成了表 5-7 和下文中对"并赃论"两种不同英文翻译批评研究的主要参考依据。

**表 5-7 《大清律例》中部分条款"并赃论"的翻译比较**

| 原文条款 | 译文 1(小斯当东译文) | 译文 2(钟威廉译文) |
|---|---|---|
| 第 89 条 | be punished in proportion to the amount of the deficiency, according to the law against **an embezzlement of government stores** | [punish] for **the total sum of the illegally obtained property** |

① 参见高潮、马建石主编:《中国古代法学辞典》,南开大学出版社 1989 年版,第 18 页。

② (明)雷梦麟:《读律琐言》,法律出版社 2000 年版,第 423 页。

续表

| 原文条款 | 译文 1(小斯当东译文) | 译文 2(钟威廉译文) |
|---|---|---|
| 第 249 条 | shall be punished in proportion to **the amount of the largest sum stolen from anyone individual** | sentence on the basis of one owner who is the most important and sentence each participant for **the aggregate of the property illegally obtained** |
| 第 264 条 | be punished … in proportion to the total amount embezzled at one time | punish on the basis of all the illegally obtained property taken together |
| 第 265 条 | shall be punished in proportion to the total amount stolen at one time | sentence for all the property obtained taken together. ("all the property obtained taken together") |
| 第 427 条 | the offender punished in proportion thereto, according to the law applicable to the embezzlement of stores belonging to government | merely sentence on the basis of calculating materials incorrectly |

表 5-7 所列的“并赃论”分别出现在不同的法律条文语境中,表达了立法者对不同语境中的“所盗之赃”和“人各科以赃所应得之罪”的立法意图,具体分为公共财物和私人财物两大类型的“计赃”。前者指“官吏克减钱粮”“盗仓库钱粮等物”“虚冒多破物料(而侵欺)入己者”等犯罪行为,如《大清律例》第 89 条、第 264 条和第 265 条律文;后者指“白昼抢夺人财物者”和“盗私家财物”等犯罪行为,如《大清律例》第 268~269 条和第 427 条律文。事实上,根据前述所提的钱粮等物、物料、财物所处的法律逻辑语境,应该就是指侵犯公共财物和私人财物的犯罪人所得之物。另外,凡有受贿行为的职官,在吏部考评中都注明为“赃官”。

译者对律文中“赃(物)”的理解正确与否是判断译文是否准确传达了原文含义的关键所在。换言之,几乎对每一条文中的“并赃论”的含义都进行不同的翻译解读,才能与原文的法律意义相吻合,如果按照法律条文的字面意思照搬照抄似地硬译或“死译”,势必造成原文法律意义的流失。显然,译文要根据汉语法律文本的语言特点将原文隐性的语境意义显性出来。也就是说,要将原文中“赃”字的具体含义体现在译文中,而不是将每一条千篇一律地机械翻译。

例如,第89条的“收养孤老”中,“凡系监守者,不分首从,并赃论”中的“赃”字属于官吏克减的公共类财物受贿罪,明清两朝都将此种行为以受赃罪名入律,而第249条“窃盗”里的“凡窃盗已行而不得财,以一主为重,并赃论罪”中的“赃”则指偷盗行为人针对私人财物侵犯的一种赃罪。为此,译者要根据两条法律中的具体情况翻译处理好“赃”字的具体含义。第89条译文1的“an embezzlement of government stores”虽然说不上完全准确地表达了原文的含义,但至少从文字上能够看得出是与公共财物有关的犯罪。相对而言,译文2的“the total sum of the illegally obtained property”就过于笼统,特别是“illegally obtained property”(回译为“非法获取的财物”)的所指意义与“盗窃私人财物之赃”差别太大,显然不足以表达原文的法律含义。同样,第249条的“赃”特指盗窃私人财物,译文1用“the amount of the largest sum stolen from anyone individual”表达原文法律这一概念,与原文的含义较为契合。译文2的“the aggregate of the property illegally obtained”就过于模糊,至少英文中很难看得出是“盗窃私人财物之赃”。

(3)“坐赃致罪”“折半科罪”句的英译比较

《大清律例》中的“坐赃致罪”与“折半科罪”通常出现在同一法律条款或相同法律语境中,下面就二者及其在法律条文中的英译进行比较分析。

**坐赃致罪**

凡官吏人等,非因[枉法、不枉法之]事而受[人之]财,**坐赃致罪**,各主者,通算**折半科罪**;与者,减五等。[谓如被人盗财或殴伤,若赔偿及医药之外,因而受财之类。各主者,并通算**折半科罪**。为两相和同取与,故出钱人减受钱人罪五等。又如擅科敛财物或多收少征,如收钱粮、税粮、斛面及检踏灾伤田粮与私造斛斗秤尺,各律所载虽不入己,或造作虚费人工物料之类,凡罪由此赃者,皆名为**坐赃致罪**。官吏坐赃若不入己者,拟还职役。出钱人有规避,事重者,从重论。](《大清律例》第345条)

**译文1**

**Pecuniary Malversation**

When any officer of government, or other **persons**, whatever may be their denomination, **are guilty of receiving, appropriating, or expending any sums or**

**sums unwarrantably**, if the offence does not come under the description of a bribe to do any specific act, lawful or unlawful, the different sums received, appropriated, or expended unwarrantably, and charged against an offender at any one time, shall be added together, and **half of the aggregate shall be the estimated amount of the unwarrantable transaction**; according to which **the offender shall receive punishment**, as stated in the following table; but if the amount was not in any manner applied by the offender to his own benefit and advantage, he shall not lose his rank or employments.

The person who presented any sum which was thus unwarrantably received and disposed of, shall be punished five degrees less than the receiver.

(trans. by T. Stauton)

**译文 2**

**Affixing a Penalty for Illegally Obtained Property**

In the case of every official or clerk who receives consideration (from another) and it is not because of a matter (that perverts the law or does not pervert the law), **the penalty is determined by [the amount of] the illegally obtained property**. If it is from several owners, compute it as a whole, and then **divide it in half to affix the penalty**. The one who offers [the property to the official] will have his punishment reduced five degrees. (This refers, for example, to the case of someone who has been robbed or beaten and injured who, apart from [receiving] compensation for the monetary loss and medical expenses [to which he is entitled], receives additional amounts [to which he is not]. If it is from several owners, then compute the whole, **take half, and affix the penalty**. In this case, the two parties agree to give and to receive. The one who makes the payment receives a penalty reduced five degrees from that of the one who receives it. Or if someone collects property without authority [for example, taxes, Art. 352] or [a tax collector] receives too much or collects too little, as when measuring the receipts of taxes in money or supplies [Art. 120], or, in the investigation in situ of the losses occasioned by natural disasters [he reduces taxes improperly] [Art. 91], or if he constructs his own hu and dou [grain measures] or the scale or foot-measures that are provided for by law [and in consequence receives too much or too little], even though he does not [personally] receive anything; or if there is padding of expenditures of labor or materials, etc. [Art. 425], all the penalties that are based on this illegally obtained property are said to be punishments that are imposed on the basis of [the receipt of] illegally obtained property [this article]. If a government official or clerk **is adjudged guilty of receiving illegally obtained property** but if he does not appropriate it for his own use, he should be restored to office or employment. If the one who gave the money did so with a view to avoid a more serious offence, then he will be sentenced for the more serious offence.)

(trans. by W. Jones)

古代法律汉语的"坐赃致罪"通常出现在刑事法律条文里。这一术语事实上包括"坐赃"与"致罪"两个重要概念,相当于现代刑法的财产犯罪,属于刑事法律语言范畴。"坐赃"也写作"坐臧",指从唐代到清代法律规定的"六赃"(受财枉法、受财不枉法、受所监临、强盗、窃盗、坐赃)之一。"坐"就是法律意义上的定罪量刑,或者"因……犯罪或错误"、治罪、定罪。"坐赃"在现代法律汉语里仅指贪污犯罪,法律意义范畴本身比较狭窄,专指官吏和一般人收受他人贿赂物品、钱财的行为,或因私收取不应该收取的财物,有时候也指盗窃他人财物等行为所导致的犯罪。"坐赃"是古代法律认定的"六赃罪"中犯赃罪情节最轻的一种犯罪行为。现代法律汉语的"赃",除了上述法律意义外,还可以指通过诈骗、抢劫、盗窃等所获得的财物。需要重点指出的是,从词性功能上讲,"坐赃致罪"既可以是一个固定的法律专门术语,也可以是一个完整的法律句子形态。

本条律文中一共用了三个"坐赃致罪",从小斯当东和钟威廉两位译者的语言表现情况看,其译文既有好的可借鉴之处,也有需要吸取教训的地方。鉴于"坐赃致罪"具有词语和句法两种功能,下面的译文比较分析也会根据这两种进行。

第一个"坐赃致罪"出现在本条法律标题里。在词语方面,译文 1 和译文 2 分别用的是"Pecuniary Malversation"(回译为"金钱上的腐败")和"Affixing a

Penalty for Illegally Obtained Property”(回译为“对非法获得的财产予以刑事处罚”)。从译文所使用的词语意思看,两位译者在理解原文的含义上显然有较大差距。译文 1 的“pecuniary”的释义是“relating to or involving money”,即金钱关系,“malversation”的释义是“official corruption, a misbehavior, esp. by someone exercising an office”。译文 1 强调国家公务人员或政府官员的不法行为,尤指营私舞弊、贪污、受贿、渎职等,与法律英语中的 corruption、embezzlement、bribe-taking、corruption in government、use dishonestly one's position of trust for private gain 等法律专业词语的含义基本相同。译文 2 的翻译过于强调应受到法律制裁的非法获得财产,概念范畴太广,尤其是“赃”与“罪”之间的法律意思表示显得过于笼统模糊。另外,按照现代法律汉语的理解,在汉语词性缺乏明显标记的情况下,句法上将原文作为标题,视为名词比较适合。通过比较两种译文可以得出一个基本结论:译文 1 在词句安排和意义表述上更加贴近原文的意义。

第二个“坐赃致罪”实际上是一个完整的法律句子。两种译文从意义和形式上均将其翻译还原成法律语句,但两者所强调的法律意义似乎不尽相同。译文 1 将原文翻译成英文主动语态的法律句子“... persons ... are guilty of receiving, appropriating, or expending any sums or sums unwarrantably”,增加了原文所没有的法律信息“appropriating, or expending”,明显超过了原文“受(人之)财”而导致“坐赃致罪”的含义,造成译文信息过于冗赘。而且,“be guilty of”的法律英文解释包含刑事上和民事上的两层含义,即“having committed a crime; responsible for a crime”或“responsible for a civil wrong, such as a tort or breach of contract”。从法律语言的表现风格看,刑事案件法律语言的表述通常比民事案件的语言更为刚性。因此,如果将译文 1 的“...persons...are guilty of”修改成“...persons...shall be accused of”,某种程度上更加适合原文“致罪”的本意,同时也厘清了民事侵权行为的语言表达。译文 2 将原文翻译成法律英语常见的显性被动句“the penalty is determined by [the amount of] the illegally obtained property”,该译文所表达的两个层面都有商榷的余地:一是惩罚性“penalty”,二是非法获取财产“the illegally obtained property”。首先,和译文 1 一样,译文 2 所使用的“penalty”的法律专业解释,同样也包含了民事和刑事两个层面——punishment imposed on a wrongdoer, usu. in the form of imprisonment or fine; esp., a sum of money exacted as punishment for either a wrong to the state or a civil wrong (as distinguished from compensation for the injured party's loss)。译文 2 显然扩大了原文的法律意义，如果直接翻译成"the criminal penalty"或许能够更加简洁地体现原文的语言风格，准确地表达原文的法律含义。其次，"the illegally obtained property"（回译为"非法获得的财产"或"非法所得"）涵盖范围过于庞大笼统，且逻辑上与原文具体的刑事（"致罪"）案件的法律专业语言表述相抵牾。如果将该句直接翻译转换成法律英语的"the bribery criminally obtained"或"crime of accepting bribery"，原文法律含义的译文表达似乎更加清楚明白，同时也体现了中国自古以来句法简单、语句简短的法律语言传统。

第三个"坐赃致罪"也是一个完整的法律句子，其含义与第二个"坐赃致罪"应该没有本质上的差别。但是，在法律语境完全相同的情况下，两种译文与之前的表述却并不相同。译文 1 将原文第三个"坐赃致罪"的动词句转换成英文的主谓宾句"the offender shall receive punishment"（回译为"罪犯应当接受惩罚"），译文过于迂回模糊，且一定程度上与原文法律句子所表达的财产犯罪法律含义相游离，不属于严格意义上的对等翻译。译文 2 的第三个"坐赃致罪"的译文与其第二个"坐赃致罪"的译文相比，虽然在动词方面作了调整，但译文"...is adjudged guilty of receiving illegally obtained property"（回译为"因非法获取财产获罪"）的主体本质含义与第二个"坐赃致罪"的译文没有多大变化，只是这里的译文句子中使用"adjudge"代替了"determine"的含义。质言之，译文 2 的"adjudge"和"determine"两个法律专业词语的法律汉语意思基本相同，但两者在法律英文里面的解释还是有较大区别的。具体而言，"adjudge"的释义是"to render a judicial decision or judgment concerning a disputed subject that is before the court. For example, a court may adjudge that a defendant is obligated to pay the damages sought by the plaintiff"，比较复杂。而"determine"的释义都比较简单，如 to come、to bring an end、decide 等，但该词名词形式的法律英语解释相对比较详细，即"a final decision by a court or administrative agency (the court's determination of the issue)"。因此，从法律专业语言的角度看,译文2所选的更加专业的法律英语词汇"adjudge",其法律专业性语力显然远远超过了"determine"的法律专业意义。

"折半科罪"中的"折"字在古代和现代汉语里有20多种义项,并可用于多种语境,如反转、改变方向、屈服、折服、挫伤、挫折、损失、减损、杜绝、毁坏等。古代法律语境中的含义只是其中的少部分义项——折合、判断、裁决等。如折讼,指判决诉讼案件。在具体古代法律语境中,"折半"一词指的就是以所得赃物或其他犯罪所得财物的一半折算,并据此依刑律减半判罪。专门用于古代法律语境中的"折"字,其基本法律意义有判断、制服、制裁、裁决、减少、庭审、听审、折算等,可以用于刑事案件和民事案件,与另一个古代法律术语"判折狱讼"的意思接近,只是后者更加强调古代法官判决诉讼案件的过程。另外,"折"字作为古代法律语言的重要词汇,也普遍适用于古代法学典籍的语境中。如"折愿禁悍,而刑罚不过"(《荀子·王制》),意思是断案谨慎、严禁鲁莽,刑罚就不会有过失。"五月己亥,议改律令。于东明观折疑狱"(《魏书·帝纪·高祖纪》),其中的"折"有审理诉讼和审问案情的意思,与古代法律汉语中的另一个专业术语"谳狱"(审理诉讼、审问案情)基本同义,且后世不断沿用,一直到清代。因此,笔者在历代法律文本如《唐律疏议》《宋刑统》《大明律》《大清律例》等里面都能看到"折"字以及与之搭配使用的类似法律术语,出现的频率相当高。"科"在古代法律语言里面可以作动词用,与古代法律汉语里的判决、判定(刑罚)、科罪(判处罪刑,依律断罪)、科半(依刑律减半判罪)、科决(审理判决)、科案(审理查究案件)等法律专业词语基本同义。"科罪"的基本含义是定罪量刑或判刑,英文通常翻译成"declare sb. guilty""convict sb. of a crime"等。另外,"科"作名词表示法令(laws and regulations)、刑律(criminal law; penal code)、规制(regulations and statutes)以及法律条文(rule; regulation; norm)等,如"若有作奸犯科及为忠善者,宜付有司论其刑赏"(《出师表》),这里的"作奸犯科"指的就是为非作歹、违法犯罪等触犯刑律的行为。

从上文解释可知,本条律文中的"折半科罪"意为古代法官根据犯人所收赃物的数量及其枉法(perversion of law)与否的具体情节,在定罪量刑(conviction and punishment)过程中进行截半科罪的一种法定折算方法。"折半科罪"之所以成为清代律学家们所关注的重要法律语句,原因是"此读法家,最为易忽处,故特表而著之”。[①] 中西法律语言文化翻译的过程中,译者通过中西法律文化翻译转换能否达到东西方法律语言之间的有效法律互释,或者说能否实现东西方法律体系中篇章、句法之词汇和文化的双向融合,[②]是法律翻译批评者检验和判断包括“坐赃致罪”以及上文所讨论的“折半科罪”之类的典型性中国古代法律或法学文化语言对外翻译成功与否的重要指标。

《大清律例》中除本律文外,还有其他律文出现了“折半科罪”,小斯当东的译文有①... the half sum of... the punishment in each case, shall... (《大清律例》第 149 条译文)。②... only half the aggregate shall be referred to the scale of punishments(《大清律例》第 344 条译文)。在相同法律语境下,钟威廉的译文有①... take half and fix the penalty。②... the punishment is decided by calculating the whole amount and reducing it by half... award the penalty for half that amount... the penalty is also determined on the basis of half the entire amount ... awarding half the penalty。本条律文中,译文 1 是“half of the aggregate shall be the estimated amount of the unwarrantable transaction”,译文 2 是“divide it in half to affix the penalty”和“take half, and affix the penalty”。经对比发现,虽然小斯当东和钟威廉两位译者整体上都在尽力表达原文的法律意义,但两种译文在具体内容方面明显存在差异。译文 1 在理解原文和译文对等信息传递上处理得比较粗糙,相应的法律英语意义也没有做到足额表达。与译文 1 比较而言,译文 2 却注重结合原文每一条法律的具体所指含义而进行复现,使译文读者至少在法律英语字面组合的表现形式上感受到原文法律的具体含义在译文中得到最大程度的彰显。

---

① (清)王明德:《读律佩觿》,法律出版社 2001 年版,第 44 页。

② 参见刘军平:《西方翻译理论通史》,武汉大学出版社 2009 年版,第 438 页。

# 参考文献


**一、中文类**

（一）著作

[1]北京大学法学百科全书编委会编:《北京大学法学百科全书》,北京大学出版社2016年版。

[2]卞修全:《立宪思潮与清末法制改革》,中国社会科学出版社2003年版。

[3]曹海晶:《中外立法制度比较》,商务印书馆2004年版。

[4]曹漫之主编:《唐律疏议译注》,吉林人民出版社1989年版。

[5]陈定安编著:《英汉比较与翻译》(增订版),中国对外翻译出版公司1998年版。

[6]陈炯:《法律语言学概论》,陕西人民教育出版社1998年版。

[7]陈蒲清:《文言今译学》,岳麓书社1999年版。

[8]陈兴良主编:《刑事法判解》(第7卷),法律出版社2004年版。

[9]陈原:《书林漫步》,生活·读书·新知三联书店1979年版。

[10]陈忠诚:《法窗译话》,中国对外翻译出版公司1992年版。

[11]陈忠林主编:《刑法分论》,高等教育出版社2007年版。

[12]程祥徽、邓骏捷、张剑桦:《语言风格学》,广西教育出版社2000年版。

[13]程雨民编著:《英语语体学》,上海外语教育出版社1989年版。

[14]辞海编辑委员会编:《辞海》(缩印本),上海辞书出版社2000年版。

[15]戴庆厦主编:《社会语言学概论》,商务印书馆2004年版。

[16]戴昭铭:《规范语言学探索》,上海三联书店1998年版。

[17]杜金榜:《法律语言学》,上海外语教育出版社2004年版。

[18]《法学词典》编辑委员会编:《法学词典》(增订版),上海辞书出版社

1984 年版。

[19]法学教材编辑部《外国法制史》编写组编:《外国法制史资料选编》(上册),北京大学出版社 1982 年版。

[20]范忠信、陈景良主编:《中国法制史》(第 2 版),北京大学出版社 2010 年版。

[21]范忠信选编:《梁启超法学文集》,中国政法大学出版社 2004 年版。

[22]范忠信:《中西法文化的暗合与差异》,中国政法大学出版社 2001 年版。

[23]方豪:《方豪六十自定稿》(上册),台北,燕京印书馆 1969 年版。

[24]傅伟良编著:《法律英语翻译看这本就够了》,石油工业出版社 2010 年版。

[25]付子堂主编:《法理学进阶》,法律出版社 2005 年版。

[26]高潮、马建石主编:《中国古代法学辞典》,南开大学出版社 1989 年版。

[27]高恒:《秦汉简牍中法制文书辑考》,社会科学文献出版社 2008 年版。

[28]高名凯、石安石主编:《语言学概论》,中华书局 1963 年版。

[29]高名凯:《语言论》,商务印书馆 1995 年版。

[30]葛本仪:《现代汉语词汇学》,山东人民出版社 2001 年版。

[31]葛兆光:《中国思想史》(第 2 卷),复旦大学出版社 2001 年版。

[32]龚益:《社科术语工作的原则与方法》,商务印书馆 2009 年版。

[33]郭万群主编:《中国法律语言学研究:理论与实践》,上海交通大学出版社 2013 年版。

[34]汉语大字典编辑委员会编:《汉语大字典》,四川辞书出版社 2010 年版。

[35]何勤华等:《法律名词的起源》(上),北京大学出版社 2009 年版。

[36]何勤华、屈文生、崔吉子主编:《法律翻译与法律移植》,法律出版社 2015 年版。

[37]何勤华:《中国法学史》(第 2 卷·修订本),法律出版社 2006 年版。

[38]何寅、许光华主编:《国外汉学史》,上海外语教育出版社 2002 年版。

[39]侯维瑞编著:《英语语体》,上海外语教育出版社 1988 年版。

[40]胡安江主编:《新编应用语篇翻译教程》,上海交通大学出版社 2016 年版。

[41]胡长清:《中国民法总论》,中国政法大学出版社 1997 年版。

[42]胡壮麟编著:《理论文体学》,外语教学与研究出版社 2000 年版。

[43]黄宗智:《清代的法律、社会与文化:民法的表达与实践》,上海书店出版社 2007 年版。

[44]姜剑云:《法律语言与言语研究》,群众出版社 1995 年版。

[45]姜丽萍:《中西法律思想源流解读》,黑龙江人民出版社 2006 年版。

[46]《康熙字典》(标点整理本),上海辞书出版社 2014 年版。

[47]李长栓、陈达遵:《联合国文件翻译教程》,中国对外翻译出版有限公司 2014 年版。

[48]李功国主编:《中国古代商法史稿》,中国社会科学出版社 2013 年版。

[49]李克兴、张新红:《法律文本与法律翻译》,中国对外翻译出版有限公司 2006 年版。

[50]李奭学、郑海娟主编:《古新圣经残稿》(第 1 册),中华书局 2014 年版。

[51]李旭东:《法律话语论——法律本位之研究》,山东人民出版社 2009 年版。

[52]李学勤主编:《论语注疏》,北京大学出版社 1999 年版。

[53]李泽厚:《中国思想史论》(中),安徽文艺出版社 1999 年版。

[54]李振宇:《法律语言学新说》,中国检察出版社 2006 年版。

[55]梁慧星:《民法解释学》,中国政法大学出版社 2000 年版。

[56]梁治平:《法辨——中国法的过去、现在与未来》,贵州人民出版社 1992 年版。

[57]梁治平:《清代习惯法:社会与国家》,中国政法大学出版社 1996 年版。

[58]廖七一等编著:《当代英国翻译理论》,湖北教育出版社 2001 年版。

[59]林喆:《法律思维学导论》,山东人民出版社 2000 年版。

[60]刘红婴:《法律的关键词——法律与词语的关系研究》,知识产权出版社 2012 年版。

[61]刘红婴:《法律语言学》(第 2 版),北京大学出版社 2007 年版。

[62]刘军平:《西方翻译理论通史》,武汉大学出版社 2009 年版。

[63]刘俊文:《唐律疏议笺解》(上),中华书局 1996 年版。

[64]刘俊文:《唐律疏议笺解》(下),中华书局 1996 年版。

[65]刘新主编:《中国法哲学史纲》,中国人民大学出版社 2005 年版。

[66]刘星:《一种历史实践——近现代中西法概念理论比较研究》,法律出版社 2007 年版。

[67]刘玉梅:《现代汉语新词语构造机理研究》,中国社会科学出版社 2015 年版。

[68]刘重德编著:《文学翻译十讲》(英文版),中国对外翻译出版公司 1991 年版。

[69]刘重德主编:《英汉语比较与翻译》(第 1 册),上海外语教育出版社 2006 年版。

[70]龙大轩:《道与中国法律传统》,山东人民出版社 2004 年版。

[71]汉语大词典编辑委员会汉语大词典编纂处:《汉语大词典》,上海辞书出版社 1986 年版。

[72]吕叔湘:《汉语语法论文集》(增订本),商务印书馆 1999 年版。

[73]马建石、杨育棠主编:《大清律例通考校注》,中国政法大学出版社 1992 年版。

[74]马小红、史彤彪主编:《输出与反应:中国传统法律文化的域外影响》,中国人民大学出版社 2012 年版。

[75]马祖毅:《中国翻译史》(上卷),湖北教育出版社 1999 年版。

[76]马作武主编:《中国传统法律文化研究》,广东人民出版社 2004 年版。

[77](明)雷梦麟:《读律琐言》,法律出版社 2000 年版。

[78]莫东寅:《汉学发达史》,大象出版社 2006 年版。

[79]宁致远主编:《法制语文》,中国法制出版社 1996 年版。

[80]潘庆云:《跨世纪的中国法律语言》,华东理工大学出版社 1997 年版。

[81]潘庆云:《中国法律语言鉴衡》,汉语大词典出版社 2004 年版。

[82]潘文国:《汉英语对比纲要》,北京语言文化大学出版社 1997 年版。

[83]钱乃荣主编:《汉语语言学》,北京语言学院出版社 1995 年版。

[84]秦秀白编著:《文体学概论》,湖南教育出版社 1986 年版。

[85]秦秀白编著:《英语语体和文体要略》,上海外语教育出版社 2002 年版。

[86](清)曹雪芹、高鹗:《红楼梦》,光明日报出版社 2001 年版。

[87](清)沈家本:《寄簃文存》(卷一),台北,台湾商务印书馆 1976 年版。

[88](清)沈家本:《历代刑法考》,中华书局 1985 年版。

[89](清)沈之奇:《大清律辑注》(上),法律出版社 2000 年版。

[90](清)沈之奇:《大清律辑注》(下),法律出版社 2000 年版。

[91](清)王明德:《读律佩觿》,法律出版社 2001 年版。

[92](清)吴坛:《大清律例通考校注》,中国政法大学出版社 1992 年版。

[93](清)薛允升:《读例存疑点注》,中国人民公安大学出版社 1994 年版。

[94]邱实:《法律语言》,中国展望出版社 1990 年版。

[95]瞿同祖:《瞿同祖法学论著集》,中国政法大学出版社 1998 年版。

[96]屈文生:《从词典出发——法律术语译名统一与规范化的翻译史研究》,上海人民出版社 2013 年版。

[97]沈宗灵:《比较法研究》,北京大学出版社 1998 年版。

[98]史广全:《中国古代立法文化研究》,法律出版社 2006 年版。

[99]史彤彪:《中国法律文化对西方的影响》,河北人民出版社 1999 年版。

[100]宋北平:《法律语言》,中国政法大学出版社 2012 年版。

[101]宋北平:《法律语言规范化研究》,法律出版社 2011 年版。

[102]宋北平:《秋审条款及其语言研究》,法律出版社 2011 年版。

[103]苏力:《也许正在发生——转型中国的法学》,法律出版社 2004 年版。

[104]孙潮:《立法技术学》,浙江人民出版社 1993 年版。

[105]孙寰:《术语的功能与术语在使用中的变异性》,商务印书馆 2011 年版。

[106]孙笑侠等:《法律人之治——法律职业的中国思考》,中国政法大学出版社 2005 年版。

[107]孙懿华:《法律语言学》,湖南人民出版社 2006 年版。

[108]谭载喜编译:《新编奈达论翻译》,中国对外翻译出版公司 1999 年版。

[109]谭载喜:《翻译学》,湖北教育出版社 2000 年版。

[110](唐)吴兢撰:《贞观政要·赦令》,中华书局 1978 年版。

[111](唐)长孙无忌等撰:《唐律疏议》,中华书局 1983 年版。

[112]田涛、李祝环:《接触与碰撞:16 世纪以来西方人眼中的中国法律》,北京大学出版社 2007 年版。

[113]王道庚编著:《新编英汉法律翻译教程》,浙江大学出版社 2006 年版。

[114]王东海:《古代法律词汇语义系统研究:以〈唐律疏议〉为例》,中国社会科学出版社 2007 年版。

[115]王宏印编著:《中国文化典籍英译》,外语教学与研究出版社 2009 年版。

[116]王宏印:《文学翻译批评论稿》,上海外语教育出版社 2006 年版。

[117]王健编:《西法东渐——外国人与中国法的近代变革》,中国政法大学出版社 2001 年版。

[118]王洁:《法律语言研究》,广东教育出版社 1999 年版。

[119]王洁主编:《法律语言学教程》,法律出版社 1997 年版。

[120]汪榕培编著:《比较与翻译》,上海外语教育出版社 1997 年版。

[121]武树臣等:《中国传统法律文化》,北京大学出版社 1994 年版。

[122]武占坤、王勤:《现代汉语词汇概要》,外语教学与研究出版社 2009 年版。

[123]习近平:《决胜全面建成小康社会 夺取新时代中国特色社会主义伟大胜利——在中国共产党第十九次全国代表大会上的报告》,人民出版社 2017 年版。

[124]夏征农主编:《辞海·语词分册》(第 2 版),上海辞书出版社 1987

年版。

[125]谢晖:《法律的意义追问——诠释学视野中的法哲学》,商务印书馆2003年版。

[126]谢晖:《中国古典法律解释的哲学向度》,中国政法大学出版社2005年版。

[127]熊德米:《英汉现行法律语言对比与翻译研究》,湖南人民出版社2011年版。

[128]熊月之:《西学东渐与晚清社会》(修订版),中国人民大学出版社2011年版。

[129]徐道邻:《中国法制史论集》,台北,台湾志文出版社1976年版。

[130]徐永康、吉霁光、郑取:《法典之王——〈唐律疏议〉与中国文化》,河南大学出版社2005年版。

[131]许余龙编著:《对比语言学概论》,上海外语教育出版社1992年版。

[132]许余龙编著:《对比语言学》,上海外语教育出版社2002年版。

[133]许渊冲:《诗书人生》,百花文艺出版社2003年版。

[134]薛波主编:《元照英美法词典》,北京大学出版社2013年版。

[135]杨焯:《丁译〈万国公法〉研究》,法律出版社2015年版。

[136]杨国章:《原始文化与语言》,北京语言学院出版社1992年版。

[137]杨鸿烈:《中国法律对东亚诸国之影响》,中国政法大学出版社1999年版。

[138]杨建军:《法律事实的解释》,山东人民出版社2007年版。

[139]杨树达:《词诠》,中华书局1954年版。

[140]杨元刚主编:《新编汉英翻译教程》,华中师范大学出版社2012年版。

[141]杨自俭主编:《语言多学科研究与应用》(下册),广西教育出版社2002年版。

[142]叶蜚声、徐通锵:《语言学纲要》,北京大学出版社1997年版。

[143]俞荣根主编:《中国法律思想史》,法律出版社2000年版。

[144]曾代伟主编:《中国法制史》,法律出版社2006年版。

[145]张法连:《法律语言研究:法律英语翻译》,山东大学出版社 2014 年版。

[146]张法连主编:《法律英语翻译》,山东大学出版社 2009 年版。

[147]张晋藩:《中国法律的传统与近代转型》,法律出版社 2005 年版。

[148]张晋藩:《中华法制文明的演进》,中国政法大学出版社 1999 年版。

[149]张晋藩主编:《清朝法制史》,中华书局 1998 年版。

[150]张生主编:《中国法律近代化论集》,中国政法大学出版社 2002 年版。

[151]张西平编:《欧美汉学研究的历史与现状》,大象出版社 2006 年版。

[152]张西平主编:《西方汉学十六讲》,外语教学与研究出版社 2011 年版。

[153]张星烺编注:《中西交通史料汇编》(第 1 册),中华书局 1977 年版。

[154]张永言、杜仲陵、向熹等编:《简明古汉语字典》,四川人民出版社 1986 年版。

[155]张玉敏主编:《民法》,高等教育出版社 2007 年版。

[156]张泽乾:《翻译经纬》,武汉大学出版社 1994 年版。

[157]张中秋:《比较视野中的法律文化》,法律出版社 2003 年版。

[158]张中秋:《中西法律文化比较研究》,中国政法大学出版社 2006 年版。

[159]赵晓耕主编:《罪与罚:中国传统刑事法律形态》,中国人民大学出版社 2012 年版。

[160]郑奠、麦梅翘编:《古汉语语法学资料汇编》,中华书局 1964 年版。

[161]郑定、赵晓耕主编:《中国法制史教学参考书》,中国人民大学出版社 2003 年版。

[162]中国社会科学院语言研究所词典编辑室编:《(汉英双语)现代汉语词典》(增补本),外语教学与研究出版社 2002 年版。

[163]中国社会科学院语言研究所词典编辑室编:《现代汉语词典》(第 7 版),商务印书馆 2016 年版。

[164]《中国语言学大辞典》编委会编:《中国语言学大辞典》,江西教育出

版社 1991 年版。

[165]《中华大字典》(缩印本全二册),中华书局 1978 年版。

[166]中华文化通志编委会编:《中华文化通志·制度文化·法律志》,上海人民出版社 1998 年版。

[167]中华文化通志编委会编:《中华文化通志·制度文化·中央官制》,上海人民出版社 1998 年版。

[168]周振想主编:《法学大辞典》,团结出版社 1994 年版。

[169]朱学勤、王丽娜:《中国与欧洲文化交流志》,上海人民出版社 1998 年版。

(二)译著

[1][比利时]马克·范·胡克:《法律的沟通之维》,孙国东译,法律出版社 2008 年版。

[2][德]阿图尔·考夫曼、温弗里德·哈斯默尔主编:《当代法哲学和法律理论导论》,郑永流译,法律出版社 2002 年版。

[3][德]伯恩哈德·格罗斯菲尔德:《比较法的力量与弱点》,孙世彦、姚建宗译,清华大学出版社 2002 年版。

[4][德]海德格尔:《在通向语言的途中》,孙周兴译,商务印书馆 2004 年版。

[5][德]汉尼斯·科尼夫卡:《法律语言的运作——德国视角》,程乐、吕加译,中国政法大学出版社 2012 年版。

[6][德]洪堡特:《论语法形式的性质和汉语的特征》。转引自申小龙:《中国语言的结构与人文精神》,光明日报出版社 1988 年版。

[7][德]拉德布鲁赫:《法学导论》,米健、朱林译,中国大百科全书出版社 1997 年版。

[8][德]威廉·冯·洪堡特:《论人类语言结构的差异及其对人类精神发展的影响》,姚小平译,商务印书馆 1999 年版。

[9][德]威廉·冯·洪堡特:《洪堡特语言哲学文集》,姚小平译,湖南教育出版社 2001 年版。

[10][德]魏德士:《法理学》,丁晓春、吴越译,法律出版社 2005 年版。

[11][法]弗朗斯瓦·魁奈:《中华帝国的专制制度》,谈敏译,商务印书馆1992年版。

[12][法]海然热:《语言人:论语言对人文科学的贡献》,张祖建译,生活·读书·新知三联书店1999年版。

[13][法]李明:《中国近事报道》,郭强、龙云、李伟译,大象出版社2004年版。

[14][法]孟德斯鸠:《论法的精神》(上册),张雁深译,商务印书馆1963年版。

[15][法]孟德斯鸠:《论法的精神》(下册),张雁深译,商务印书馆1963年版。

[16][法]孟德斯鸠:《孟德斯鸠法意》,严复译,商务印书馆1981年版。

[17][法]谢和耐、戴密微等:《明清间耶稣会士入华与中西汇通》,耿昇译,东方出版社2011年版。

[18][菲律宾]丘文明等编著:《〈论语〉英译·今译》,世界知识出版社1997年版。

[19][古罗马]西塞罗:《国家篇·法律篇》,沈叔平、苏力译,商务印书馆2009年版。

[20][美]爱德华·萨丕尔:《语言论:言语研究导论》,陆卓元译,商务印书馆1985年版。

[21][美]安德雷·马默主编:《法律与解释——法哲学论文集》,张卓明、徐宗立等译,法律出版社2006年版。

[22][美]德克·布迪、克拉伦斯·莫里斯:《中华帝国的法律》,朱勇译,江苏人民出版社2008年版。

[23][美]丁韪良:《花甲忆记——一位美国传教士眼中的晚清帝国》,沈弘、恽文捷、郝田虎译,广西师范大学出版社2004年版。

[24][美]冈萨雷兹等:《律海同传》,岳文译,中国华侨出版社2006年版。

[25][美]何伟亚:《怀柔远人:马嘎尔尼使华的中英礼仪冲突》,邓常春译,社会科学文献出版社2002年版。

[26][美]惠顿:《万国公法》,[美]丁韪良译,中国政法大学出版社2003

年版。

[27][美]H. W. 埃尔曼:《比较法律文化》,贺卫方、高鸿钧译,清华大学出版社2002年版。

[28][美]基思·E. 惠廷顿:《宪法解释:文本含义,原初意图与司法审查》,杜强强、刘国、柳建龙译,中国人民大学出版社2006年版。

[29][美]凯斯·R. 孙斯坦:《法律推理与政治冲突》,金朝武等译,法律出版社2004年版。

[30][美]劳伦斯·M. 索兰:《法官语言》,张清、王芳译,法律出版社2007年版。

[31][美]刘禾:《帝国的话语政治——从近代中西冲突看现代世界秩序的形成》,杨立华等译,生活·读书·新知三联书店2009年版。

[32][美]L. R. 帕默尔:《语言学概论》,李荣等译,商务印书馆1983年版。

[33][美]屈承熹:《汉语篇章语法》,潘文国等译,北京语言大学出版社2006年版。

[34][美]史景迁:《追寻现代中国》,温恰溢译,台北,台湾时报文化出版社2001年版。

[35][美]斯蒂芬·康格拉特-巴特勒编:《国外翻译界》,赵辛而、李辛编译,中国对外翻译出版公司1986年版。

[36][美]苏珊·沙切维奇:《法律翻译新探》,赵军峰等译,高等教育出版社2017年版。

[37][美]约翰·M. 康利、威廉·M. 欧巴尔:《法律、语言与权力》,程朝阳译,法律出版社2007年版。

[38][瑞士]索绪尔:《普通语言学教程》,高名凯译,商务印书馆1980年版。

[39][苏联]费道罗夫:《翻译理论概要》,李流、邓诚、张化鹏等译,中华书局1955年版。

[40][苏联]斯大林:《马克思主义与语言学问题》,人民出版社1953年版。

[41][新加坡]赖蕴慧:《剑桥中国哲学导论》,刘梁剑译,世界图书出版公司2013年版。

[42][意]马可·波罗:《马可·波罗行纪》,冯承钧译,上海古籍出版社2014年版。

[43][英]彼得·伯克:《语言的文化史——近代早期欧洲的语言和共同体》,李霄翔、李鲁、杨豫译,北京大学出版社2007年版。

[44][英]戴维·M.沃克编:《牛津法律大辞典》,北京社会与科技发展研究所译,光明日报出版社1988年版。

[45][英]丹宁勋爵:《法律的训诫》,杨百揆、刘庸安、丁健译,法律出版社1999年版。

[46][英]E.阿拉巴德:《中国刑法评述及相关话题》,张亚芳、杨慧、熊姝丹译,吉林大学出版社2017年版。

[47][英]李约瑟:《四海之内:东方和西方的对话》,劳陇译,生活·读书·新知三联书店1987年版。

[48][英]李约瑟:《中国科学技术史》(第1卷),《中国科学技术史》翻译小组译,科学出版社1975年版。

[49][英]乔治·托马斯·斯当东:《小斯当东回忆录》,屈文生译,上海人民出版社2015年版。

[50][英]R.A.赫德森:《社会语言学》,卢德平译,华夏出版社1989年版。

[51][英]S.斯普林克尔:《清代法制导论——从社会学角度加以分析》,张守东译,中国政法大学出版社2000年版。

[52][英]约翰·奥斯丁:《法理学的范围》,刘星译,中国法制出版社2003年版。

[53][英]约翰·巴罗:《我看乾隆盛世》,李国庆、欧阳少春译,北京图书馆出版社2007年版。

(三)文章

[1]包振宇:《〈读律佩觿〉与扬州学人王明德法律思想述要》,载《扬州大学学报》2010年第1期。

[2]陈锐:《"例分八字"考释》,载《政法论坛》2015年第2期。

[3]陈兴良:《法律是一种规范　法律的规范是以语言为载体的》,载《光明日报》2009年2月19日。

[4]陈志英:《对中国古代民事法的再认识》,载《河北法学》2006 年第 1 期。

[5]邓大鸣、贺筠:《论法律翻译与法律意识》,载《理论与改革》2008 年第 3 期。

[6]邓建鹏:《清代健讼社会与民事证据规则》,载《中外法学》2006 年第 5 期。

[7]巩涛、邓建鹏:《失礼的对话:清代的法律和习惯并未融汇成民法》,载《北大法学评论》2009 年第 1 期。

[8]侯毅:《欧洲人第一次完整翻译中国法律典籍的尝试——斯当东与〈大清律例〉的翻译》,载《历史档案》2009 年第 4 期。

[9]胡铁球:《明清保歇制度初探——以县域"保歇"为中心》,载《社会科学》2011 年第 6 期。

[10]蒋集耀:《试论礼与古代民事法律的关系》,载《西北政法学院学报》1985 年第 2 期。

[11]李贵连:《二十世纪初期的中国法学》,载《中外法学》1997 年第 2 期。

[12]李贵连:《沈家本中西法律观论略》,载《中国法学》1990 年第 3 期。

[13]李玉璧、王兰:《"一带一路"建设中的法律风险识别及应对策略》,载《国家行政学院学报》2017 年第 2 期。

[14]刘金龙:《中西法律文化交流视角下的翻译史研究——〈从词典出发:法律术语译名统一与规范化的翻译史研究〉评述》,载《中国翻译》2014 年第 3 期。

[15]刘昕杰:《"中国法的历史"还是"西方法在中国的历史"——中国法律史研究的再思考》,载《社会科学研究》2009 年第 4 期。

[16]刘毅:《法学翻译纵横谈》,载《河北法学》2009 年第 1 期。

[17]米健:《法律翻译的现状与问题》,载《法制日报》2005 年 11 月 24 日。

[18]庞翔宇、高劲轩:《论我国古代的商事法律制度》,载《成都理工大学学报》(社会科学版)2016 年第 6 期。

[19]屈文生:《法律翻译研究的视角与思路——对法律翻译若干重要方面的梳理和理性评价》,载《江西社会科学》2010 年第 2 期。

[20]史彤彪:《欧洲思想家对中国法律文化的认识》,载《中国人民大学学报》2002 年第 4 期。

[21]苏亦工:《当代美国的中国法研究》,载《中外法学》1996 年第 5 期。

[22]苏亦工:《另一重视角——近代以来英美对中国法律文化传统的研究》,载《环球法律评论》2003 年第 1 期。

[23]田涛、李祝环:《清末翻译外国法学书籍评述》,载《中外法学》2000 年第 3 期。

[24]田涛:《西方人眼中的中国法律——传教士携福音东渡,中国法枷号施西人》,载《法制日报》2007 年 3 月 25 日。

[25]田涛:《中国人眼中的西方法律(之一)》,载《法制日报》2007 年 6 月 24 日。

[26]王宏印:《开放视野——系统开展典籍翻译事业》,载《中国社会科学报》2011 年 8 月 16 日。

[27]汪榕培:《译可译,非常译——英译〈老子〉纵横谈》,载《外语与外语教学》1992 年第 1 期。

[28]王银泉:《做好政治话语翻译,提升国际话语权》,载《学习时报》2017 年 11 月 27 日。

[29]翁里、夏巧雅:《论“一带一路”建设的法律问题及对策》,载《四川行政学院学报》2016 年第 3 期。

[30]谢晖:《中国古典法律解释的方法智慧——关注解释的合法性》,载《政法论坛》2005 年第 4 期。

[31]熊德米:《〈大清律例〉法律术语特征探析》,载《西南政法大学学报》2016 年第 4 期。

[32]熊德米:《诗无达诂,译尽其能——评毛泽东词〈沁园春 · 长沙〉五种英译本》,载《西南政法大学学报》2005 年第 5 期。

[33]熊德米:《晚清法律翻译的“普罗米修斯”及特殊贡献》,载《外语教学》2010 年第 5 期。

[34]许钧:《论翻译活动的三个层面》,载张柏然、许钧主编:《面向 21 世纪的译学研究》,商务印书馆 2002 年版。

[35]杨宪益:《略谈我从事翻译工作的经历与体会》,载金圣华、黄国彬主编:《因难见巧——名家翻译经验谈》,中国对外翻译出版公司 1998 年版。

[36]朱光潜:《谈翻译》,载罗新璋、陈应年编:《翻译论集》(修订本),商务印书馆 2009 年版。

[37]宗和:《夏有乱政,而作禹刑》,载《民主与法制时报》2014 年 4 月 21 日。

**二、英文类**

(一)专著

[1]Alabaster Ernest, *Notes and Commentaries on Chinese Criminal Law and Cognate Topics, with Special Relation to Ruling Cases*, London, Luzac & Co. ,1899.

[2] Anderman Gunilla, *Voices in Translation: Bridging Cultural Divides*, Clevedon, Multilingual Matters Ltd. ,2007.

[3] Asensio R. Mayoral, *Translating Official Documents*, Manchester, St. Jerome Publishing, 2003.

[4] Baker Mona, *In Other Words: A Coursebook on Translation*, Beijing, Foreign Language Teaching and Research Press, 2000.

[5] Baker Mona, *Routledge Encyclopedia of Translation Studies*, Shanghai, Shanghai Foreign Language Education Press, 2004.

[6] Berk-Seligson Susan, *The Bilingual Courtroom*, Chicago, The University of Chicago Press, 1990.

[7]Bowers Frederick, *Linguistic Aspects of Legislative Expression*, Vancouver, University of British Columbia Press, 1989.

[8] Burke Peter, Hsia R. Po-chia, *Cultural Translation in Early Modern Europe*, Cambridge, Cambridge University Press, 2007.

[9] Cao Deborah, *Translating Law*, Clevedon, Multilingual Matters Ltd. ,2007.

[10] Catford J. C. , *A Linguistic Theory of Translation: An Essay in Applied Linguistics*, Oxford, Oxford University Press, 1965.

[11] Chu Tung-Tsu, *Law and Society in Traditional China*, Paris, Mouton, 1961.

[12] Conley John M., O'Barr William M., *Just Words: Law, Language, and Power*, Chicago, University of Chicago Press, 1998.

[13] Delisle Jean, Woodsworth Judith, *Translators through History*, Amsterdam, John Benjamins Publishing Co., 2015.

[14] Edwards A. B., *The Practice of Court Interpretation*, Amsterdam, John Benjamin's Publishing Company, 1995.

[15] Fasold Ralph, *Sociolinguistics of Language*, Oxford, Blackwell Publishers Ltd., 2000.

[16] Gadamer Hans-Georg, *Truth and Method*, London, Sheed and Ward Ltd., 1975.

[17] Gibbons John, *Forensic Linguistics: An Introduction to Language in the Justice System*, Manhattan, Blackwell Publishing Ltd., 2003.

[18] Gibbons John, *Language and the Law*, London, Longman Group UK Ltd., 1994.

[19] Goodrich Peter, *Reading the Law: A Critical Introduction to Legal Method and Techniques*, London, Basil Blackwell, 1986.

[20] Hall Edward T., *The Silent Language*, Greenwich, Fawcett Publications, 1959.

[21] Hegel Robert E., *True Crime in the Eighteenth Century China*, Washington, University of Washington Press, 2009.

[22] Jamieson George, *The Chinese Family and Commercial Law*, Shanghai, Kelly and Walsh Co. Ltd., 1921.

[23] Jin Di, Nida Eugene A., *On Translation*, Beijing, Foreign Language Teaching and Research Press, 1984.

[24] Lackner Michael et al., *New Terms for New Ideas: Western Knowledge and Lexical Change in Late Imperial China*, Leiden & Boston, Brill, 2001.

[25] Lefevere Andre, *Translation, Rewriting and the Manipulation of Literary*

*Fame*, London & New York, Routledge, 1992.

[26] Legge James, *The Chinese Classics Vol.* Ⅲ, London, Trübner & Co., 1865.

[27] Leyh Gregory, *Legal Hermeneutics: History, Theory and Practice*, Berkeley, University of California Press, 1992.

[28] Liu Lydia H., *Translingual Practice: Literature, National Culture, and Translated Modernity—China*, 1900-1937, Stanford, Stanford University Press, 1995.

[29] Marshall Morris, *Translation and the Law*, Manhattan, John Benjamin's Publishing Company, 1995.

[30] Marshman J., *Elements of Chinese Grammar*, Serampore, The Mission Press, 1814.

[31] Martin Elizabeth A., *A Dictionary of Law*, Oxford, Oxford University Press, 2004.

[32] Medhurst Walter Henry, *China, Its State and Prospects*, Washington, Croker & Brewster, 1838.

[33] Mellinkoff David, *The Language of the Law*, Boston, Little, Brown, and Company, 1963.

[34] Millelson Holly, *Introduction to Court Interpretation*, Manchester, St. Jerome Publishing, 2000.

[35] Newmark Peter, *A Textbook of Translation*, Shanghai, Shanghai Foreign Language Education Press, 2001.

[36] Nida Eugene A., Taber Charles, *The Theory and Practice of Translation*, Shanghai, Shanghai Foreign Language Education Press, 2004.

[37] Nord Christianne, *Translation as a Purposeful Activity: Functional Approaches Explained*, Shanghai, Shanghai Foreign Language Education Press, 2001.

[38] Palunmpo G., *Key Terms in Translation Studies*, Beijing, Foreign Language Teaching and Research Press, 2009.

[39] Quirk Randoulph et al., *A Grammar of Contemporary English*, London, Longman World Publishing Co., 1985.

[40] Robinson William C., *Forensic Oratory*, Boston, Little, Brown, and Company, 1893.

[41] Šarčević Susan, *New Approach to Legal Translation*, Hague, Kluwer Law International, 1997.

[42] Trosborg Anna, *Text Typology and Translation*, Manhattan, John Benjamin's Publishing Company, 1997.

[43] Tyler A. F., *Essay on the Principles of Translation*, Beijing, Foreign Language Teaching and Research Press, 2007.

[44] Wilss Wolfram, *The Science of Translation: Problems and Methods*, Shanghai, Shanghai Foreign Language Education Press, 2001.

(二)文章

Wagner Anne, "Translation of the Language of the Common Law into Legal French: Myth or Reality", *International Journal for the Semiotics of Law* 16, 2003.

# 后　　记

本书撰写完稿，总算了却一桩久抑难释的心头之事。经过2000多个“才下眉头，却上心头”的日夜煎熬，“银色半亩方田”里的辛勤耕耘者终于换来了其所期盼已久的收获。一时间，真有明代诗人娄坚“一踏江南地，欢如释重负”的安然与快慰。

美国大学教师学术群体里至今流传着一句口头禅（pet phrase）——publish or perish（不出版，就出局），距离美国千山万水的中国大学同行们也是感同身受，并为此而倍感压力。当今中国社会学术语境下的“出版”与“出局”总是与科研和创新绑定在一起。科研的灵魂在于创新，人文学科领域也应该遵循这一“自然法则”，中国古代法律文化典籍翻译研究亦复如此。本书创榛辟莽，以清代法律汉语典籍英译批评为崭新路径，选择中国古代文化典籍翻译研究中尚未开垦的“处女地”——古代法律典籍语言英译比较，秉承创新发展的学术研究理念，旨在为减少中外文化交流和传播严重“入超”的“文化赤字”和推进优秀中国文化“走出去”贡献一份力量。

人类法制文明历史充分证明，法律和法律典籍翻译在世界文明发展进程的每一个重要时期都发挥了举足轻重的作用，其中显然包括法律汉语典籍翻译的批评研究。当今中国的古代传统法律文化继续对外翻译与传播所肩负的重要职能之一，是用文字表象的显性异化方法将中国古代法律文化种子传播且融入异域法律文化中并使其生根发芽，使中国法律文化被处于异域法律文化中的读者所接受，实现异域法律文化读者“隐性归化”的目标，以此建构起中国法律文化的自身文化身份认证系统，旨在从法律文化翻译的视角提升中国的国际话语权，宣示国家的软实力。质言之，包括法律典籍在内的不同法律语言文化之间的翻译移植与交流，显然不仅仅是单纯的法律汉语与法律英语或其他异域法律语言之间的机械性符号移植和转换，而是更深层次的法律意识形态之间的互动与交流。不同法律文化之间翻译的成功与否不仅取决于法律翻译者对两种法律语言是否熟练掌握和运用，还要依赖于译者所掌握的译出语法律文化和译入语法律文化方面的知识水平，两者互为补充，缺一不可。

笔者现就目前的法律汉语对外翻译研究状况，建议学界着力关注以下五个方面的问题：

其一，构建古今法律汉语翻译批评的完整理论体系。法律汉语翻译批评理论体系是有关现代法律汉语和古代法律典籍翻译批评的一套翻译理论框架，内容包括古今法律汉语翻译批评的方法、研究内容、原则、标准、学科定位、社会效应、发展前景以及与其他学科的相互关系等，要摒弃法律汉语翻译研究中的厚古薄今观念。

其二，重视古代法律汉语典籍翻译批评研究。现代法律汉语翻译批评研究目前已经发展成一定规模，并有较为固定的研究队伍，且近年来出版了不少现代法律语言的专业翻译批评研究著作。但是，有关古代法律典籍翻译批评研究的著述却是凤毛麟角，这种状况很不利于本学科的可持续发展。笔者鼓励更多的专家学者，尤其是年轻学者积极加入法律汉语典籍翻译批评研究的队伍。

其三，法学界更多学者重视古今法律语言翻译存在的价值。笔者看到与翻译界不同的是，法学界的一些学者，尤其是研究近现代法学史的学者对法律翻译价值给予了极大的肯定，同时也批评了忽视法律翻译的现象。只有让更多的人了解古今法律翻译的艰难困苦及历史贡献，法律翻译者才会真正得到尊重。

其四，翻译界自身树立法律翻译价值的自信。从清代到现代，法律翻译一直是时代变迁不可或缺的参与者。但如今，法律翻译并没有得到翻译学界应有的重视。也就是说，目前笔者只看到一些法学家的法律翻译研究文章和著作，却很少看到翻译学专家学者所发出的声音——这是值得翻译学界反思的问题。

其五，创建古今法律汉语及其英文翻译的语料库。语料库建设已经成为语言学、翻译学、法学和其他人文学科资料搜集整理的常用手段，但如今各个高等院校、研究机构如火如荼建设起来的各种语料库中并没有涉及博大精深的古代法律汉语及其对外翻译的有关数据，这一现象同样值得学界深思。

21 世纪是全球化的世纪，是人类交往更加频繁、交流领域更加广阔的世纪，更是比以往任何一个时期都需要翻译的世纪。中国古代法律典籍的翻译比较研究属于广义上的中外法律文化交流范畴，是当今社会积极主张中国文化“走出去”，践行文化相通，强化从“文化自觉”到“文化自信”观念，最终实现“中国梦”和中华民族伟大复兴整体战略规划的重要组成部分。从法律典籍翻译比较研究的角度考察中国古代法律文化对外交流的得与失是语言人和法律人责无旁贷的工作。从目前现状观察，汉英法律典籍语言翻译比较研究这颇有作为的研究课题，目前尚待开垦，从事古代法律典籍翻译及古代法律汉语翻译比较研究的学者或许短期内会是孤独的“守望者”。但也应当相信，随着“讲好中国故事”、文化自信和中国文化“走出去”战略的深化发展，不久的将来会有更多专家学者站出来，肩负起古代法律典籍翻译比较研究的历史重任。

《〈大清律例〉英译比较研究》历经近七个寒暑，从古代法律外译资料的搜集整理，同行专家的反复研讨郢正，直至付梓，均得到来自多方的积极鼓励与鼎力支持，否则，本书必将是“难产”之作。平心而论，仅凭“感谢”二字远不足以表达笔者的真挚之情！

感谢笔者的博士生导师黄振定教授和多年挚友祝朝伟教授、胡安江教授、魏在江教授、刘玉梅教授、屈文生教授、彭利元教授、骆贤凤教授、杨元刚教授和陈甜副教授对本人一如既往的关心与支持！拙作定稿之初，黄振定先生和祝朝伟、魏在江、刘玉梅、彭利元、陈甜、熊姝丹拨冗通阅全文，且不辞辛劳，提出了许多宝贵的书面修改意见和建议。虽如此，拙作若有任何不足之处或其他影响，均由笔者本人负责。

感谢付子堂教授对本书出版的关心与支持！

法学硕士熊姝丹为查阅图书资料和审校法律专业语言译文耗费了大量心血。法律翻译硕士罗丹为本书外文资料整理牺牲了不少业余时间。倪清泉、李伟荣、张绍全、黄春芳、谢金荣、章勇、熊荣敏、郑达轩、吴长旗、韩泓宇为拙作的写作与出版提供了重要帮助。对众位亲友的无私援助表示诚挚谢意！

法律出版社法律翻译与出版研发中心的专业编辑们，从书稿繁复的词句篇章审校，到部分章节的调整完善，均付出了极其艰辛的劳动。他们的专业素养和敬业精神令人敬佩！

熊德米<br>于西南政法大学敬业楼<br>2019 年 9 月

图书在版编目(CIP)数据

《大清律例》英译比较研究 / 熊德米著. -- 北京 : 法律出版社, 2020
(西南政法大学外语学院法律语言文化专著系列)
ISBN 978-7-5197-4382-6

Ⅰ. ①大… Ⅱ. ①熊… Ⅲ. ①清律－英语－翻译－研究 Ⅳ. ①D929.49②H315.9

中国版本图书馆 CIP 数据核字(2020)第 057746 号

《大清律例》英译比较研究
《DAQING LÜLI》YINGYI BIJIAO YANJIU

熊德米 著

责任编辑 韩泓宇 马秋婧
装帧设计 鲁 娟

出版 法律出版社
总发行 中国法律图书有限公司
经销 新华书店
印刷 北京虎彩文化传播有限公司
责任校对 王晓萍
责任印制 张建伟

编辑统筹 法律翻译与出版研发中心
辞书 · 融出版编辑部
开本 710 毫米×1000 毫米 1/16
印张 19.5
字数 307 千
版本 2020 年 1 月第 1 版
印次 2020 年 1 月第 1 次印刷

法律出版社 / 北京市丰台区莲花池西里 7 号(100073)
网址 / www.lawpress.com.cn
投稿邮箱 / info@lawpress.com.cn
举报维权邮箱 / jbwq@lawpress.com.cn
销售热线 / 400-660-8393
咨询电话 / 010-63939796

中国法律图书有限公司 / 北京市丰台区莲花池西里 7 号(100073)
全国各地中法图分、子公司销售电话:
统一销售客服 / 400-660-8393/6393
第一法律书店 / 010-83938432/8433 西安分公司 / 029-85330678 重庆分公司 / 023-67453036
上海分公司 / 021-62071639/1636 深圳分公司 / 0755-83072995

书号:ISBN 978-7-5197-4382-6 定价:69.00 元
(如有缺页或倒装,中国法律图书有限公司负责退换)